全国高等院校计算机基础课程“十三五”规划教材
吉林大学“十三五”规划教材

C语言程序设计

金龙海　主　编
白洪涛　苏莉蔚　副主编
魏　唯　姜　楠　丁继红
刘　威　吕颖达　参　编

中国铁道出版社有限公司
CHINA RAILWAY PUBLISHING HOUSE CO., LTD.

内容简介

本书是学习C语言程序设计的基础教材，对C语言程序设计的基础知识、数据类型、结构化程序设计、数组、函数、指针、文件，以及常用算法及其应用等进行了较为系统而详细的介绍。本书共分为11章，内容包括C语言及算法概述，数据类型、运算符与表达式，顺序结构程序设计，选择结构程序设计，循环结构程序设计，数组，函数，指针，结构体与共用体，文件，预处理和位运算，并在各章节配有大量的实例，具有较强的系统性和实用性。本书内容充实、体系完整、思路清晰、概念准确、选材新颖、注重实用，是编者总结多年教学经验编写而成的。

本书适合作为高等院校C语言程序设计课程的教材，也可作为理工科各专业技术人员学习C语言程序设计的参考用书。

图书在版编目(CIP)数据

C语言程序设计/金龙海主编. —北京：中国铁道出版社有限公司，2020.1(2022.3重印)

全国高等院校计算机基础课程"十三五"规划教材　吉林大学"十三五"规划教材

ISBN 978-7-113-26284-6

Ⅰ.①C…　Ⅱ.①金…　Ⅲ.①C语言-程序设计-高等学校-教材　Ⅳ.①TP312.8

中国版本图书馆CIP数据核字(2019)第266342号

书　　名：**C语言程序设计**
作　　者：金龙海

策　　划：曹莉群　　　　编辑部电话：(010)63549501
责任编辑：周海燕　刘丽丽　彭立辉
封面设计：白　雪
封面制作：刘　颖
责任校对：张玉华
责任印制：樊启鹏

出版发行：中国铁道出版社有限公司(100054，北京市西城区右安门西街8号)
网　　址：http://www.tdpress.com/51eds/
印　　刷：北京柏力行彩印有限公司
版　　次：2020年1月第1版　2022年3月第3次印刷
开　　本：787 mm×1 092 mm　1/16　印张：18.25　字数：440千
书　　号：ISBN 978-7-113-26284-6
定　　价：49.80元

前言

PREFACE

C 语言概念简洁,提供的数据类型和运算符较为丰富,表达能力强,使用灵活方便,目标代码执行效率高,程序结构性强,可读性和可移植性好,能充分体现结构化程序设计的风格和特点。C 语言既有高级语言的优点,又具有汇编语言的许多功能。因此,C 语言既适用于应用软件的编写,又能用于系统软件的开发,是目前功能强大、应用范围广、影响力强的程序设计语言之一。

本书在全面系统地介绍 C 语言的基本概念、语法功能、使用特性以及结构化程序设计方法和技能的基础上,通过分析大量的典型实例,力求让读者理解和掌握数据结构、算法的概念及其应用;着重培养读者良好的程序设计思想和编程能力;为读者进一步学习 C ++ 等后续课程,及更好地从事软件开发和工程应用打下坚实的基础。

本书的编者是多年从事程序设计工作并在教学一线讲授 C 语言程序设计课程的教师,他们根据多年的教学心得和教改探索经验编写了本书。本书在编排体系、教学内容、教学目标、教学模式设计等方面,注重以现代教育理论为指导,以应用分析为基础,以问题驱动的实例式教学为手段,力求体现"精讲多练""循序渐进"等程序设计语言教学的规律。书中所涉及的例题和习题经过精心遴选、编写并在 Visual C ++ 6.0 环境下调试通过,具有一定的代表性。

为了让学生更好地理解 C 语言的基本知识,提高编程能力,我们另编写了一本《C 语言程序设计实验指导与习题解答》(金龙海、刘威主编),可与本书配套使用。

本书由金龙海任主编,白洪涛、苏莉蔚任副主编,魏唯、姜楠、丁继红、刘威、吕颖达参与编写。其中,金龙海编写第 5 章、第 8 章、第 11 章中的位运算及附录;白洪涛编写第 3 章、第 10 章;苏莉蔚编写第 6 章、第 9 章;姜楠编写第 4 章;魏唯编写第 7 章;丁继红编写第 2 章;刘威编写第 11 章中的预处理;吕颖达编写第 1 章。全书由金龙海负责统稿和校稿。

由于时间仓促,编者水平有限,书中难免存在疏漏和不当之处,恳请读者批评指正。

编　者

2019 年 8 月

CONTENTS 目录

第 1 章 C语言及算法概述

程序设计的根本任务是编写出能够解决某个问题的应用程序，生成应用程序需要有编译、连接的环境。本章以 Visual C ++ 6.0(简称 VC 6.0)为编译环境，用简单的实例介绍编辑、编译、连接、运行 C 程序的步骤，并以简单实例介绍解决某个问题的方法和步骤——算法。

1.1 程序设计语言

1.1.1 计算机语言

人和人之间通过语言进行交流，例如美国人之间说英语，法国人之间说法语，中国人之间说汉语。同理，人和计算机交流信息也需要通过语言，这就需要创造一种计算机和人都能识别的语言，即计算机语言。

TIOBE 是一家评估和跟踪软件质量的专业公司，是著名的编程语言风向标。TIOBE 编程语言排行榜是一种编程语言流行程度的指标，该指标每月更新一次，其市场占有率是根据世界各地的熟练工程师、课程和第三方供应商的数据统计的。根据 TIOBE 的数据，开发者可以看出自己的编程技能是否能跟上趋势，以及世界范围内开发语言的走势。表 1.1 所示为排在前 10 位的计算机编程语言。

表 1.1 TIOBE 编程语言排行榜前 10 位

2018 年 9 月	编程语言	市场份额/%	同比变化/%	等　级
1	Java	17.436	+4.75	A
2	C	15.447	+8.06	A
3	Python	7.653	+4.67	A
4	C ++	7.394	+1.83	A
5	Visual Basic. NET	5.308	+3.33	A
6	C#	3.295	-1.48	A
7	PHP	2.775	+0.57	A
8	JavaScript	2.131	+0.11	A
9	SQL	2.062	+2.06	A
10	Objective-C	1.509	+0.00	A

从表 1.1 中可以看出，编程语言也如同自然界中的各种生命体一样，有着自己的生命力，也同样面临着“优胜劣汰，适者生存”的境遇。C 语言从产生到现在，人们不仅在使用，而且是

在广泛使用,一定是因为C语言有着其独特的“魅力”。并且,表1.1中排在前十位的计算机编程语言中,无论是Java、C++、C#还是Objective-C,都是C语言的“近亲”,都与C语言有着千丝万缕的联系,也从另外一个角度说明了C语言的影响力。

1.1.2 计算机语言的发展

计算机做的每一次动作、每一个步骤,都是按照已经用计算机语言编好的程序来执行的。程序是计算机要执行的指令的集合,而程序中的每条指令全部都是用我们所掌握的计算机语言来编写的。因此,人们是通过计算机语言向计算机发出命令来控制计算机的。

计算机语言经历了以下几个发展阶段。

1. 机器语言

机器语言是直接用二进制代码指令表达的计算机语言。在机器语言中,指令是二进制代码,即0和1组成的串,有一定的位数,并分成若干段。各段的编码表示不同的含义,如某台计算机字长为16位,即由16个二进制数组成一条指令或其他信息。16个0和1可组成各种排列组合,通过线路变成电信号,让计算机执行各种不同的操作。

计算机一般由电子元器件制造而成,因此其全称还叫“电子计算机”。而电子元器件有2种稳定的工作状态,那就是“开”和“关”,这从物理上决定了目前电子计算机采用二进制进行运算,计算机唯一所能识别的语言也只有机器语言,即由0和1构成的代码。但由于机器语言难以记忆和识别,出错的时候也难以修改,所以通常人们不采用机器语言编程。

未来可能会有更高级的计算机,例如“量子计算机”出现,到时候计算机有望突破现有的二进制算法。

2. 汇编语言

汇编语言是面向机器的程序设计语言。汇编语言由机器语言发展而来,用符号代替机器语言中的二进制码,助记符代替操作码,用地址符号(或标号)代替地址码。汇编语言也称为符号语言。汇编语言的实质和机器语言是相同的,都是直接对硬件操作,只不过指令采用了英文缩写的标识符,更容易识别和记忆,即汇编语言实际上就是机器语言的符号化。汇编程序的每一句指令都对应实际操作过程中的一个动作,如ADD代表加,MOV代表数据传送等,这样人们很容易读懂并理解程序在干什么,纠错及维护都变得方便了。但是,仍然需要编程者将每一步具体的操作用命令的形式写出来,而且需要编程者对计算机的硬件有充分的了解,因此汇编源程序一般比较冗长、复杂、容易出错。但因为汇编语言直接对硬件进行操作,所以其优点也是显而易见的,那就是汇编语言源程序经汇编生成的可执行文件不仅比较小,而且执行速度很快。反过来,汇编语言也同样由于与硬件紧密相关,所以其移植性比较差。

机器语言和汇编语言都是面向机器的语言,由于它们“贴近”计算机硬件底层细节,所以称为低级语言。

3. 高级语言

为了克服低级语言的缺点,20世纪50年代中期出现了高级语言。高级语言主要是相对于机器语言和汇编语言而言的,它并不是特指某一种具体的语言,而是包括了很多编程语言,如FORTAN、BASIC、COBOL、Pascal、C等。这些语言的语法、命令格式都各不相同。

高级语言是目前绝大多数编程者的选择。与汇编语言相比,它不仅将许多相关的机器指令合成为单条指令,并且去掉了与具体操作有关但与完成工作无关的细节。例如,使用堆栈、寄存器等细节操作在高级语言中都是自动完成的,无须程序员专门编写对应指令,大大简化了程序中的指令。同时,由于省略了很多细节,编程者也就不需要有太多的计算机硬件知识。

高级语言所编制的程序不能直接被计算机识别,必须经过转换才能被执行,按转换方式可将它们分为两类。

(1)解释类:执行方式类似于日常生活中的"同声翻译",应用程序源代码一边由相应语言的解释器"翻译"成目标代码(机器语言),一边执行,因此效率比较低,而且不能生成可独立执行的可执行文件,应用程序不能脱离其解释器。但这种方式比较灵活,可以动态地调整、修改应用程序,如 BASIC 语言程序,以及高级语言中的"新秀"Python。

(2)编译类:执行方式是将程序源代码经编译程序"翻译"成目标代码(二进制),再经过连接程序连接,变成可执行文件运行。可执行文件是可以脱离其语言环境独立执行的,因此使用比较方便、效率较高。但应用程序一旦需要修改,必须先修改源代码,再重新通过编译、连接变成可执行文件才能执行。大多数的高级语言程序都是编译型的,如 FORTRAN、C、Pascal 等。

此时的程序设计语言都属于过程化语言,是面向过程的,在编写程序时需要具体指定每一个过程的细节。

4. 基于面向对象思想的非过程化语言

为了解决面向过程程序设计的缺点,20 世纪 80 年代初期开始出现了面向对象程序设计的概念。面向对象程序设计在程序设计模式中是一个新的概念,从现实世界中客观存在的事物(对象)出发来构造软件系统,并在系统构造中尽可能运用人类的自然思维方式,强调直接以问题域(现实世界)中的事物为中心来思考问题,认识问题,并根据这些事物的本质特点,把它们抽象地表示为系统中的对象,作为系统的基本构成单位。一个类的定义中不仅仅包括了此类对象应该共有的静态属性(类似于后面将要讲到的 C 语言中的结构体),而且还包括其动态方法。例如,定义了一个汽车类,该类中不仅包括车身形状、颜色、尺寸、质量,而且还包括发动、行驶、制动、拐弯等动作。面向对象编程语言是基于事件驱动模型和消息传递方式来组织程序的,学有余力的同学可以查询下"类""对象""成员函数""类属性"等名词的含义。

从编程方式上看,面向对象编程语言的主要特点是采用图形窗口和人机对话形式,基于数据库和"面向对象"技术,易编程、易使用、易维护。例如,常用的 Visual Basic、Java,C ++ 等。再如,美国国家仪器公司(National Instruments,NI)的 LabView 则完全采用基于流程图的图形化编程方式,因此也被称为 G 语言(Graphical Language)。

1.2　C 语言概述

1.2.1　C 语言的发展历史

1. C 语言的诞生

C 语言的发展颇为有趣,它的原型是 ALGOL 60 语言(也称为 A 语言)。1963 年,剑桥大学将 ALGOL 60 语言发展成为 CPL(Combined Programming Language)语言。1967 年,剑桥大学的 Matin Richards 对 CPL 语言进行了简化,于是产生了 BCPL 语言。1970 年,美国贝尔实验室的 Ken Thompson 将 BCPL 进行了修改,并为它起了一个有趣的名字“B 语言”,意思是将 CPL 语言“煮干”,提炼出它的精华,并且他用 B 语言编写了第一个 UNIX 操作系统。而在 1973 年,B 语言也被人“煮”了一下,美国贝尔实验室的 D. M. RITCHIE 在 B 语言的基础上最终设计出了一种新的语言,他取了 BCPL 的第二个字母作为这种语言的名字,这就是 C 语言。1978 年,Brian W. Kernighian 和 Dennis M. Ritchie 出版了名著 *The C Programming Language*,从而使 C 语言成为目前世界上流行的高级程序设计语言。

2. C 语言的发展

1987 年,随着微型计算机的日益普及,出现了许多 C 语言版本。由于没有统一的标准,这些 C 语言之间出现了一些不一致的地方,为了改变这种情况,美国国家标准化协会(ANSI)为 C 语言制定了一套 ANSI 标准,成为现行的 C 语言标准。1990 年,国际标准化组织(ISO)接受了 87 ANSI C 为 ISO C 的标准;1994 年,ISO 修订了 C 语言的标准。目前流行的 C 语言编译系统大多是以 ANSI C 为基础进行开发的,但不同版本的 C 语言编译系统所实现的语言功能和语法规则会稍有差别。C 语言之所以发展迅速,而且成为很受欢迎的计算机语言之一,主要因为它具有强大的功能。许多著名的系统软件,如 dBASE Ⅲ PLUS、dBASE Ⅳ都是由 C 语言编写的。用 C 语言加上一些汇编语言子程序,就更能显示 C 语言的优势,像 PC-DOS、WORDSTAR 等就是用这种方法编写的。

1.2.2 C 语言的特点

个性是人的存在方式,正如尼采所说“世界上本来就没有相同的东西”,而计算机语言也各自拥有其独特的“个性”。C 语言作为一种计算机语言,有其个性、独特之处,也有其不足的地方。下面对 C 语言的特点进行简单的介绍。

1. 简洁紧凑、灵活方便

C 语言一共只有 32 个关键字,9 种控制语句,程序书写自由,主要用小写字母表示。C 语言以接近英语国家的自然语言和数学语言为表达形式,容易理解。C 语言把高级语言的基本结构和语句与低级语言的实用性结合起来,可以像汇编语言一样对位、字节和地址进行操作,而这三者是计算机最基本的工作单元。

2. 运算符丰富

C 语言的运算符包含的范围很广泛,共有 34 个运算符。C 语言把括号、赋值、强制类型转换等都作为运算符处理,从而使 C 语言的运算类型极其丰富,表达式类型多样化。灵活使用各种运算符可以实现在其他高级语言中难以实现的运算。

3. 数据类型丰富

C 语言的数据类型有整型、实型、字符型、数组类型、指针类型、结构体类型、共用体类型等,能用来实现各种复杂数据类型的运算。C 语言也引入了指针概念,使程序效率更高。

4. 结构化程序设计语言

C 语言具有结构化程序设计语言所要求的三大基本结构,层次清晰,逻辑性强,便于维护、调试。

5. 语法限制不太严格,程序设计自由度大

一般的高级语言语法检查比较严格,几乎能够检查出所有的语法错误。而C语言允许程序编写者有较大的自由度,客观上降低了对程序员的要求。但这种不严格事实上也给程序留下了出现一些潜在错误的可能性,降低了程序的健壮性。

6. 允许直接访问物理地址,直接对硬件进行操作

在计算机世界中,位(bit)是最小单位,1 bit就是1个二进制位,只有两种取值,即0和1。C语言能进行位运算,能实现汇编语言的大部分功能,能对硬件直接操作。很多嵌入式系统中的单片机都提供C语言编译器,如51系列单片机、MSP430、ARM等。

7. 程序生成代码质量高,程序执行效率高

机器语言是能被计算机直接执行的语言,效率最高。汇编语言次之,基本接近于机器语言的效率。而C语言一般只比汇编程序生成的目标代码效率低10%~20%。

8. C语言适用范围广,可移植性好

C语言的一个突出的优点就是适合于多种操作系统,如DOS、UNIX,也适用于多种机型。用C语言编写的程序不需要做太多改动就可以从一种机型移植到另一种机型上运行。

总之,C语言既具有高级语言的特点,又具有低级语言的特点;既是一种成功的系统设计语言,又是一种实用的程序设计语言;既能用来编写不依赖计算机硬件的应用程序,又能用来编写各种系统程序。尽管C语言也有不足,如对数组下标越界不做检查、对变量类型约束不严格等,但仍是一种很受欢迎、应用广泛的程序设计语言。

1.3　运行C程序的步骤

计算机只能识别由0和1组成的机器语言,并不能识别由C语言编写的源程序。那么,如何让计算机能够执行C语言源程序呢?这要经过编辑、编译、连接、运行4个步骤。这4个步骤完全可以使用不同的工具来完成,即可以用任何一个文本编辑软件来编辑源文件,用编译命令来编译,用连接命令来连接,如果没有错误,就可以运行。但这样做太过烦琐,所以很多软件把这几个功能集成到了一起,形成集成开发环境(IDE)。

C语言的集成开发环境有很多种,典型的有TC 3.0、Borland C++、C++ Builder、Dev C++、Visual C++等。下面重点介绍Visual C++6.0(以下简称VC),VC是Microsoft公司的Visual Studio开发工具箱中的一个C++程序开发包,从最早期的1.0版本,发展到6.0版本,VC已经有了很大的变化,在界面、功能、库支持方面都有许多的增强。6.0版本在编译器、MFC类库、编辑器以及联机帮助系统等方面,与以前的版本相比进行了较大改进。

这里需要说明两点:① VC本来是作为C++的集成调试环境,向下兼容也可以调试C语言程序,初学者只需要用到其中非常少的一部分功能;② 之所以选择VC,主要是考虑其应用的广泛性,另外国家计算机等级考试C语言二级和三级都采用此编程环境。图1.1所示为VC的启动界面。

使用VC执行一个C语言程序的过程如图1.2所示。

图 1.1 VC 的启动界面

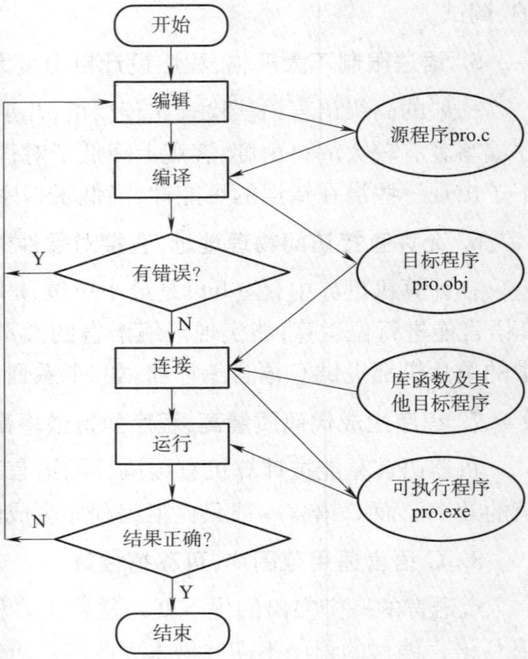

图 1.2 执行一个 C 语言程序的过程

1. 编辑源程序

要想把设计好的程序输入计算机中,第一步要启动 VC,进入 VC 集成开发环境,并在该环境下进入 VC 编辑窗口,通过编辑得到 C 语言源程序。

VC 是 Visual Studio 开发平台的一个组成部分,读者可以在 Windows 的程序项中找到 VC 的启动图标,通过它或者桌面的快捷方式,可以启动 VC 的编辑环境。此时可以通过以下几个步骤建立 C 语言程序文件。

(1)选择“文件”菜单中的“新建”命令。

(2)在弹出的“新建”对话框中,选择“文件”选项卡,然后选择 C ++ Source File 选项。

(3)输入相应的文件名和文件存放目录,并单击“确定”按钮,如图 1.3 所示。

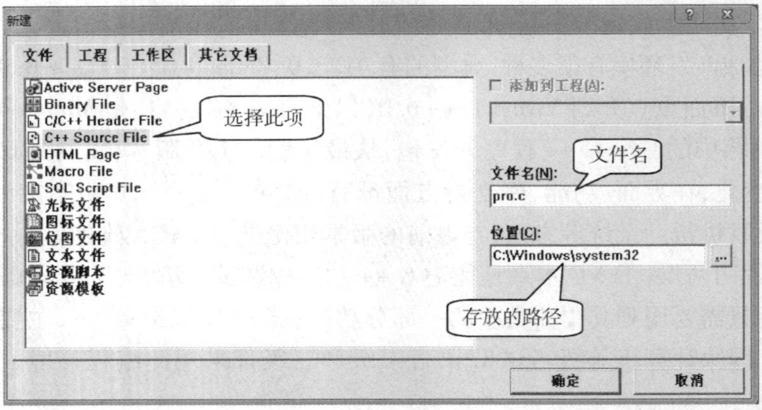

图 1.3 “新建”对话框

在完成以上步骤后，会进入 VC 编辑窗口，在该窗口中输入例 1.1 所示的程序，如图 1.4 所示。

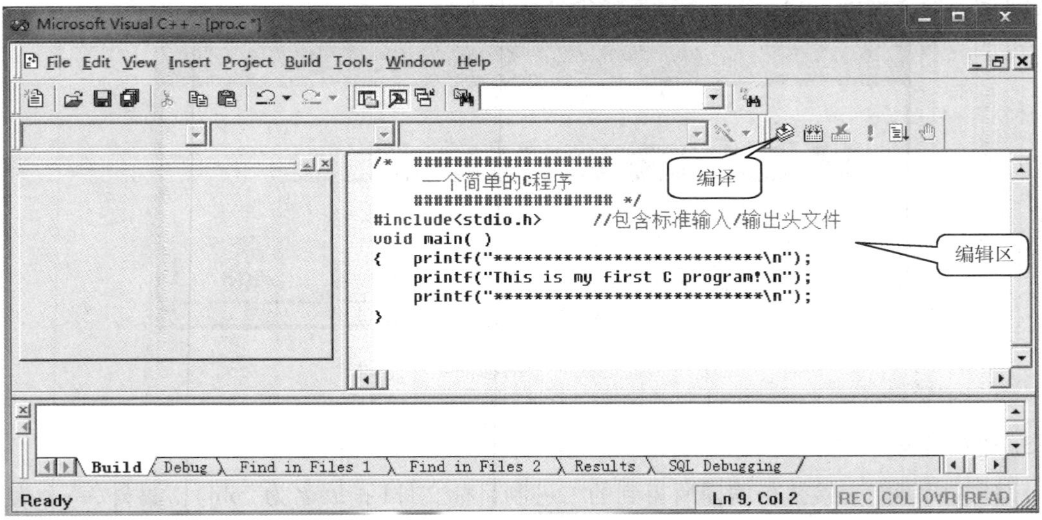

图 1.4　录入例 1.1 所示的程序

【例 1.1】 在屏幕上输出三行字符串，第一行内容为"***************************"，第二行内容为"This is my first C program!"，第三行内容为"***************************"。

根据题意，编写如下的 C 语言程序。

```
/*  ####################
    一个简单的 C 程序
    #################### */
#include <stdio.h>      //包含标准输入/输出头文件
void main()
{   printf("***************************\n");
    printf("This is my first C program!\n");
    printf("***************************\n");
}
```

录入程序之后，就生成了一个源程序文件，其扩展名为".c"，如图 1.2 中的 pro.c，文件名为 pro。为了能够让计算机识别源程序，接下来要对其进行编译。不过有一点需要注意，图 1.4 中窗口上文件名 pro.c 后面有一个"*"号，它表示程序编辑后还没有保存，单击"保存"或者"编译"按钮后，"*"号就会消失。

2. 对源程序进行编译

编译的作用之一是对源程序进行检查，判定它有无语法方面的错误，如果有错，就给出"出错信息"，告诉编程人员认真检查改正。编程人员修改程序后重新进行编译，如果仍然有错，再给出"出错信息"。如此反复进行，直到没有语法错误为止。这时，编译程序自动把源程序转换为二进制形式的目标程序（在 Visual C++ 中扩展名为".obj"，如图 1.2 中的 pro.obj）。

如果不特别指定,此目标程序一般也存放在用户当前目录下,此时源文件没有消失。

单击图 1.4 中的“编译”按钮,这时会弹出如图 1.5 所示的对话框,单击“是”按钮,VC 会自动创建一个活动的工作空间,并建立一个默认的工程。

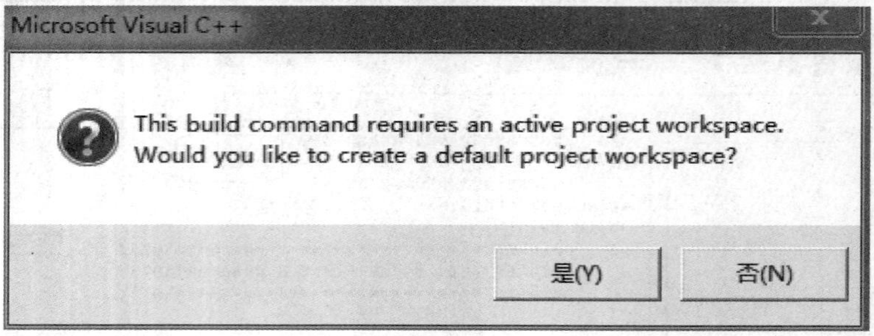

图 1.5 创建一个活动的工作空间

3. 进行连接

计算机尚不能直接执行编译所得到的二进制目标文件(扩展名为 . obj)。另外,一个大型程序通常包含若干个实现不同功能的源程序文件,而编译是以源程序文件为对象的,一次编译只能得到与一个源程序文件相对应的目标文件。因此,首先要把所有编译后得到的目标文件连接起来。除此之外,还要与程序使用的库函数相连接来构成一个整体。这样就会生成一个可以被计算机执行的程序,称为可执行程序或者可执行文件,在 VC 中其扩展名为 . exe,如图 1.2 中的 pro. exe。

即使一个程序只包含一个源程序文件,编译后得到的目标程序也不能直接运行,也必须经过连接处理,因为要与库函数进行连接,然后才能生成可执行文件。

如果编译没有错误,输出窗口中就会显示无错误、无警告的信息,如图 1.6 所示,此时就可以单击“连接”按钮。

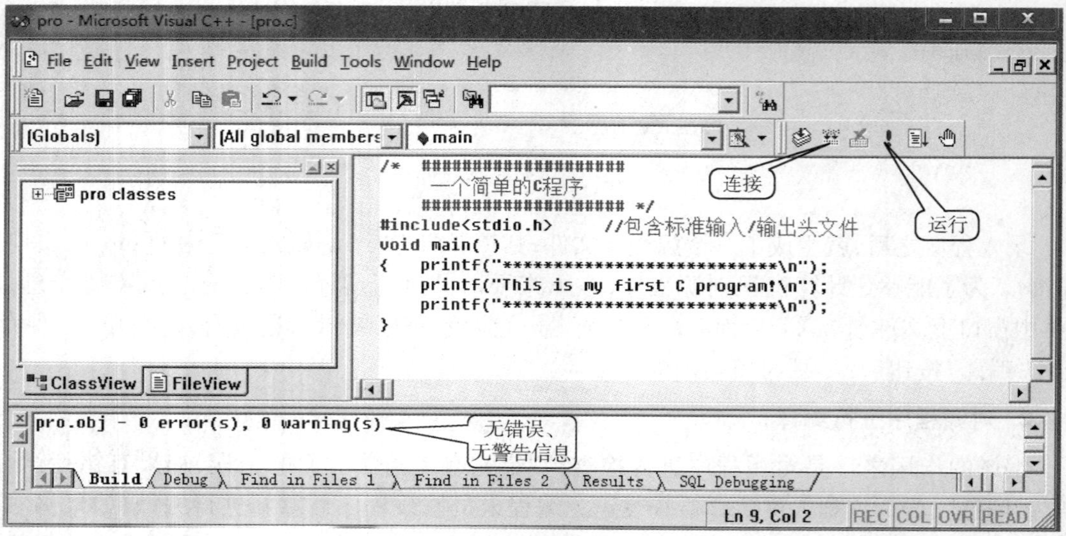

图 1.6 无错误、无警告信息

4. 运行

如果程序连接成功，单击图 1.6 中的“运行”按钮，就会得到程序的运行结果，如图 1.7 所示。

图 1.7 程序运行结果

至此，已经完成了第一个 C 语言程序，下面分析 C 语言源程序中的一些知识点。

(1) 编写 C 语言程序时通常都用小写字母，大写字母常用来定义一些符号常量或者全局变量，以后遇到时再做介绍。

(2) C 语言程序的执行部分是由语句组成的，其功能也是由语句来实现的，每条 C 语言语句都以分号结束。即使是单独的一个分号“;”，在 C 语言里也是语句，称为空语句。

(3) C 语言中的注释分两种，即单行注释和块注释。单行注释用双斜杠“//”引导，一直到本行末；块注释用“/ * …… * /”表示。注释可以用汉字来表示，当然也可以用英语或汉语拼音做注释。注释只用于阅读，对编译和运行不起作用，可以加在程序中任何位置。

(4) 以“#”号开头的称为预编译处理。由于本程序中用到了 printf( ) 这样的输出函数，所以要把所需要的头文件包含进来。C 语言本身并没有输入/输出语句，输入/输出功能需要通过函数来实现，而用到哪种类型的函数，就需要包含相应类型的头文件，这里的 stdio 表示 Standard Input and Output，即标准的输入与输出。

(5) main( ) 表示主函数，每一个 C 语言程序都必须有且只能有一个 main( ) 函数。函数体由大括号“{ }”括起来，表示函数的开始和结束。大括号中的部分是函数体，本例中的函数体内只有一个由输出函数构成的语句。

(6) printf( ) 是输出函数。一般情况下，双引号之内的字符串是原样输出的，但也有一些不原样输出。如本例中，双引号之内的除“\n”之外的字符串全部原样输出，而“\n”转换成换行符输出。

1.4 简单的 C 语言程序

【例 1.2】 从键盘输入任意两个整数，计算其和并输出结果。

```
#include <stdio.h>
void main( )
{
    int a,b,sum;                          /* 定义 3 个整型变量 a、b、sum */
    printf("Please input two integers:");
```

```
    scanf("%d%d",&a,&b);                   /* 从键盘输入两个整数,分别给变量a和b*/
    sum = a + b;                           /* 求a与b之和赋给变量sum*/
    printf("sum of a plus b is %d\n",sum); /* 输出sum中的值*/
}
```

在运行上面程序时,首先屏幕上会显示一条提示信息:

Please input two integers:

此时光标会闪烁,等待用户从键盘输入两个整数。假设用户输入12和34,即

Please input two integers:12　34↙

"↙"代表回车键,用来表示输入结束。此时,屏幕上会显示程序的运行结果,如下:

```
sum of a plus b is 46
```

通过该程序的运行过程以及结果,应该知道这个程序的功能类似于一个简易的整数加法器。

这里,先不急于搞清楚程序中每一条语句的语法规则,在以后的章节中会逐步深入地介绍。为了进一步了解C语言程序的外貌与概况,我们把例1.2中的程序进行形式上的改写。

【例1.3】 通过函数调用实现例1.2。

```
#include <stdio.h>
/* 函数功能:计算两个整数之和
   入口参数:整数a和b
   函数返回值:整数a与b之和 */
int add(int a,int b)
{
  return(a + b);
}
void main()
{  int x,y,sum;                            /* 定义3个整型变量x、y、sum */
   printf("Please input two integers:");
   scanf("%d%d",&x,&y);                    /* 从键盘输入两个整数,分别给变量x和y*/
   sum = add(x,y);                         /* 调用函数add()计算x与y之和*/
   printf("sum of x plus y is %d\n",sum);  /* 输出sum中的值*/
}
```

例1.3采用函数调用的形式实现了例1.2的功能,可以说以上两个例子是穿着不同服装的孪生兄弟。至此,从这两个例子,大致可以总结C语言的以下3个方面的特点。

(1)C语言程序是由函数构成的,函数是C程序的基本单位。

①如1.3节提到的,一个C程序必须有且仅有一个名字为main的主函数,一个C语言程序在运行时总是从main()函数开始,在main()函数中结束,与它在程序中的位置无关。

②C语言规定,函数不能嵌套定义,即所有函数,即使是主函数,也不能在其内部再定义别的任何函数。例如,例1.3中不能在main()函数内部定义add()函数。

③C程序中的函数可以分为两大类:一类是用户自定义函数(如例1.3中的add()函数);另一类是库函数(如以上例子中都出现过的printf()函数)。用户自定义函数由用户根据实际要解决的问题编写、用于实现特定的功能,一个C程序可以包含零到多个用户自定义

函数。库函数由系统提供，在调用之前必须将相应的头文件包含到本文件中。例如，使用系统输入/输出函数时，需要用预编译命令#include < stdio. h >将头文件包含到本文件中。在例 1.2 和例 1.3 的输入函数 scanf( )和输出函数 printf( )中“%d”是输入/输出格式字符，表示“十进制整数类型”，用来指定输入/输出数据的类型和格式。

④程序的全部工作都是由函数来完成的，通过函数的调用很容易实现程序的模块化。主函数可以调用其他函数，但其他函数不能调用主函数。

(2)函数的组成包括两部分：函数首部和函数体。

①函数首部对函数返回值类型、函数名、形参类型及形参名进行说明，如例 1.3 中对函数 add( )的定义，其函数首部为 int add(int a，int b)。有时函数也可以没有形参类型和形参名，但是函数名后面的一对圆括号不能省略，如以上例题中的 main( )函数的定义，其函数首部为 void main( )。

②函数体就是函数首部下面最外层大括号中的内容，包括变量声明语句(变量定义语句)和执行语句。变量声明部分是对函数中“对象”的描述，一般写在函数体的开头部分。例 1.2 和例 1.3 中的“int a，b，sum；”是变量声明语句，声明 a、b、sum 为整型(int)变量。可见，如果要一次声明多个相同类型的变量，变量与变量之间是用逗号隔开的，最后以分号结束。执行语句是对函数中“动作”的描述，由一系列可执行语句组成，写在变量声明语句之后，函数按照可执行语句的顺序运行。

(3)C 程序具有自由开放的书写格式与规则。

①C 程序的书写格式比较自由，既允许在一行内写多条语句，也允许将一条语句分写在多行，而不用加任何标识，C 编译时只有“看到”分号，才认为是一条语句的结束。例如图 1.8 所示的写法，C 语言也不认为错。但是，为了增加程序的可读性和可测试性，建议读者一行内只写一条语句，养成规范、良好的程序设计风格。

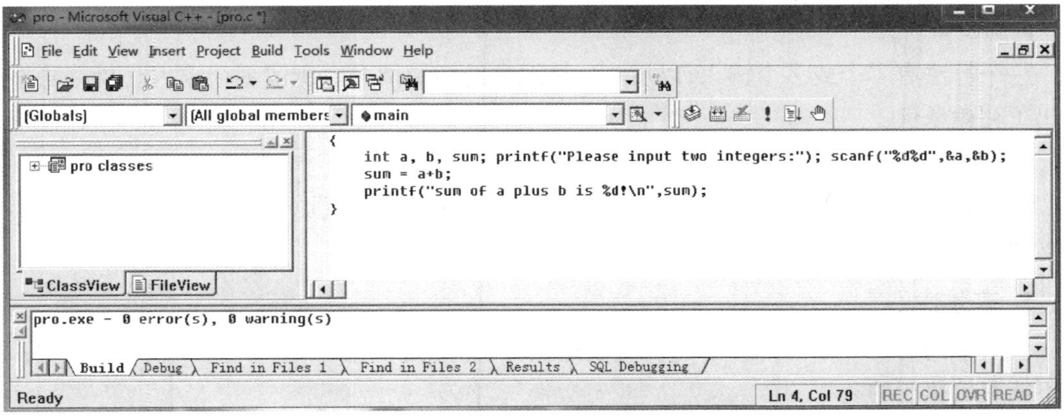

图 1.8　语句写法示例

②C 语言的变量名、函数名、标号等标识符通常用小写字母来表示，C 语言对大小写敏感。同一个字母的大写和小写在 C 语言中是不同的，例如“int a，A；”，编译时会认为用户定义了两个变量，其名字分别为 a 和 A。

1.5 算法概述

1.5.1 算法的概念

解决任何问题都需要有一定的方法和步骤,在计算机科学中,用计算机语言来描述的解决问题的方法和步骤就是算法。正如一个厨师做饭时需要洗菜、切菜、配菜和炒菜一样,C 语言程序也要经过一系列有序的步骤才能完成一个任务。计算机的算法可分为两大类别:数值算法和非数值算法。求方程的根、求一个函数的定积分等问题的方法和步骤都属于数值运算算法,而解决图书检索、人事管理、行车调度等问题的方法和步骤则属于非数值运算算法。

同一个问题不是只有一个算法。例如,求 1 +2 +3 +4 + … +100,既可以先进行 1 +2,再加 3,再加 4,一直加到 100,也可以选择(100 +1) +(2 +99) +(3 +98) +(4 +97) + … +(50 +51) =101 ×50 =5050。可见,对同一个问题不仅可以有不同的解题方法和步骤,而且算法有优劣之分。因此,为了有效地进行解题,不仅需要保证算法的正确性,还要考虑算法的质量,选择合适的算法。

1.5.2 算法的特性

一个算法应该具有以下 7 个重要特征。

1. 有穷性

算法的有穷性是指算法必须能在执行有限个步骤之后终止。

2. 确定性

算法的每一个步骤必须有确切的定义。

3. 输入

一个算法有零个或多个输入,以反映运算对象的初始情况。所谓零个输入是指算法本身给出了初始条件。

4. 输出

一个算法有一个或多个输出,以反映对输入数据加工后的结果。没有输出的算法是毫无意义的。

5. 有效性

算法中的每一个步骤都应当能被有效地执行,并得到确定的结果。例如,当 a =0 时,b/a 是不能有效执行的。

6. 高效性

算法的执行速度相对较快,占用资源相对较少。

7. 健壮性

健壮性又称鲁棒性,“鲁棒”是英文单词 Robust 的音译。对数据响应正确,即算法除了能对合法的输入数据得到正确的结果外,还应对非法的输入数据做出正确合理的处理。健壮性体现了思维密度的缜密。做题时,常遇到复杂的分类讨论、统计等情况,如果没有对数据分析清楚,特别是极端数据、特殊数据的处理,就很可能失去了算法的准确性。

算法是计算机语言的灵魂,而某一种具体的语言只不过是算法的一种表达方式而已。计算机科学家尼克劳斯·沃思曾写过一本著名的书《数据结构 + 算法 = 程序》,可见算法在计算机科学界与计算机应用界的地位。

1.5.3　算法的表示方法

当我们设计程序解决实际问题时,需要考虑如何描述解决该问题的步骤,即如何描述算法,一般有以下 5 种方法。

1. 用自然语言表示算法

自然语言就是日常使用的语言,可以是汉语、英语或者其他语言,其特点是通俗易懂。

【例 1.4】用自然语言描述求 1 +2 +3 +4 +5 的算法。

第一步:求 1 +2,得到结果 3。

第二步:将第一步中的结果加上 3,得到结果 6。

第三步:将第二步中的结果加上 4,得到结果 10。

第四步:将第三步中的结果加上 5,得到最后的结果 15。

这样表示的算法太烦琐,如果表示 1 +2 +3 + … +20,就需要 19 个步骤,显然这种描述方法并不符合程序设计的思想。

可以设两个变量:一个变量 s 表示被加数,一个变量 i 表示加数。不另设变量存放相加的结果,而是直接将每一步骤的相加之和放在被加数变量中。采用循环方法,用自然语言描述算法如下:

第一步:1 => s;

第二步:2 => i;

第三步:s + i => s;

第四步:i + 1 => i。

第五步:如果 i 不大于 5,则返回到第三步处,重新执行第三步以及其后的第四步和第五步;否则,算法结束。

【例 1.5】小明去买汽水,一元钱一瓶汽水,喝完后两个空瓶可以换一瓶汽水。假设小明有 20 元钱,请问他最多可以喝到多少瓶汽水?

分析:

(1)一元钱一瓶汽水,则 m 元钱就可以买 m 瓶汽水,必定会有 m 个空瓶。

(2)假设有 m 个空瓶,则可以换得 m/2 瓶汽水,则此时空瓶数量为 m/2(求商) + m% 2(求余数)。

(3)当空瓶的数量小于 2 时,无法再换取汽水。

假设变量 s 表示汽水数量,m 表示钱数,由题目分析可知,可以由 m/2 + m% 2 来更新空瓶数量,因此不再设变量表示空瓶数。仍然可以采用循环的方法,用自然语言描述该算法。

第一步:20 => s;

第二步:20 => m;

第三步:s + m/2 => s;

第四步:m/2 + m% 2 => *m*;

第五步:如果 *m* 不小于 2,则返回到第三步处,重新执行第三步以及其后的第四步和第五步;否则,算法结束。

2. 用传统流程图表示算法

传统流程图是描绘算法最常用的一种方法,是用图形符号来表示的算法,*ANSI* 规定的一些常用流程图符号如图 1.9 所示。这种表示方法直观、灵活,很多程序员采用这种表示方法,读者应对这种流程图熟练掌握。

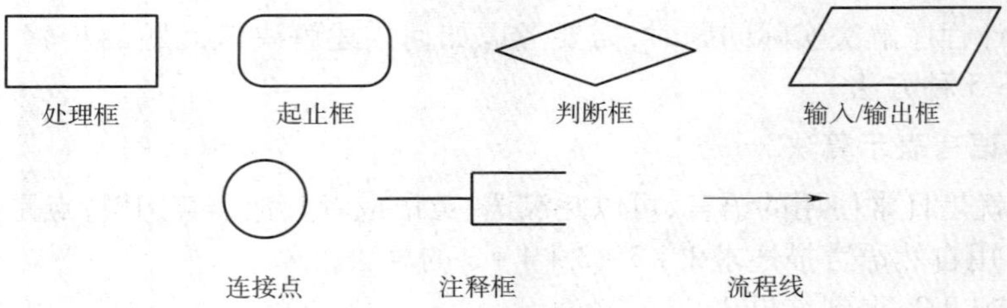

图 1.9 常用流程图符号

【例 1.6】 用传统流程图描述求 1 +2 +3 +4 +5 的算法,如图 1.10 所示。

【例 1.7】 用传统流程图描述例 1.5 的算法,如图 1.11 所示。

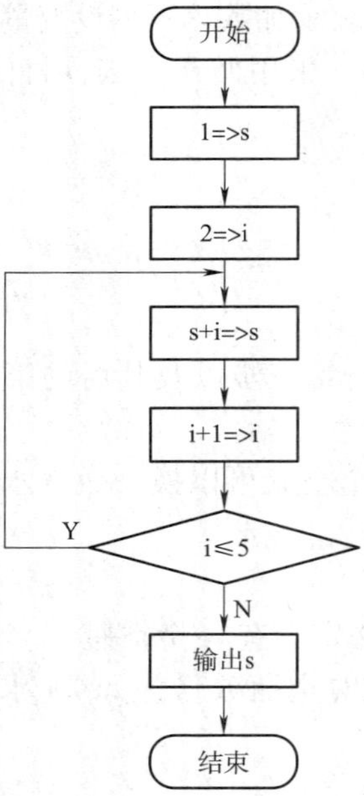

图 1.10 用传统流程图表示的 1 +2 +3 +4 +5 算法

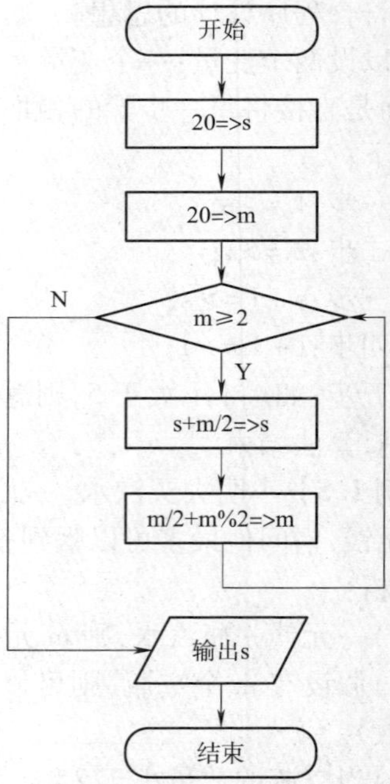

图 1.11 用传统流程图表示的例 1.5 算法

3. 用 N-S 图表示算法

1973 年,美国学者 I. Nassi 和 B. Shneiderman 提出了一种新的流程图形式,在这种流程图中完全去掉了流程线,全部算法写在一个矩形框内,而且在框内还可以包含其他的框。这种由一些基本的框组成一个大的框的流程图称为 N-S 图。

N-S 图算法清晰,利用 N-S 图表示出来的算法流程不会无规律转移。常见的 N-S 图的基本框架如图 1.12 所示。

利用 N-S 流程图可以表示 3 种基本结构：

(1)顺序结构。如图 1.12(a)所示，A 和 B 两个框组成一个顺序结构。

(2)选择结构。如图 1.12(b)所示，当 p 条件成立时，执行 A 操作；p 条件不成立时，执行 B 操作。注意，图 1.12(b)是一个整体，代表一个基本结构。

(3)循环结构。图 1.12(c)表示当型循环结构，当 p 条件成立时，反复执行 A 操作，直到 p 条件不成立为止。图 1.12(d)表示直到型循环结构，当 p 条件成立时结束循环，否则反复执行 A 操作。

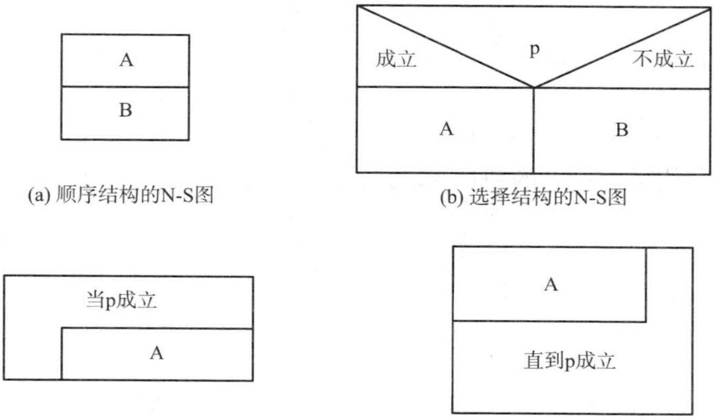

(a) 顺序结构的N-S图　(b) 选择结构的N-S图

(c) 当型循环结构N-S图　(d) 直到型循环结构N-S图

图 1.12　N-S 图的基本框架

【例 1.8】用 N-S 图描述求 1 +2 +3 +4 +5 的算法，如图 1.13 所示。

【例 1.9】有 50 个学生，要求将他们之中成绩在 80 分以上者打印出来。n 表示学生学号，n_1 表示第一个学生的学号，n_i 表示第 i 个学生的学号；g 表示学生成绩，g_i 表示第 i 个学生的成绩。用 N-S 图描述该算法。

分析：设变量 i 作为下标，用它来控制序号(第几个学生，第几个成绩)。当 i 超过 50 时，表示已经对 50 个学生的成绩处理完毕，算法结束。

假设该算法中不包括输入 50 个学生数据的部分，其 N-S 图如图 1.14 所示。

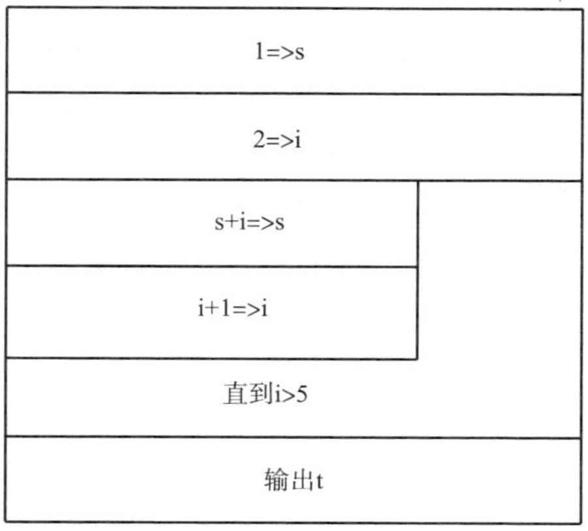

图 1.13　用 N-S 图表示的 1 +2 +3 +4 +5 算法

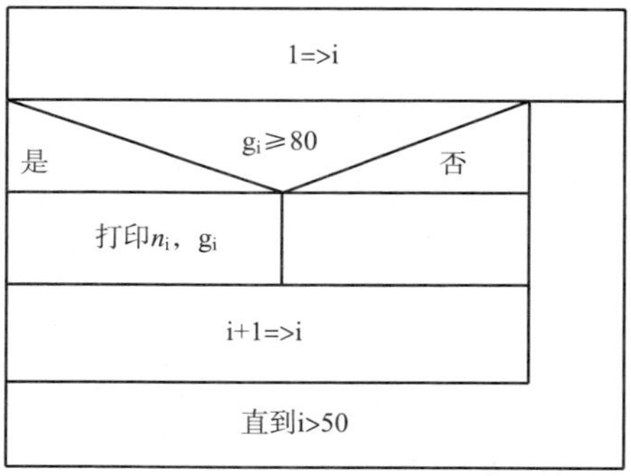

图 1.14　用 N-S 图表示的例 1.9 算法

4. 用伪代码表示算法

伪代码是介于自然语言和计算机语言之间的用文字和符号来描述的算法。

【例 1.10】 用伪代码描述求 1 +2 +3 +4 +5 的算法。

```
开始
    置 s 的初值为 1
    置 i 的初值为 2
    当 i <=5,执行下面操作:
        使 s = s + i
        使 i = i+1
    {循环体到此结束}
    输出 t 的值
结束
```

【例 1.11】 对于从键盘输入的数值 x,打印其绝对值,假设用户输入的为合法数值,则用伪代码描述该算法。

```
开始
    从键盘输入数值 x
    若 x 为正数
        打印 x
    否则
        打印 - x
结束
```

5. 用计算机语言表示算法

前面所述的算法计算机都无法识别,只有用计算机语言编写的程序才能被计算机执行,因此在用流程图或者伪代码描述一个算法后,还要严格遵守某一种计算机语言的语法规则,将其转换成计算机语言程序。

【例 1.12】 用 C 语言描述求 1 +2 +3 +4 +5 的算法。

```
#include <stdio.h>
void main( )
{
    int i =2,s =1;
    while(i <=5)
    {
        s = s + i;
        i = i+1;
    }
    printf("%d \n",s);
}
```

习 题 一

一、选择题

1. Java 语言属于高级语言,汇编语言属于(　　)语言。

A. 过程　　B. 面向对象　　C. 低级　　D. 现代

2. C 语言中主函数的名字是(　　)。

A. void main　　B. void　　C. main( )　　D. main

3. C 语言源程序经过编译之后生成一个扩展名为(　　)的二进制文件(称为目标文件)。

A. C　　B. obj　　C. bat　　D. exe

4. 以下叙述中正确的是(　　)。

A. C 程序中的注释只能出现在程序的开始位置和语句的后面

B. 用 C 语言编写的程序只能放在一个程序文件中

C. C 程序书写格式严格,要求一行内只能写一条语句

D. C 程序书写格式自由,一条语句可以写在多行

5. 以下叙述中正确的是(　　)。

A. 用 C 语言程序实现的算法可以既没有输入操作也没有输出操作

B. 用 C 语言程序实现的算法必须要有输入和输出操作

C. 用 C 语言程序实现的算法可以没有输入操作但必须要有输出操作

D. 用 C 语言程序实现的算法可以没有输出操作但必须有输入操作

二、填空题

1. 计算机语言的发展经历了________、________、________、________4 个阶段。

2. C 语言的每条语句都必须以________结束。

3. C 语言中的注释分为________和________两种,分别用________和________符号来表示。

4. C 语言程序是由________构成的,其组成包括两部分:________和________。

5. 完成一个 C 语言程序,一般要经过________、________、________、________4 个步骤。

三、简答题

1. 请根据自己的理解,描述 C 语言的特点。

2. 请用流程图表示执行一个 C 语言程序的过程。

3. 算法的基本特性有哪些?

4. 用“ * ”号输出字母 C 的图案,试用 C 语言写出该程序。

5. 分别用传统流程图和当型 N-S 图表示求 10! 的算法。

第 2 章　数据类型、运算符与表达式

C 语言中的数据分为常量和变量,常量和变量都有其特定的数据类型。常量和变量以及运算符可以构成表达式。本章介绍 C 语言中的数据类型、运算符及表达式。

2.1　C 语言的数据类型

计算机的应用之一是数据处理,而数据处理的对象已不仅仅局限于纯粹的数值型数据,还包括字符、表格、图形、图像和声音等各种具有一定结构的数据。计算机程序的主要任务就是对这些不同类型的数据进行加工处理。然而,要进行数据处理就必须先解决两个基本问题:一是如何将待处理的数据组织起来并存储在内存中,即数据的存储结构问题;二是所处理的数据允许做何种运算,即数据操作属性问题。因此,在计算机程序设计中,为了处理方便,需要将数据划分为不同的数据类型,并为每一种数据类型规定了在内存中的存储空间大小以及该数据类型数据所能进行的操作。数据类型是按被定义数据的性质、表示形式、占据存储空间的大小及构造特点来划分的。

C 语言提供的数据类型非常丰富,因此,其数据处理能力也十分强大。每种数据类型是对一组变量(对象)和对它们的操作的描述。C 语言的数据类型如图 2.1 所示。

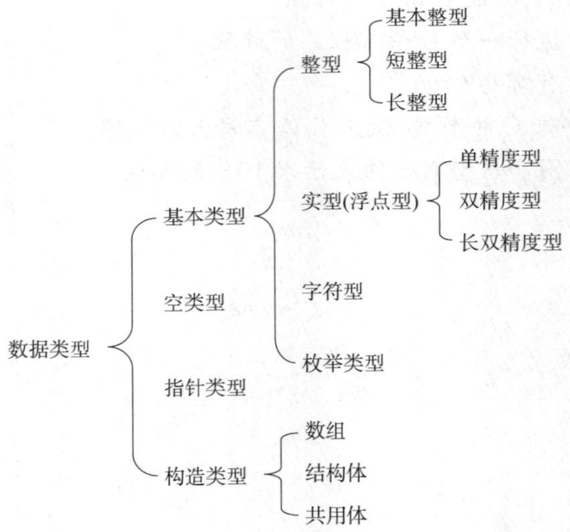

图 2.1　C 语言的数据类型

C 语言程序中对用到的所有数据都必须先指定其数据类型,当一个数据被指定属于某一特定类型后,在该数据上允许操作的运算也就确定下来。C 语言还提供了丰富的运算符,保证了各种操作的方便实现,多种类型的表达式表现了 C 语言强大的运算功能。

2.2　常　　量

常量就是在程序运行过程中不可改变的量,即常数。常量可分为整型常量、实型常量、符号常量、字符型常量和字符串常量。

2.2.1　整型常量

整型常量格式通常包含前缀部分、数字部分和后缀部分,如表 2.1 所示。

表 2.1　整型常量表示形式

整型常量	前缀部分	无	十进制正数
		-	十进制负数
		0	八进制数
		0X 或 0x	十六进制数
	数字部分	0 ~ 9(不能以 0 开始)	十进制数
		0 ~ 7	八进制数
		0 ~ 9、A ~ F 或 a ~ f	十六进制数
	后缀部分	无	有符号整型
		“L”或“l”	长整型
		“U”或“u”	无符号整型

整型常量可以用十进制、八进制和十六进制形式来表示,三者的前缀部分和数字部分有区别。

1. 十进制整型常量

十进制整型常量由 0 ~ 9 的数字组成,没有前缀,不能以 0 开始,没有小数部分,如 237、-568 等。

2. 八进制整型常量

八进制整型常量以 0 为前缀,其后由 0 ~ 7 的数字组成,没有小数部分,如 073、0132 等。

3. 十六进制整型常量

十六进制整型常量以 0X 或 0x 为前缀,其后由 0 ~ 9、A ~ F 或 a ~ f 组成,没有小数部分,如 0XA5、0x8ef 等。

如果在一个整型数据后面加上字符“L”或“l”作为后缀,则认为是长整型(long int)数据,如 128L、0x8a2fL 等,在 VC 中由于长整型和整型所占字节数相同,这种长整型数据可以直接赋给整型变量,但在 Turbo C(以下简称 TC)中需要把这种常量赋给长整型变量。

如果在一个整型常量后面加上字符“U”或“u”作为后缀,如 9998U、533u 等,则认为是无符号整型常量,该数据最高位不是符号位,而是作为数据的一部分。

2.2.2 实型常量

实型常量又称浮点型常量,有十进制小数和指数两种表示形式,如表 2.2 所示。

表 2.2 实型常量表示形式

实型常量	十进制小数形式	整数部分	十进制整数
		小数点	.
		小数部分	十进制整数
	指数形式 aeb 或 aEb	尾数 a	整数或实数
		底数(10)	E 或 e
		指数 b	整数
	后缀部分	F 或 f	单精度实数
		无	双精度实数

1. 十进制小数形式

十进制小数形式由整数部分和小数部分组成,两者中间为小数点。这两部分可以省去一个,但不可两者都省去,如 3.、.28、9.35 等都是正确的十进制小数形式。

2. 指数形式

指数形式即数学上的科学计数法。指数形式由尾数部分(包括尾数符号和值)和指数部分(包括指数符号和值)组成,两者中间为底数 10,在 C 语言中用 E 或 e 表示,如 3.2E-5、2.7e10、2e4 等,E 前面的为尾数,E 后面的为指数。

一个实数可以有多种指数表示形式,如数值 567.123 的指数表示可有如下多种表示形式:

0.567123E3、5.67123E2、56.7123E1、567.123E0、5671.23E-1

将其中 5.67123E2 表示形式称为"规范化的指数形式",即尾数部分中小数点左边应有一位且只能有一位非零的数字。计算机用指数形式输出一个实数时,是按规范化的指数形式输出的。

实型常量如果加上后缀 f 或 F,则表示该数为单精度(float)常量,如 2.34f 和 3.14F;如果不加后缀,默认为双精度(double)常量,如 3.14。

2.2.3 符号常量

在 C 语言中,可以用一个标识符来表示一个常量,称为符号常量。

符号常量在使用之前必须先定义,其一般形式为:

```
#define 标识符 常量
```

其中,#define 是一条预处理命令,称为宏定义命令(在第 11 章预处理中将进一步介绍),其功能是把该标识符定义为其后的常量值。一经定义,以后在程序中所有出现该标识符的地方均代之以该常量值。习惯上符号常量的标识符用大写字母,变量标识符用小写字母,以示区别。

【例 2.1】 符号常量的应用。

```
#include <stdio.h>
#define PRICE 30                          /* 宏定义,定义 PRICE 代表常量 30 */
```

```
void main( )
{
    int num,total;
    num=10;
    total=num*PRICE;
    printf("total=%d\n",total);
}
```

程序运行结果：

```
total=300
```

程序第二行为宏定义命令，定义 PRICE 为 30，此后在程序中即以该值代替 PRICE。total = num *PRICE 等价于 total = num *30。

注意：符号常量不是变量，它所代表的值在整个作用域内不能再改变。也就是说，在程序中，不能再用赋值语句对它重新赋值。例如，在上面的程序中出现下面的语句都是错误的：

```
PRICE=35;
PRICE=PRICE+5;
```

2.2.4　字符型常量

单引号括起来的一个字符称为字符型常量，如'a'、'b'、'='、'+'、'?'、'3'、'A'等。注意，'a'和'A'是两个不同的字符型常量。每个字符型常量在内存中占一个字节的空间。

在 C 语言中除了以上形式的字符型常量外，还提供了一种称为转义字符的字符型常量，如表 2.3 所示。转义字符以反斜线"\"开头，后跟一个字符或一个数字序列。例如，在前面例题 printf( )函数的格式串中用到的"\n"就是一个转义字符，其意义是"换行"。用转义字符不仅可以表示换行，还可以用来表示那些用一般字符不能表示的控制代码。

表 2.3　常用的转义字符及其含义

转义字符	转义字符的意义	ASCII 码
\n	换行	10
\t	横向跳到下一制表位置	9
\b	退格	8
\r	回车	13
\f	换页	12
\\	反斜杠"\"	92
\'	单引号"'"	39
\"	双引号"""	34
\a	鸣铃	7
\ddd	1~3 位八进制数所代表的字符	
\xhh	1~2 位十六进制数所代表的字符	

反斜杠'\'和随后的 1~3 位八进制数字构成的字符序列。例如，'\60'、'\101'、'\141'分别表示字符'0'、'A'和'a'。因为字符'0'、'A'和'a'的 ASCII 码的八进制值分别为 60、101 和 141。

反斜杠'\'和字母x(或X)及随后的1~2位十六进制数字构成的字符序列。例如,'\x30'、'\x41'、'\x61'分别表示字符'0'、'A'和'a'。因为字符'0'、'A'和'a'的ASCII码的十六进制值分别为0x30、0x41和0x61。

注意:使用ASCII码时,要注意区分数字和数字字符。例如,字符4的ASCII码是52,'4'代表字符4,而不是数字4。此外,尽管'\n'和'\xa','\a'和'\7'是等价的,但是我们应该尽可能使用'\n'和'\a',而不要用'\xa'和'\7'。这是因为前者易懂、便于记忆,而且移植性更高。

2.2.5 字符串常量

括在一对双引号之内的字符序列或转义字符序列称为字符串常量,如"CCDD"、"5618"、" $36.5"、"C Program\n"、""。

字符串中的字符在内存中连续存放,系统自动在末尾添加'\0'作为字符串结束标记。所以,字符串常量所占内存应是字符串中字符个数再加上一个字节。

对于字符常量'a'和字符串常量"a",虽然表面上看都只有一个字符,但在内存中的存储情况是不同的。字符'a'在内存中占一个字节,其存储情况如图2.2所示。字符串"a"在内存中占两个字节,其存储情况如图2.3所示。

图2.2 'a'的存储情况

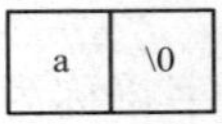

图2.3 "a"的存储情况

【例2.2】字符串常量的应用。

```
#include <stdio.h>
void main()
{
    printf("%d\n",sizeof(""));          //输出""在内存中所占字节数
}
```

程序运行结果:

```
1
```

程序中双引号内为空"",但所占字节数并不为空。

其中sizeof是C语言的一种单目运算符,使用形式为sizeof(type),以字节数给出操作数type的存储大小。例如,sizeof(int),在VC环境中能够给出int类型所占字节数为4。

2.3 变　量

常量在内存中的存储映像称为变量。在程序运行过程中变量的值可以被改变。变量代表一段有名字的连续存储单元,用来存放常量。变量有3个基本要素:名字、类型和值。

1. 变量的名字

在C语言中用来对变量、符号常量、函数、数组、类型等数据对象命名的有效字符序列统称为标识符。标识符就是一个名字。变量的名字是一种标识符,应满足标识符的命名规则。

在命名标识符时应注意如下事项：

(1)标识符只能由字母、数字和下画线 3 种字符组成。

(2)第一个字符不能是数字。

在对变量命名时还应注意以下几点：

(1)不能用 C 语言的关键字作为变量名，如 float(浮点类型名)不能作为变量名。

(2)变量的命名尽量能表达出该变量的含义，即见名知意，如 year、student 等。

(3)C 语言区分大小写，大写字母和小写字母被认为是两个不同的字母，因此，max 和 MAX 是两个不同的变量。

(4)变量名一般常用小写字母表示。

例如，INT、_sport、a2 是合法的标识符，可以作为变量名；bomb?、3d、int、key. board 是不合法的标识符和变量名。

一个变量名对应内存单元中的一块内存空间。在对程序编译、连接时由编译系统给每个变量名分配对应的内存地址。对变量的存取，实际上就是通过变量名所对应的内存地址，从该地址的存储空间读/写数据。

2. 变量的类型

每个变量都具有一种类型，在定义变量时必须要指明其类型。

变量的数据类型包括基本类型、构造类型、指针类型、空类型四大类。不同的数据类型在内存中所占用的存储空间是不同的，如 char 型只占 1 个字节，而 int 型占 4 个字节(在 VC 中 int 型占 4 个字节，TC 中 int 型占 2 个字节)。

一个变量的类型不仅决定了该变量存储在内存中所占空间的大小，而且也规定了该变量的合法操作。因此，类型对变量来说是很重要的。一个变量必须先指明其类型，根据类型所占存储单元的大小为其分配相应的存储空间，然后才能使用。

3. 变量的值

在一个变量对应的内存空间存放的数据就是该变量的值，也就是常量。

例如：

```
int n;
n =25;
```

这里定义了一个类型为 int 型的变量，变量名为 n，值为整型常量 25。25 就是被存放在变量 n 的内存空间中的值。

4. 变量的定义

在 C 语言中，变量必须先定义，后使用。变量定义就是开辟一个指定类型长度的内存空间，并为该空间定义一个对应的名字，如图 2.4 所示。

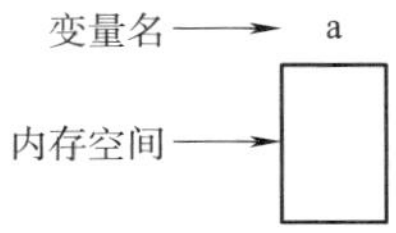

图 2.4　变量定义

变量定义的一般形式为

```
<数据类型>  <变量名1>,<变量名2>,…,<变量名n>;
```

例如：

```
int a,b;                      /*定义2个整型变量a、b*/
float price;                  /*定义1个单精度实型变量price*/
```

```
char c1,c2;                    /* 定义 2 个字符型变量 c1、c2 */
```

C 语言变量的基本数据类型有 3 种:整型、实型、字符型,用它们定义的变量分别存储整型常量、实型常量和字符型常量。

注意:C 语言没有字符串变量。字符串常量的存储需要字符数组来实现,详细介绍见第 6 章。

2.3.1 整型变量

整型变量是用来存储整型常量的。

1. 整型变量的分类

(1)基本整型:类型说明符为 int,在内存中占 4 个字节(TC 中占 2 个字节)。

(2)短整型:类型说明符为 short int 或 short,在内存中占 2 个字节。

(3)长整型:类型说明符为 long int 或 long,在内存中占 4 个字节。

上述 3 种类型前面可以加上修饰符 unsigned 或 signed。如果加上 unsigned,则是无符号类型;如果加上 signed,则是有符号类型(默认)。因此,基于以上 3 种整型,可扩展成以下 6 种(带中括号的部分可以省略)类型:

(1)有符号基本整型:[signed] int。

(2)无符号基本整型:unsigned [int]。

(3)有符号短整型:[signed] short [int]。

(4)无符号短整型:unsigned short [int]。

(5)有符号长整型:[signed] long [int]。

(6)无符号长整型:unsigned long [int]。

例如:

```
short x,y;                     /* 定义 x、y 为有符号的短整型变量 */
long a,b;                      /* 定义 a、b 为有符号的长整型变量 */
unsigned m,n;                  /* 定义 m、n 为无符号的基本整型变量 */
```

各种无符号整型变量所占的内存空间字节数与相应的有符号整型变量所占空间字节数相同。VC 中各类整型变量所占字节数和取值范围如表 2.4 所示。

表 2.4 整型变量所占字节数和取值范围

类 型	取值范围		字 节 数
int	-2 147 483 648 ~ +2 147 483 647	即 $-2^{31} \sim (2^{31}-1)$	4
unsigned int	0 ~ 4 294 967 295	即 $0 \sim (2^{32}-1)$	4
short int	-32 768 ~ +32 767	即 $-2^{15} \sim (2^{15}-1)$	2
unsigned short int	0 ~ 65 535	即 $0 \sim (2^{16}-1)$	2
long int	-2 147 483 648 ~ +2 147 483 647	即 $-2^{31} \sim (2^{31}-1)$	4
unsigned long	0 ~ 4 294 967 295	即 $0 \sim (2^{32}-1)$	4

注:(1)表中所列取值范围适用于 VC。

(2)在 TC 中,short 型长度为 2 个字节,int 型长度为 2 个字节,long 型长度为 4 个字节。

2. 整型数据在内存中的存放形式

整型数据在内存中是以补码形式存储的。正数的补码和原码相同;负数的补码是将该数的原码按位取反(符号位不变)再加 1。

(1)正数的存放形式。

例如:

```
short int i;
i =10;
```

i 中的值 10 在内存中的存放形式如图 2.5 所示。

0	0	0	0	0	0	0	0	0	0	0	0	1	0	1	0

图 2.5　i 中的值 10 在内存中的存放形式

(2)负数的存放形式。

例如:

```
short int j;
j = -10;
```

-10 的原码如图 2.6 所示。

1	0	0	0	0	0	0	0	0	0	0	0	1	0	1	0

图 2.6　-10 的原码

-10 的反码如图 2.7 所示。

1	1	1	1	1	1	1	1	1	1	1	1	0	1	0	1

图 2.7　-10 的反码

-10 的补码(j 中的值 -10 在内存中的存放形式)如图 2.8 所示。

1	1	1	1	1	1	1	1	1	1	1	1	0	1	1	0

图 2.8　j 中的值 -10 在内存中的存放形式

(3)无符号数的存放形式。由于无符号整型变量没有符号,左面最高位也用来表示数值,因此无符号整型变量中可以存放的正数的范围比有符号整型变量的范围扩大了一倍。

有符号短整型变量占 2 个字节,最大可表示的数为 32 767,如图 2.9 所示。

0	1	1	1	1	1	1	1	1	1	1	1	1	1	1	1

图 2.9　有符号短整型变量可表示的最大数

无符号短整型变量也占 2 个字节,最大可表示的数为 65 535,如图 2.10 所示。

1	1	1	1	1	1	1	1	1	1	1	1	1	1	1	1

图 2. 10　无符号短整型变量可表示的最大数

2. 3. 2　实型变量

实型变量是用来存储实型常量值的。

1. 实型变量的分类

(1)单精度型:类型说明符为 float,在内存中占 4 个字节。

(2)双精度型:类型说明符为 double,在内存中占 8 个字节。

(3)长双精度型:类型说明符为 long double,在内存中占 16 个字节。

在 VC 中,单精度型数值范围为 -3. 4E38 ~3. 4E38,有效位数最多为 7 位。双精度型数值范围为 -1. 7E308 ~1. 7E308,有效位数最多为 16 位。

例如:

```
float x,y;                    /* 定义 x、y 为单精度浮点型变量 */
double a,b,c;                 /* 定义 a、b、c 为双精度浮点型变量 */
```

在 VC 中,各实型变量所占字节数、有效位数及取值范围如表 2. 5 所示。

表 2. 5　实型变量所占字节数、有效位数及取值范围

类　型	字 节 数	有 效 位 数	取 值 范 围
float	4	6 ~ 7	$-3.4\times10^{38} \sim 3.4\times10^{38}$
double	8	15 ~ 16	$-1.7\times10^{308} \sim 1.7\times10^{308}$
long double	16	18 ~ 19	$-1.2\times10^{4932} \sim 1.2\times10^{4932}$

2. 实型数据在内存中的存放形式

以单精度实型数据为例,单精度实型数据在内存中占 4 个字节(32 位),按指数形式存储。实数 159. 52 在内存中的存放形式如图 2. 11 所示。

数符	尾数	阶符	阶码
+	.15952	+	3

图 2. 11　实数 159. 52 在内存中的存放形式

一般来说,用 3 个字节(24 位)来存放小数部分(包括数符和尾数),用 1 个字节(8 位)来存放指数部分(包括阶符和阶码)。

2. 3. 3　字符型变量

字符型变量是用来存储字符常量的。

1. 字符型变量的分类

字符型变量的类型说明符是 char。

char 前面可以加上修饰符 unsigned 或 signed。如果加上 unsigned,则是无符号类型;如果加上 signed,则是有符号类型(默认)。

例如:

```
char a,b;                      /* 定义 a、b 为字符型变量 */
unsigned char x,y;             /* 定义 x、y 为无符号字符型变量 */
```

字符型变量所分配的内存字节数和取值范围如表 2.6 所示。

表 2.6　字符型变量所占字节数和取值范围

类　型	字 节 数	取 值 范 围
signed char	1	$-128 \sim 127$ 即 $-2^7 \sim (2^7-1)$
unsigned char	1	$0 \sim 255$ 即 $0 \sim (2^8-1)$

2. 字符型数据在内存中的存放形式

字符型常量是以 ASCII 码的形式存放在字符型变量的内存单元之中的。每个字符型变量分配一个字节的内存空间,因此只能存放一个字符。

如'x'的十进制 ASCII 码是 120,'y'的十进制 ASCII 码是 121。对字符型变量 a、b 赋予'x'和'y'值:

```
a = 'x';
b = 'y';
```

实际上是在 a、b 两个单元内存放 120 和 121 的二进制代码,如图 2.12 所示。

有符号字符型变量占 1 个字节,最大可表示的 ASCII 码值为 127,如图 2.13 所示。

无符号字符型变量也占 1 个字节,最大可表示的 ASCII 码值为 255,如图 2.14 所示。

a	0	1	1	1	1	0	0	0
b	0	1	1	1	1	0	0	1

图 2.12　字符在内存中的存放形式

0	1	1	1	1	1	1	1

图 2.13　有符号字符型变量可表示的最大数

1	1	1	1	1	1	1	1

图 2.14　无符号字符型变量可表示的最大数

【例 2.3】字符型变量的输出。

```
#include <stdio.h>
void main()
{
    char  c1,c2;
    c1 = 'A';
    c2 =97;
    printf("%c,%c\n",c1,c2);         /* 字符格式输出 */
    printf("%d,%d\n",c1,c2);         /* 整型格式输出 */
}
```

程序运行结果:

```
A,a
65,97
```

由于字符型数据在内存中是以 ASCII 码形式存放的,所以在输出时既可以按字符形式输出,也可以按整型形式输出。在给字符型变量赋值时,可以直接赋一个字符型常量,也可以赋该字符的 ASCII 码值。

2.4 数值型数据间的混合运算

不同类型的数值型数据参与运算时,数据类型是可以转换的。转换的方法有两种:一种是自动转换;另一种是强制转换。

1. 自动转换

自动转换发生在不同数据类型混合运算时,由编译系统自动完成。系统自动对它们进行类型转换,转换成同一类型,然后再进行运算。规则如下:

横向箭头方向为必定的转换,纵向箭头方向为当运算对象类型不同时的转换(见图 2.15):

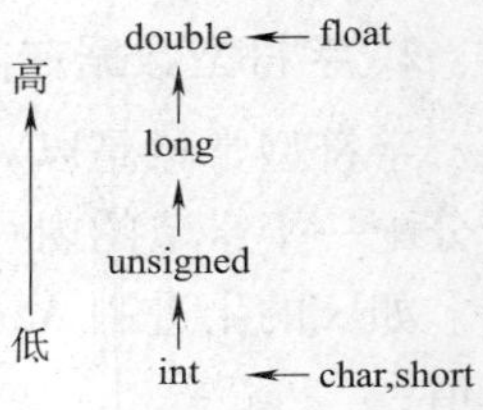

图 2.15 不同数据类型混合运算转换规则

(1)转换按数据类型长度增加的方向进行,以保证精度不降低,如 int 型和 double 型运算时,先把 int 型转换成 double 型后再进行运算。

(2)只要 float 型参与运算,即使没有其他类型参与运算,也必须先转换成 double 型,如 int 型和 float 型,或 float 型和 float 型运算时,int 型和 float 型都要转换成 double 型后再进行运算。

(3)char 型可以像整型一样参与算术运算,运算时是用其 ASCII 码值参与,如与整型数据进行运算时,char 型要先转换成 int 型。

【例 2.4】数值型数据间的混合运算。

```
#include <stdio.h>
void main()
{
    float pi =3.14159f;
    int r =5,l;
    double s;
    l =2 *pi *r;
    s =r *r *pi;
    printf("周长 =%d,面积 =%f\n",l,s);          /* 分别输出周长和面积 */
}
```

程序运行结果:

```
周长 =31,面积 =78.539753
```

程序中,pi 为 float 型,l 和 r 为 int 型,s 为 double 型。在执行 pi = 3.14159f、l = 2 *pi *r、s = r *r *pi;语句时,r 和 pi 根据上述规则,都转换成 double 型计算,结果也为 double 型。但由于 l 为整型,故赋值结果仍为整型,舍去了小数部分,而 s 为 double 型,取得了完整结果。

2. 强制类型转换

强制类型转换是通过类型转换运算符来实现的。其一般形式为:

(类型说明符)(表达式)

其功能是把表达式的运算结果强制转换成类型说明符所表示的类型。

例如:

```
(float) a           /* 把 a 转换为浮点型 */
(int)(x+y)          /* 把 x+y 的结果转换为整型 */
```

在使用强制类型转换时应注意以下问题:

(1)类型说明符和表达式都必须加括号(单个变量可以不加括号),若把(int)(x+y)写成(int)x+y,则变成把 x 转换成 int 型之后再与 y 相加。

(2)无论是强制转换还是自动转换,都只是为了本次运算的需要而对变量的数据类型进行临时性转换,并不改变数据说明时对该变量定义的类型。

例如,语句 a=(int)f;中 f 如果已经被定义为 float 型,强制转换(int)f 得到一个 int 型临时值赋给 a,但 f 本身的类型和值并不改变。

2.5　算术运算符和算术表达式

C 语言的算术运算符用于各类数值型数据的运算,包括加(+)、减(-)、乘(*)、除(/)、求余(%,或称模运算)、自增(++)、自减(--)等。

2.5.1　基本的算术运算符及表达式

1. 基本的算术运算符

基本的算术运算符的含义、结合性、优先级等如表 2.7 所示。

表 2.7　基本的算术运算符

优先级	运算符	使用形式	结合方向	含义	举例
1	-	单目运算符	自右向左	负号运算	-x
2	*	双目运算符	自左向右	乘法运算	x*y
	/	双目运算符	自左向右	除法运算	x/y
	%	双目运算符	自左向右	求余运算	x%y
3	+	双目运算符	自左向右	加法运算	x+y
	-	双目运算符	自左向右	减法运算	x-y

说明:

(1)根据运算符所要求的运算对象(操作数)的个数,C 语言中的运算符分为单目运算符、双目运算符和三目运算符。单目运算符只有一个运算对象;双目运算符要求有两个运算对象;三目运算符要求有 3 个运算对象。

(2)运算符的优先级决定了一个表达式中计算的先后顺序。与数学上一样,算术运算应遵循“先乘除,后加减”的规则。因此,*、/、% 的优先级高于 +、-,而负号的优先级高于其他算术运算符。

(3)C 语言的运算符具有“结合性”的特点。结合性是指运算符在与运算量(运算对象)组合时的“结合方向”。在对表达式求值时,根据运算符优先级的高低确定运算顺序;如果一个运算量两侧运算符的优先级相同,则按C语言规定的运算符的"结合性"来处理。若规定先算左侧的运算符,则称此运算符的结合方向为"左结合";若规定先算右侧的运算符,则称此运算符的结合方向为"右结合",如表达式 x + y - z。由于 +、- 为同一优先级,且结合方向都是从左向右,所以,y 先与 + 结合,执行 x + y 的运算,然后执行减 z 的运算。

算术运算符的运算规则如下:

(1)参与算术运算的运算对象可以是整型或实型常量、变量及表达式。

(2)除法(/)运算的除数不能为0,否则将出现被0除的错误。另外,进行除法(/)运算时,若参与运算的量均为整型,其结果也为整型。

例如:

```
7/2 =3                                    /* 把得到的结果取整,即把小数部分舍去 */
```

(3)求余运算符(%)两边的运算量必须为整型,且"%"后面的运算对象不能为0。求余运算结果的符号与"%"左边操作数的符号一致。

例如:

```
8%-5 =3
-8%-5 = -3
5%8 =5
10%5 =0
```

2. 算术表达式

算术表达式是由算术运算符和括号将运算对象连接起来的式子,如 12 + 'A'、12% 5、7. 0/2. 0、(a + b) *c - d/2、(a + b)/(c - d)等都是合法的算术表达式。

2.5.2 自增运算符和自减运算符

C语言的自增、自减运算符是" ++ "和" -- ",二者是单目运算符,即运算符只有一个操作数。自增、自减运算符的作用是使变量的值增1或减1。例如,执行语句 n ++;,其作用是将变量 n 的值加1后,再将结果值放入变量 n 中保存,即相当于执行语句 n = n + 1;。

1. 自增、自减运算符的使用形式

(1)前置运算:运算符在变量之前,如 ++i、--i。

(2)后置运算:运算符在变量之后,如 i ++ 、i -- 。

前置运算的作用是,在使用变量的值之前,使变量的值加1或减1。后置运算的作用是,在使用变量的值之后,再使变量的值加1或减1。

【例 2.5】自增、自减运算符前置与后置的区别。

```
#include <stdio.h>
void main()
{
    int x =5;
    printf("%d,", ++x);     /* 前置运算,等价于 x = x +1;printf("%d,",x);两条语句 */
    printf("%d,", --x);
    printf("%d,",x ++);     /* 后置运算,等价于 printf("%d,",x);x = x +1;两条语句 */
    printf("%d",x --);
```

```
}
```

程序运行结果：

```
6,5,5,6
```

2. 自增、自减运算符的优先级和结合性

自增、自减运算符的优先级与正号（+）、负号（-）运算符的优先级相同，并高于其他算术运算符。其结合方向为“自右向左”。

【例 2.6】 自增、自减运算符与负号的结合。

```
#include <stdio.h>
void main()
{
    int x=5;
    printf("%d,",-x++);        /* 等价于 printf("%d,",-x);x=x+1;两条语句 */
    printf("%d,",-x--);        /* 等价于 printf("%d,",-x);x=x-1;两条语句 */
}
```

程序运行结果：

```
-5,-6
```

对于表达式 -x++，编译是如何处理的呢？由于“-”和“++”是同一优先级，且结合方向都是从右向左结合，因此，表达式 -x++ 相当于 -(x++)。所以，执行 printf("%d,",-x++);的过程是，先把 -x 的值作为表达式的值，之后 x 的值加 1，所以输出的结果是 -5。

3. 自增、自减运算符的一些说明

(1) 自增、自减运算符只能作用于变量，不能作用于常量和表达式。

例如：

```
++5;
(m-n)++;
```

以上两条语句都是错误的。因为 5 是个常量，常量是不能改变的；(m-n)是一个算术表达式，(m-n)增 1 后的结果值并没有变量可存放，不可能存放在表达式中。

(2) 自增、自减运算符在使用的过程中容易产生歧义。

例如：

```
m=i+++j;
```

此语句是理解成 m=(i++)+j，还是理解成 m=i+(++j)呢？为了避免出现这种情况，建议初学者尽量把程序写得易懂一些，即将难以理解的语句分解成若干条语句，如改成如下两条语句。

```
m=i+j;
i++;
```

2.6　赋值运算符和赋值表达式

2.6.1　赋值运算符

C 语言中，赋值运算符是“=”，其作用是将赋值运算符右边表达式的值赋给赋值运算符左边的变量。

例如:

```
int a,b;
a=5;                          /* 把常量5赋给变量a */
b=a+3;                        /* 把表达式a+3的值赋给变量b */
```

用赋值运算符,在定义一个变量的同时,也可以给变量赋以初值,称为变量的初始化(或变量赋初值)。

例如:

```
int max=100;                  /* 定义max为整型变量,初值为100 */
float min=2.5;                /* 定义min为浮点型变量,初值为2.5 */
char c='B';                   /* 定义c为字符型变量,初值为B */
```

还可以同时定义多个变量,并对所有变量或部分变量赋初值。

例如:

```
int a=5,b=5,c=5;              /* 定义变量a、b、c,并对它们都赋初值5 */
```

注意,该语句不能写成 int a=b=c=5;。

```
int a,b,c=23;                 /* 定义a、b、c为整型变量,但只设置c的初值为23 */
char c1,c2='A',c3=66;         /* 定义c1、c2、c3为字符型变量,设置c2的初值为'A',c3的初值
                                 为66 */
double r1,r2=12.12,r3=11.11;
```

在C程序运行时,赋初值语句:

```
int max=100;
```

相当于下面两条语句:

```
int max;
max=100;
```

2.6.2 赋值类型转换

对于赋值运算,C语言规定:当赋值运算符右边表达式结果的类型与左边变量的类型不一致时,首先将右边表达式结果的类型转换为左边变量的类型,然后将转换后的表达式的结果赋给左边变量,整个赋值表达式的结果类型是左边变量的类型。

赋值类型规则如下:

(1)将单、双精度实型数据赋给整型变量时,舍去实数的小数部分,以整数形式存储在整型变量中。

例如:

```
int n;
n=3.14159;                /* n得到的值为3 */
```

(2)将整型数据赋给单、双精度浮点型变量时,数值不变,但以单、双精度实型数形式存储到变量中。

例如:

```
float  x;
x=9;                      /* x得到的值为9.000000 */
```

(3)字符型数据赋给整型变量时,把字符转换成对应的 ASCII 码再赋给整型变量。

例如:

```
int i;
i = 'B';                    /* 把字符'B'转换成对应的 ASCII 码 66,再赋给变量 i */
```

(4)长字节变量的数据赋给短字节变量时(如把 int 型变量中的数据赋给 short int 型变量中),只将源数据低字节截到被赋值的变量中。

例如:

```
int i = 65536;
short int j;
j = i;
```

赋值过程如图 2.16 所示。

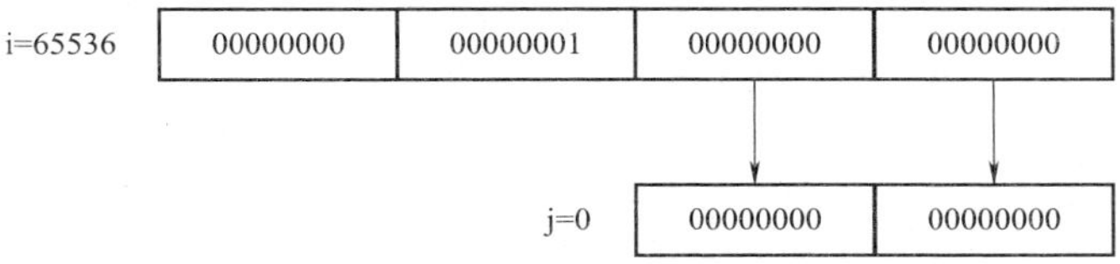

图 2.16　长字节变量的数值赋给短字节变量

由于 j 是两个字节,在接收 i 的值时只能接收 i 的低两个字节,发生溢出。

(5)短字节变量的数据赋给长字节变量时,有两种情况。

①源数据为有符号型数据时(如把 short 型变量中的数据赋给 int 型变量时),把源数据中的所有二进制位直接放在被赋值变量的低字节中,而被赋值变量的高位进行符号扩展。

例如:

```
short int i = -5;
int j;
j = i;
```

赋值过程如图 2.17 所示。

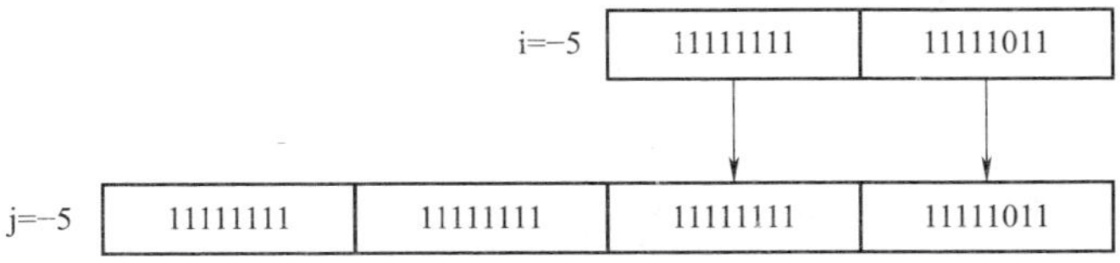

图 2.17　短字节变量的数据赋给长字节变量(源数据为有符号型数据)

-5 在内存中是以其补码形式存在的,最高位是 1,所以把 i 赋给 j 时,进行符号扩展,j 的高两个字节都被扩展成 1。

②源数据为无符号型数据时(如把 unsigned short 型变量中的数据赋给 int 型变量时),把源数据中的所有二进制位直接放在被赋值变量的低字节中,而被赋值变量的高位都赋 0。

例如:

```
unsigned short i = 65534;
int j;
```

```
j = i;
```

赋值过程如图 2.18 所示。

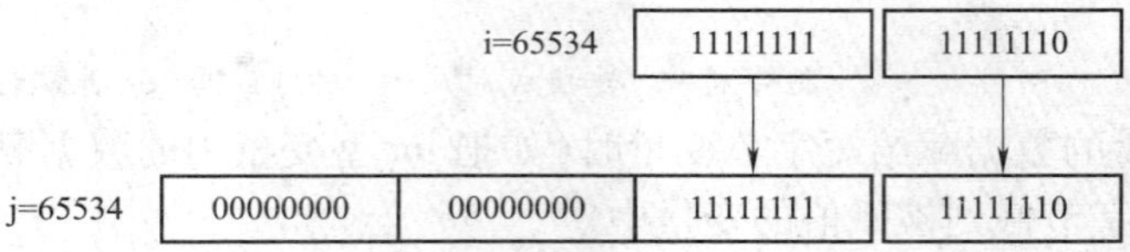

图 2.18　短字节变量的数据赋给长字节变量(源数据为无符号型数据)

由于变量 i 是无符号型的,所以把 i 赋给 j 时,j 的高两个字节都被赋成 0。

2.6.3　复合赋值运算符

在赋值运算符(=)之前加上其他运算符,就可构成复合的赋值运算符,如 += 、-= 、*= 、/= 、%= 。

由复合运算符构成的表达式:

a += b	等价于	a = a + b
a *= b	等价于	a = a * b
a% = b	等价于	a = a%b
a/= b	等价于	a = a/b
a *= b + 8	等价于	a = a * (b + 8)

2.6.4　赋值表达式

由基本赋值运算符或复合赋值运算符将一个变量和一个表达式连接起来的具有合法语义的式子,称为赋值表达式。

赋值表达式的一般形式为:

变量　赋值运算符　表达式

赋值表达式的类型为赋值号左边变量的类型,其值为赋值号左边的变量被赋值后的值,赋值运算符的结合方向是自右至左。

例如:

```
a = 5              /*a 的值为 5,赋值表达式的值为 5 */
a = b = c = 4      /*a、b、c 的值为 4,赋值表达式的值为 4 */
```

前面曾经介绍过赋初值时,不能写成

```
int a = b = c = 4;
```

但在赋值表达式中是可以的,由赋值表达式构成的此语句也是可以的。

```
a = b = c = 4;
```

表示 4 赋给变量 c,再把变量 c 的值赋给 b,最后把变量 b 的值赋给 a。

```
d = (a = 2) + (b = 3)     /*a 的值为 2,b 的值为 3,d 的值为 a 和 b 之和 5,赋值表达式的值为 5 */
```

以上都是基本赋值运算符构成的赋值表达式,同样,复合赋值运算符也可以构成赋值表达式。

例如:

```
a +=a -=a *a
```

如果 a 的初值为 2,则该表达式求解步骤如下:

(1)先进行 a -=a *a 的运算,等同于 a=a-a *a,a 的值为 2 -2 *2 = -2。

(2)之后进行 a +=a 的运算,等同于 a=a+a,a 的值为(-2) +(-2) = -4。

a 最后的值为 -4,整个赋值表达式的值也为 -4。

注意:赋值表达式的左边必须是变量,而不能是表达式或者常量,因为常量和表达式是不能被赋值的,如 a+b=5 或者 5=c 都是错误的。

2.7　逗号运算符和逗号表达式

逗号运算符(,)可以将几个表达式连接起来构成逗号表达式。

使用形式为:

表达式 1,表达式 2,…,表达式 *n*

逗号表达式求解过程:先计算表达式 1 的值,然后依次计算表达式 2、表达式 3……表达式 *n* 的值,且表达式 *n* 的值就是整个逗号表达式的值。

例如:

```
2 +3,7 +9              /* 该逗号表达的值为 16 */
a =2 *6,a *2           /*a 的值为 12,逗号表达式的值为 24 */
```

逗号运算符的优先级是所有运算符中优先级最低的,因此一般来说逗号运算符是最后运算的,但也可以通过括号改变优先级顺序。

```
a = (b =3,b *6)
```

该表达式最后运算的是赋值运算符,所以已经不是逗号表达式,而是赋值表达式。变量 a 的值为赋值运算符后面的逗号表达式的值 18,而整个表达式(赋值表达式)的值也为 18。

习　题　二

一、选择题

1. 下面选项中,均是符合 C 语言语法的整型常量的选项是(　　)。

　A. 160, -0xffff,011　　B. -0xcdf,01a,0xe

　C. -01,986,0668　　D. -0x48a,2e5,0x

2. 下面选项中,符合 C 语言语法的实型常量是(　　)。

　A. E13　　B. .6e4　　C. 2.358E4.5　　D. 1.5E

3. 下面选项中,符合 C 语言语法的字符型常量是(　　)。

　A. '\x13'　　B. '\081'　　C. '65'　　D. "\n"

4. 下面选项中,均是不符合 C 语言语法的转义字符的选项是(　　)。

　A. '\"','\\','\xf'　　B. '\1011','\','\x2ed'

　C. '\011','\f','\}'　　D. '\abc','\101','x1f'

5. 下面 4 个选项中,均是不符合 C 语言语法的用户标识符的选项是(　　)。

A. A,P_0,do,student_2　　B. float,la0,DAY,_A

C. 2a,b-a,goto,int　　D. temp,a_1_2,INT,_123

6. C 语言中(VC 环境),各数据类型的存储空间长度的排列顺序为(　　)。

A. char < int < long <= float < double　　B. char = int < long <= float < double

C. char < int = long = float < double　　D. char = int = long <= float < double

7. 下列定义变量的语句中错误的是(　　)。

A. int　_int;　　B. double　int_;

C. char　For;　　D. float　US $;

8. 设变量 a 是整型,f 是实型,i 是双精度型,则表达式 10 + a + i * f 值的数据类型为(　　)。

A. int　　B. float　　C. double　　D. 不确定

9. 下面程序段的输出结果是(　　)。

```
char c = 'z';
printf("%c",c -25);
```

A. a　　B. Z　　C. z - 25　　D. y

10. 若有定义语句:int x = 12,y = 8,z;在其后执行语句 z = 0.9 + x/y;则 z 的值为(　　)。

A. 1.9　　B. 1　　C. 2　　D. 2.4

11. 若 x、i、j 和 k 都是 int 型变量,则计算下面表达式后,x 的值为(　　)。

```
x = (i =4,j =16,k =32)
```

A. 4　　B. 16　　C. 32　　D. 52

12. 下面选项中,符合 C 语言语法的赋值表达式是(　　)。

A. a,c = b + 1　　B. a = b = c + 2

C. a + b = c + d　　D. a = a + 7 = c + b

13. 若变量 x、y 已正确定义并赋值,以下符合 C 语言语法的表达式是(　　)。

A. ++x,y = x --　　B. x + 1 = y

C. x = x + 10 = x + y　　D. double(x)% 10

14. 有下面程序段,其中%u 表示按无符号整数输出

```
unsigned int x = 0xFFFF;
printf("%u \n",x);
```

程序运行后的输出结果是(　　)。

A. -1　　B. 65535　　C. 32767　　D. 0xFFFF

15. 若已定义 x 和 y 为 double 类型,且 x = 1,则表达式 y = x + 3/2 的值是(　　)。

A. 1　　B. 2　　C. 2.0　　D. 2.5

16. 设 int x = 10,表达式 x -= x + x 的值为(　　)。

A. -20　　B. -10　　C. 0　　D. 10

17. 设 x = 2.5、a = 7、y = 4.7,算术表达式 x + a% 3 * (int)(x + y)% 2/4 的值为(　　)。

A. 2.5　　B. 7　　C. 4.7　　D. 2.75

18. 已知大写字母 A 的 ASCII 码是 65,小写字母 a 的 ASCII 码是 97。以下不能将变量 c 中的大写字母转换为对应小写字母的语句是(　　)。

A. c=(c-'A')%26+'a';　　B. c=c+32;

C. c=c-'A'+'a';　　D. c=('A'+c)%26-'a';

19. 以下选项中,当x为大于1的奇数时,值为0的表达式是(　　)。

A. x%2==1　　B. x/2　　C. x%2!=0　　D. x%2==0

20. 设变量已经正确定义并赋值,以下正确的表达式是(　　)。

A. x=y*5=x+z　　B. int(15.8%5)　　C. x=y+z*5,++y　　D. x=25%5.0

二、填空题

1. 当计算机用两个字节存放一个整数时,其中可能存放的最大(十进制)整数是________、可能存放的最小(十进制)整数是________。

2. 若有以下定义,int m=5,y=2;则计算表达式y+=y-=m*=y后y的值是________。

3. 若有定义:int m=3,n=5;则表达式m+1,n+1,(--m)+(n--)的值是________。

4. C语言中,表达式s=10不能读成"s等于10",应当读作________。

5. 程序填空:将值为3位正整数的变量x中的数值按照百位、十位、个位的顺序拆分并输出,请填空。

```
#include <stdio.h>
void main()
{
    int x=234;
    printf("%d,%d,%d\n",_______,_______,_______);
}
```

6. 设变量已经正确定义为整型,则表达式n=i=2,++i,i++的值为________。

7. 设c1和c2为字符型变量,则执行表达式c1='A'+'8'-'4';c2='a'+'8'-'5'后,c1和c2的值分别为________和________。

8. 字符串"\\\'ABC\'0"的长度是________。

9. 字符型常量是以________码的形式存放在字符变量的内存单元之中的。

10. 字符串常量是由一对________括起的字符序列。字符串在内存中连续存放,每个字符占一个字节,并在末尾添加________作为结束标记。

三、简答题

1. 简述'a'和"a"区别。

2. 下面程序运行后的输出结果是________。

```
#include <stdio.h>
void main()
{
    int b=7;
    float a=2.5,c=4.7;
    printf("%f\n",a+(int)(b/3*(int)(a+c)/2)%4);
}
```

3. 下面程序运行后的输出结果是________。

```
#include <stdio.h>
```

```
void main( )
{
    int m=011,n=11;
    printf("%d,j=%d \n", ++m,n++);
}
```

4. 下面程序运行后的输出结果是________。

```
#include <string.h>
#include<stdio.h>
void main()
{ printf("%d\n",strlen("\\\'ABC\'0"));
}
```

5. 下面程序运行后的输出结果是________。

```
#include<stdio.h>
void main( )
{
    unsigned short a=65535;
    short int b;
    b=a;
    printf("%d\n",b);
}
```

第 3 章 顺序结构程序设计

从程序流程的角度来看,结构化程序设计要求程序只能由顺序结构、选择(分支)结构和循环结构或由它们派生出来的结构组成,这 3 种可称为程序设计的基本结构,任何复杂的程序都可以由这 3 种结构组合而来。C 语言提供了多种语句来实现 3 种基本程序结构。从本章开始连续 3 章分别介绍这 3 种基本程序结构。

3.1 C 语句概述

3.1.1 C 语句的作用与分类

一个 C 程序可以由一个或多个源程序文件组成,一个源程序文件就是一个程序模块,C 语言编译时以程序模块为单位依次进行。一个源程序文件中可以包括 3 个部分,即编译预处理指令、全局声明和若干个函数,每个函数由函数头和函数体组成,函数体又是由数据声明部分和执行语句组成的。

C 语句的作用是向计算机系统发出操作指令,要求执行相应的操作。一个 C 语句经过编译后产生若干条机器指令。声明部分不是语句,因为它不产生机器指令,只是对有关数据的声明。

C 程序的执行部分是由语句组成的,程序的功能也是由执行语句实现的。

C 语句可以分为以下五类:

(1)表达式语句:由表达式加上分号";"构成。

例如:

```
x=9                    /*赋值表达式*/
```

任意一个表达式的最后加一个分号就构成了一条语句,语句的典型特征是以分号";"结尾。

在上面 x=9 这个赋值表达式后加一个分号";",就由赋值表达式变成了一个 C 语言的赋值语句。

```
x=9;                   /*赋值语句*/
```

虽然理论上任何表达式都可以加上分号而成为语句,但是在实际应用中,应注意表达式语句的实际作用。

若有如下语句:

```
a+b;
```

该表达式语句执行了求 a 加 b 的和,但是计算完后没有进行任何操作,相当于做了一个空的 a 和 b 的求和运算。一般而言,应该把求和的结果保存下来,以便后续的语句使用。

例如:

```
x = a + b;
```

该赋值表达式语句将 a 和 b 的求和结果赋值(保存)给了变量 x。

(2)函数调用语句:由函数调用(函数表达式)加上分号";"组成。

其一般形式为:

```
函数名(实际参数表);
```

例如:

```
printf("C Program");
```

printf("C Program")是一个函数调用(函数表达式),加上一个分号后就成为函数调用语句。该语句的功能是输出字符串"C Program"。

表达式能构成语句是 C 语言的一个重要特色。其实"函数调用语句"应属于表达式语句,只是为了便于理解,把"函数调用语句"和"表达式语句"分开说明。

(3)控制语句:用于控制程序的执行流程,以实现程序的各种结构方式。它们由特定的语句定义符组成。

C 语言有 9 种控制语句,可分成以下 3 类:

①选择(分支)结构控制语句:

```
if( )…else…
switch( )…case…
```

②循环结构控制语句:

```
while( )…
do…while( )
for( )…
```

③转向语句:

```
break
continue
goto
return
```

(4)复合语句:把多条语句(包括对数据的定义和声明)用一对大括号"{ }"括起来,在逻辑上看成一个整体,称为复合语句。

例如:

```
{
    int x;                          /* 定义整型变量 x */
    x = y + z;                      /* 赋值语句 */
    a = b + c;                      /* 赋值语句 */
    printf("%d%d",x,a);             /* 函数调用语句 */
}
```

注意:复合语句内的各条语句都必须以分号";"结尾,在右大括号"}"外不能加分号。复合语句常用于选择结构或循环结构中,此时程序需要将一组语句当成一个整体来看待。

(5)空语句:仅由一个分号“;”组成的语句称为空语句。空语句是什么也不执行的语句。那它有什么作用呢?它在程序中可以用来作为流程的转向点(流程从程序其他地方转到此语句处),也可用来构成空循环体(循环体是空语句,表示循环体什么也不做)。

例如:

```
while(getchar()!='\n')
;
```

该循环体中的语句为空语句。其功能是,从键盘连续读入字符,直至遇到第一个回车符为止。

3.1.2　赋值语句

在 C 程序中,用得最多的语句是赋值语句和函数调用语句,其中最基本的语句是赋值语句。赋值语句应用十分普遍,下面进行详细讲解。

赋值语句是由赋值表达式加上分号构成的表达式语句,其一般形式为:

```
变量=表达式;
```

在赋值语句的使用中需要注意以下几点:

(1)由于在赋值符“=”右边的表达式还可以是另一个赋值表达式,因此,下述形式:

```
变量1=(变量2=表达式);
```

是成立的,从而形成嵌套的情形。其展开之后的一般形式为:

```
变量1=变量2=…=表达式;
```

例如:

```
a=b=c=d=e=5+2*3;
```

按照赋值运算符的右结合性,实际上等效于:

```
e=5+2*3;
d=e;
c=d;
b=c;
a=b;
```

注意:虽然其形式上是合法的,但是一般在实际程序中很少采用如此的写法,尤其是对于 C 语言初学者而言,不必把注意力放到该用法上。

(2)变量定义时给变量赋初值和赋值语句的区别:给变量赋初值是变量说明的一部分,赋初值后的变量与其后的其他同类型变量之间必须用逗号“,”间隔,而赋值语句则必须用分号“;”结尾。

例如:

```
int a=5,b,c;
b=8;
c=12;
```

变量 a 是在其定义时被赋予初始值 5,而变量 b 定义时没有初始值(或者说其值不确定),

而是在其后的赋值语句中进行赋值的。

(3)变量定义时,不允许嵌套给多个变量赋初值。

例如:

```
int a=b=c=5;                    /* 错误 */
int a=5,b=5,c=5;                /* 正确 */
```

(4)赋值表达式和赋值语句的区别:赋值语句属于表达式语句,赋值表达式既然是一种表达式,那么它就可以出现在所有表达式能够出现的位置。

例如:

```
if((x=y+5)>0)  z=x;
```

按一般理解,if 后面的括号内应该是一个"条件"。

例如:

```
if(x>0)  z=x;
```

而实际上,if 后面的语法要求只要是表达式即可,不局限于条件。现在,是赋值表达式 x=y+5,其作用是先进行赋值运算(将 y+5 的值赋给 x),然后判断 x 的值是否大于0,如果大于0,则 z=x。相当于做了两个运算,先赋值,再判断。注意,在 if 语句中的 x=y+5 不是赋值语句,而是赋值表达式。如果写成

```
if((x=y+5;)>0)  z=x;
```

就错了,因为 x=y+5;已经是语句,而不是表达式。

注意:if((x=y+5)>0) 这样的写法虽然是符合语法要求的,但是该形式有其限定的应用场合,例如从键盘中连续读入数据,在读入的同时赋值给一个变量进行后续的处理,并判断这个变量的取值以方便判定是否结束等(出现在循环条件中)。初学者也应该能看出 if((x=y+5)>0) 是没有实际意义的。

3.2 C 语言中数据的输入与输出

一般情况下,有实用价值的 C 语言程序都应该包含输入/输出,输入/输出是程序中最基本的操作之一。数据的输入与输出是程序与用户之间的一个界面。C 语言本身不提供输入/输出语句,输入和输出操作由 C 标准函数库中的函数来实现。

3.2.1 数据输入/输出的概念及在 C 语言中的实现

输入/输出是以计算机为主体而言的。从计算机向输出设备(如显示器、打印机等)输出数据称为输出。从输入设备(如键盘、磁盘、光盘、扫描仪等)向计算机输入数据称为输入,如图 3.1 所示。

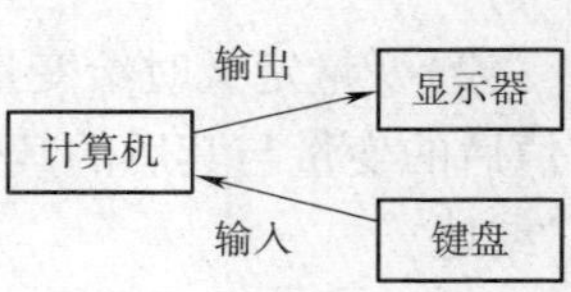

图 3.1 数据的输入/输出

C 语言本身不提供输入/输出语句。输入/输出操作是由 C 标准函数库中的函数来完成的。C 标准函数库中提供了一些函数,如 printf()、scanf()、getchar() 和 putchar() 函数等。读者在使用它们时,千万不要误认为它们是 C 语言的"输入/输出语句"。printf() 和 scanf() 不是 C 语言的关键字,只是库函数的名字。

C 语言函数库中有一批“标准输入/输出函数”，它们以标准的输入设备(键盘)和标准的输出设备(显示器)为输入/输出对象。其中，有 printf(格式输出)、scanf(格式输入)、putchar(字符输出)、getchar(字符输入)、puts(字符串输出)、gets(字符串输入)。本章主要介绍前面 4 个最基本的输入/输出函数。

在使用系统库函数时，要在源程序文件的开头用预编译命令#include 把有关的头文件包含到本程序中，如#include <stdio. h>或#include "stdio. h"。

头文件中包含了所调用函数的有关信息，在使用标准输入/输出库函数时，要用到名为 stdio. h 头文件中提供的信息。stdio 是 standard input & output(标准输入和输出)的缩写。文件扩展名“. h”是 header(头)的缩写。程序连接的时候还需要连接 LIBC. lib 库文件，在 VC IDE 环境中连接 LIBC. lib 是自动的。

应该养成这样的习惯，只要在本程序文件中使用标准输入/输出库函数，一律在程序文件的开头加上#include <stdio. h>或#include "stdio. h"命令。

3.2.2 格式输出函数——printf()

printf()函数名的最末一个字母 f 即为“格式”(format)之意，其功能是按用户指定的格式，把多个数据项输出到显示器屏幕上。

1. printf()函数调用的一般形式

printf()函数调用的一般形式为：

```
printf("格式控制字符串",输出表列);
```

说明：

(1)格式控制字符串是用双引号括起来的一个字符串。控制字符串可以由格式字符串和非格式字符串两种成分构成，格式字符串是以“%”开头的字符串，在“%”后面跟有各种格式字符，以说明输出数据的类型、形式、长度、小数位数等。

例如：

①"%d"：按十进制整型输出。

②"%ld"：按十进制长整型输出。

③"%x"：按十六进制整型输出。

④"%c"：按字符型输出。

非格式字符串在输出时原样输出，在显示中起提示作用。

(2)输出表列是要输出的若干数据项，各数据项之间要用“,”分隔，数据项可以是常量、变量或表达式。要求格式字符串和各输出项在数量和类型上一一对应。

【例 3.1】 简单 printf()函数应用举例。

```
#include <stdio.h>
void main()
{
    int a=66;
    long int b=100000087;
    char ch='A';
    printf("%d %ld\n",a,b);
```

```
    printf("%d,%ld\n",a,b);
    printf("%c\n",ch);
    printf("a=%XH,b=%XH\n",a,b);
}
```

程序运行结果(␣代表一个空格):

```
66␣100000087
66,100000087
A
a=42H,b=5F5E157H
```

本例中4次调用printf()函数,以不同方式输出各变量的值,但由于格式控制字符串不同,输出的结果也不相同。在第一条printf语句中,“%d”以整型格式输出a,“%ld”以长整型格式输出b,两个格式控制符之间加了一个空格(非格式字符),所以输出的a、b值之间有一个空格;在第二条printf语句中,格式控制字符串中加入的是非格式字符逗号“,”,因此输出的a、b值之间加了一个逗号;在第三条printf语句中,以字符型格式“%c”输出字符'A';在第四条printf语句格式控制字符串,增加了非格式字符串“a=”和“b=”,并且以大写十六进制整型格式输出a和b,注意为了清晰表示输出的数是十六进制数,在“%X”后增加了字符'H'。

2. 格式控制字符

在输出时,对不同类型的数据要使用不同的格式控制字符,常用的有以下几种格式字符。

(1)整型格式说明符。

①十进制数形式:

- 格式符d(ld):用于输出一个有符号的十进制整数。可以有以下几种用法:

%d:按十进制整型数据的实际长度输出。

%md:m为指定的输出字段宽度。若输出数据的位数小于m,则左端补以空格;若输出数据的位数大于m,则按实际位数输出。

例如:

```
printf("%6d,%2d",i,j);
```

若i的值是654,j的值是86420,则输出:

```
␣␣␣654,86420
```

%ld:输出长整数型数据。

例如:

```
long int x=246810;
printf("%ld",x);
```

在VC环境中,由于long型和int型都占4个字节,long型数据也可以以“%d”形式输出。对长整型数据也可以指定字段宽度,如将上面printf()函数中的“%ld”改为“%9ld”,则输出:

␣␣␣246810(9列)

一个int型数据可以以“%d”或“%ld”形式输出。

注意:在整型数据的输出中,应当遵循一一对应的原则,即int类型用“%d”,long int类型用“%ld”,不要混用。

● 格式符 u：用来输出 unsigned 型数据，即无符号数，以十进制整数形式输出。

一个有符号整数(int 型)可以以%u 格式输出；反之，一个 unsigned 型数据也可以以%d 格式输出。

【例 3.2】 无符号数据的输出。

```
#include <stdio.h>
void main()
{
    unsigned int a=4294967295;
    int b=-2;
    printf("a=%d,%u\n",a,a);
    printf("b=%d,%u\n",b,b);
}
```

程序运行结果：

```
a=-1,4294967295
b=-2,4294967294
```

整型数据在内存中是以其补码形式存储的，在 VC 环境中，a 和 b 在内存中的存储形式如图 3.2 所示。

a=4294967295	11111111	11111111	11111111	11111111
b=−2	11111111	11111111	11111111	11111110

图 3.2　a 和 b 在内存中的存储形式

输出数据时，如果是以“%d”形式输出，则最高位代表符号位，输出真值(a 的真值为 -1，b 的真值为 -2)；如果是以“%u”形式输出，则无符号位，最高位也属于数据的一部分，输出无符号十进制数(a 为 4294967295，b 为 4294967294)。

②八进制数形式。

格式符 o：以八进制整数形式输出。由于是将内存单元中各位的值(0 或 1)以八进制形式输出，八进制数没有符号位。

例如：

```
int a=-3;
printf("%d,%o",a,a);
```

输出结果：

```
-3,37777777775
```

整数 -3 在内存单元中的存放形式(以补码形式存放)如图 3.3 所示。

1	1111111	11111111	11111111	11111101

图 3.3　-3 在内存单元中的存放形式

以八进制表示就是 37777777775。

以八进制数形式输出时,也可以指定输出字段宽度。

例如:

```
printf("%13o",a);
```

与十进制数据输出字段宽度的逻辑相同,输出结果(数字前有两个空格):

```
␣␣37777777775
```

③十六进制数形式。

格式符 x:以十六制整数形式输出。

例如:

```
int a = -2;
printf("%x,%o,%d",a,a,a);
```

输出结果:

```
fffffffe,37777777776,-2
```

%x 和%X 的区别在于%x 输出十六进制的"a ~ f"是小写的,而%X 是大写的。

-2 在内存中的二进制表示见图 3.2。

(2)实型格式说明符。

格式符 f:用于输出实数(包括单、双精度),以小数形式输出,有下面几种用法:

① %f:不指定输出数据的列宽,由系统根据数据的实际情况决定数据所占的列宽。系统处理的方法一般是,实数中的整数部分全部输出,小数点后部分输出 6 位。

注意:在输出的数字中并非全部数字都是有效数字。单精度实数的有效位数一般为 7 位。

【例 3.3】以"%f"形式输出实数,小数部分只能输出 6 位。

```
#include <stdio.h>
void main()
{
    float x =3,y =222222.222;
    printf("%f\n ",x *y);
}
```

程序运行结果:

```
666666.656250
```

注意:只有前 7 位数字是有效数字,所以不要认为计算机输出的数字都是绝对精确有效的。

【例 3.4】以"%lf"形式输出双精度实数,小数部分也只能输出 6 位。

```
#include <stdio.h>
void main()
{
    double x =3333333333333.333333333,y =2222222222222.222222222;
    printf("%lf\n",x +y);
}
```

程序运行结果:

```
5555555555555.555700
```

双精度实数的有效位数一般为 16 位。本例中最后 3 位小数(已经超过 16 位)是无意义的。虽然结果是双精度实数,但是用“%lf”形式也只能输出 6 位小数。双精度实数也可以“%f”形式输出,与“%lf ”等价,但是同样,本着对应的原则,应该使用“%lf”。

② %m. nf:指定输出数据的总宽度占 m 列,其中有 n 位小数。如果数值长度小于 m,则左端补空格。如果取 n 位小数后,输出数据的总宽度超过 m,则整数部分要按实际的位数输出。

③ % －m. nf:作用与%m. nf 基本相同,当数据长度不超过 m 时,使输出的数据靠左端,右端补空格。

【例 3.5】 输出实数时,指定数据宽度和小数位数。

```
#include <stdio.h>
void main()
{
    double a;
    a =10000 /3.0;
    printf("%-25.15f,%25.15f \n ",a,a);
}
```

程序运行结果:

```
3333.333333333333500 ␣␣␣␣␣,␣␣␣␣␣3333.333333333333500
```

输出第一个 a 时向左靠右端补五列空格。输出第二个 a 时向右靠左端补五列空格。

(3)字符型格式说明符:

格式符 c:用于输出一个字符。

例如:

```
char ch = 'a';
printf("%c",ch);
```

程序运行结果:

```
a
```

也可以指定输出数据所占列宽。

例如:

```
printf("%8c",ch);
```

输出结果(列宽为 8 位,前面有 7 个空格):

```
␣␣␣␣␣␣␣a
```

一个整数,如果它的值在 0 ~255 范围内,也可以使用“%c”使其以字符形式输出,在输出前,系统会将该整数作为 ASCII 码转换成相应的字符;反之,一个字符数据可以使用“%d”以整数的形式输出。

例如:

```
short a =120;
printf("%c",a);
```

输出字符 x,将其最后一个字节的信息以字符形式输出。

例如:

```
short a =376;
printf("%c",a);
```

也输出字符 x。因为以“%c”形式输出时，只考虑一个字节，存放 a 的存储单元中最后一个字节中的信息是 01111000，即十进制的 120，它是'x'的 ASCII 码，如图 3.4 所示。

00000001	01111000

图 3.4　a 中的值 376 在内存中存放形式

注意：本例只是为了说明字符型数据是以其最低一个字节的 ASCII 码表示的，因而一个 short、int、long 等最低一个字节的数据就可以当成一个字符型来看待，但是处理字符型数据时，应准确声明其 char 类型，而不是 short、int 和 long 等类型。

(4)字符串格式说明符。

格式符 s：用于输出一个字符串。有下面几种用法：

① %s。

例如：

```
printf("%s","BEIJING");
```

输出结果：

```
BEIJING
```

② %ms：输出的字符串占 m 列，若字符串本身长度大于 m，则突破 m 的限制，将字符串全部输出；若串长小于 m，则左边补空格。

③ %-ms：若串长小于 m，则在 m 列范围内，字符串向左靠，右边补空格。

④ %m.ns：输出占 m 列，但只取字符串中左端 n 个字符。这 n 个字符输出在 m 列的右边，左边补空格。

⑤ %-m.ns：其中 m、n 的含义同上，n 个字符输出在 m 列的左边，右边补空格。如果 n > m，则 m 自动取 n 值，即保证 n 个字符正常输出。

【例 3.6】 字符串的输出。

```
#include<stdio.h>
void main()
{
    printf("%4s,%10.4s,%.5s,%-8.2s\n","ZIFUCHUAN","ZIFUCHUAN",
    "ZIFUCHUAN","ZIFUCHUAN");
}
```

程序运行结果：

```
ZIFUCHUAN,␣␣␣␣␣␣ZIFU,ZIFUC,ZI␣␣␣␣␣␣
```

其中，第三个输出项的格式说明为“%.5s”，即指定了 n，没有指定 m，自动使 m = n = 5，故输出五列。

综合上面的介绍，格式声明的一般形式可以表示为

% [附加字符]格式字符

以上介绍的加在格式字符前面的字符(如 l、m、n、- 等)就是附加字符，又称修饰符，起补充说明的作用。

为便于查阅，表 3.1 和表 3.2 分别列出了 printf() 函数中用到的格式字符和附加字符。

表 3.1　printf( )函数中用到的格式字符

格式字符	说　明
d	以十进制形式输出带符号整数(正数不输出符号)
u	以十进制形式输出无符号整数
o	以八进制形式输出无符号整数(不输出前缀 0)
x、X	以十六进制形式输出无符号整数(不输出前缀 0x),用 x 则输出十六进制数的 a ~ f 时以小写形式输出;用 X 时,则以大写字母输出
f	以小数形式输出单、双精度实数,默认输出 6 位小数
c、C	以字符形式输出,只输出一个字符
s	输出字符串
e、E	以指数形式输出实数,用 e 时指数以“e”表示(如 1.2e +02);用 E 时指数以“E”表示(如 1.2E +02)
g、G	以“%f”或“%e”中较短的输出宽度输出单、双精度实数

表 3.2　printf( )函数中用到的附加字符

字　符	说　明
l、L	用于长整型整数,可加在格式字符 d、o、x、u 前面
m(代表一个正整数)	数据最小宽度
n(代表一个正整数)	对实数,表示输出 n 位小数;对字符串,表示截取的字符个数
-	输出的数字或字符在域内向左靠,右边补空格
+	输出符号(正号或负号)
空格	输出值为正时冠以空格;为负时冠以负号
#	对 c、s、d、u 格式符无影响;对 o 格式符,在输出时加前缀 0;对 x 格式符,在输出时加前缀 0x;对 e、g、f 格式符,当结果中不显示小数部分时也给出小数点

在格式声明中,在“% ”和上述格式字符间可以插入表 3.2 中列出的几种附加字符。

3. 关于 printf( )函数使用的几点说明

(1)在用 printf( )函数输出时,务必注意格式控制字符串中的各格式说明符与输出表列中的各数据项目在个数、次序、类型等方面应该一一对应。

(2)格式字符中字母是大小写敏感的,如“%d”不能写成“%D”。

(3)可以在 printf( )函数的“格式控制字符串”内包含“转义字符”,如'\n'、'\t'、'\b'、'\r'、'\f'、'\377' 等。

(4)如果想输出字符“% ”,则应该在格式控制中用连续两个“% ”表示。

例如:

```
printf("f = %.2f%%",3 /4.0);
```

输出结果:

```
f =0.75%
```

这样就能输出百分号“%”。

【例 3.7】 格式化输出函数 printf( )综合应用举例。

```
#include <stdio.h>
```

```
void main()
{
    int a=15;
    float f=123.1234567;
    double d=12345678.1234567;
    char ch='p';
    printf("a=%d,%5d,%o,%x\n",a,a,a,a);
    printf("f=%f,%lf,%5.4lf,%e\n",f,f,f,f);
    printf("d=%lf,%f,%.4lf\n",d,d,d);
    printf("ch=%c,%7c\n",ch,ch);
    printf("s=%s,%8.5s\n","CHANGCHUN","CHANGCHUN");
}
```

程序运行结果：

```
a=15,␣␣␣15,17,f
f=123.123459,123.123459,123.1235,1.231235e+002
d=12345678.123457,12345678.123457,12345678.1235
ch=p,␣␣␣␣␣␣p
s=CHANGCHUN,␣␣␣CHANG
```

本例中第一个格式输出语句以4种格式输出整型变量a的值,其中"%5d"要求输出宽度为5,而a的值为15,只有两位,故在左端补3个空格;第二个格式输出语句以4种格式输出单精度实型量f的值,其中"%f"和"%lf"格式的输出相同,这说明附加字符"l"对"f"类型无影响,"%5.4lf"指定输出总宽度为5位,小数4位,由于实际长度超过5位,故整数部分应该按实际位数输出,小数位数进行四舍五入后保留4位;第三个格式输出语句以3种格式输出双精度实型变量d的值,由于"%.4lf"只指定小数位数为4位,故整数部分按实际位数输出,而小数部分四舍五入后保留4位;第四个格式输出语句输出字符型变量ch,其中"%7c"指定输出宽度为7,故在输出字符p之前补加6个空格;最后一行输出字符串,其中"%8.5s"指定输出宽度为8,只输出字符串常量"CHANGCHUN"左端5个字符"CHANG",故在其左端加3个空格。

3.2.3 格式输入函数——scanf()

scanf()函数是格式输入函数,即按用户指定的格式从键盘输入数据到指定的变量中。

1. scanf()函数的一般形式

scanf()函数调用的一般形式为：

```
scanf("格式控制字符串",内存地址表列);
```

说明：

(1)格式控制字符串的含义同printf()函数。

(2)内存地址表列是由若干个内存地址组成的列表,可以是变量的地址或数组的首地址(即数组中第一个元素的地址)。

【例3.8】 scanf()函数调用举例。

```
#include <stdio.h>
```

```
void main()
{
    int a,b,c;
    printf("input a,b,c\n");
    scanf("%d%d%d",&a,&b,&c);
    printf("a=%d,b=%d,c=%d",a,b,c);
}
```

在本例中，由于 scanf()函数不输出信息，即不能显示提示信息，故先用 printf 语句在屏幕上输出提示“input a,b,c”。在 scanf 语句的格式串中由于没有非格式字符在“%d%d%d”之间作为输入时的间隔，因此在输入时要用一或多个空格或回车符作为每两个输入数据之间的有效间隔。

例如，从键盘输入：

```
7␣8␣9↙
```

或者

```
7↙
8↙
9↙
```

注意：初学者容易混淆将输入/输出的功能都用 scanf()来完成，例如有语句：

scanf("a=%d,b=%d\n",&a,&b);

程序设计者的本意可能是让计算机先输出“a=”，然后再从键盘输入数据赋值给 a，然后计算机再输出“b=”，再从键盘输入数据赋值给 b，计算机再输出一个回车。但是，向屏幕终端输出数据是 printf()函数的功能，而不是 scanf()函数。并且，如果在 scanf()函数中的格式化字符串中有“\n”，则在键盘上输入多少个回车也无法使得输入终结。

2. scanf()函数中的格式声明

scanf()函数中的格式声明与 printf()函数中的格式声明相似，以“%”开始，以一个格式字符结束，中间可以插入附加的字符。表 3.3 和表 3.4 分别列出了 scanf()函数所用的格式字符和附加字符（修饰符）。

表 3.3　scanf()函数中所用的格式字符

格式字符	说　明
d、D、i、I	用来输入有符号的十进制整数
f	用来输入实数，可以用小数形式或指数形式输入
c、C	用来输入单个字符
s	用来输入字符串，将字符串送到一个字符数组中，在输入时以非空字符开始，以第一个空字符结束。字符串以串结束标志'\0'作为其最后一个字符
o、O	用来输入无符号的八进制整数
x、X	用来输入无符号的十六进制整数
u、U	用来输入无符号的十进制整数
e、E、g、G	与 f 作用相同，e 与 f、g 可以互相替换（大小写作用相同）

表 3.4 scanf( )函数中所用的附加字符

字　符	说　明
l	用来输入长整型数据(可用%ld、%lo、%lx、%lu)以及 double 型数据(用%lf、%le)
h	用来输入短整型数据(可用%hd、%ho、%hx)
域宽	指定输入数据所占列宽(列数),域宽应为正整数
*	表示本输入项在读入后不赋给相应变量

3. 关于 scanf( )函数使用的几点说明

(1)scanf( )函数中,内存地址表列必须是变量地址,不能是变量名,且彼此间用“,”分隔。

若定义变量 a、b、c 为整型,则

```
scanf("%d,%d,%d",a,b,c);
```

是错误的,应将 a,b,c 改为 &a,&b,&c。&a,&b,&c 中的“&”是地址运算符,“&a”指变量 a 的地址(比如 FF05H)。变量 a、b、c 的地址是在编译阶段分配的,如图 3.5 所示。上面 scanf( )函数的作用是把从键盘输入的数据,依次送入变量 a、b、c 所对应的内存空间中。

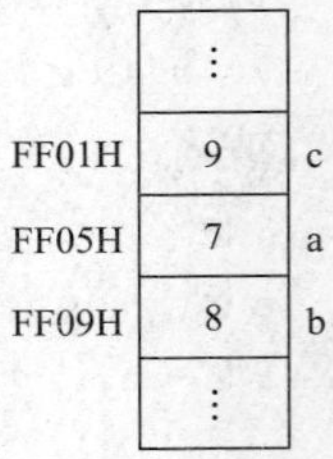

图 3.5 分配变量 a、b、c 的地址

(2)scanf( )函数“格式控制字符串”中的各格式说明符与内存地址表中的变量地址在个数、次序、类型方面必须一一对应。特别要注意,在用 scanf( )函数给双精度实型变量输入数据时,格式说明符应为“%lf”。

(3)当用于输入整型数据的格式说明符中没有宽度说明时,则在具体输入数据时分以下两种情况:

① 如果各格式说明符之间没有其他字符,则在输入数据时,两个数据之间用空格键、Tab 键、或 Enter 键(回车)来分隔。

② 如果各格式说明符之间包含其他字符,则在输入数据时,应输入与这些字符相同的字符作为间隔。

例如:

```
int a,b;
float c,d;
```

现要用 scanf( )函数输入,分别把 21、87、15.2、9.3 四个数依次给变量 a、b、c、d。采用不同的格式说明,其输入数据的形式也是不同的。

如果输入语句为

```
scanf("%d%d%f%f",&a,&b,&c,&d);
```

格式说明符中没有宽度说明,各格式说明符之间也没有其他字符,则输入数据的形式应为

```
21␣87␣15.2␣9.3↙
```

即在输入的两个数据之间以一个或多个空格分隔,也可以用 Enter 键、Tab 键来分隔。

如果输入语句为

```
scanf("%d,%d,%f,%f",&a,&b,&c,&d);
```

格式说明符中没有宽度说明,但各格式说明符之间有逗号,则输入数据的形式应为

```
21,87,15.2,9.3↙
```

即在输入的两个数据之间要输入逗号。

如果输入语句为:

```
scanf("a=%d,b=%d,c=%f,d=%f",&a,&b,&c,&d);
```

格式说明符中没有宽度说明,但各格式说明符之间有其他字符,则输入数据的形式应为

a=21,b=87,c=15.2,d=9.3↙

即在输入的两个数据之间同时要输入这些非格式说明符的字符。

(4)当整型或字符型格式说明符中有宽度说明时,需要按宽度说明截取数据。

例如:

```
int a,d;
char b,c;
```

如果输入语句为:

```
scanf("%3d%2c%3c%2d",&a,&b,&c,&d);
```

格式说明符中有宽度说明,若从键盘输入:

12345678901234↙

则 a 得到的值为 123,b 得到的值为 4,c 得到的值为 6,d 得到的值为 90。

用下面的 printf( )函数输出:

```
printf("a=%d,b=%c,c=%c,d=%d\n",a,b,c,d);
```

输出结果:

a=123,b=4,c=6,d=90

注意:一个字符型变量只能存放一个字符。C 语言规定,在截取的字符串中取第一个字符赋给字符型变量。

(5)在以"%c"形式输入时,空格和转义字符都作为有效字符输入。

例如:

```
char c1,c2,c3;
```

如果输入语句为

```
scanf("%c%c%c",&c1,&c2,&c3);
```

若从键盘输入:

a␣b␣c↙

字符'a'送给 c1,空格符'␣'送给 c2,字符'b'送给 c3。以"%c"形式输入只要求读入一个字符,后面不需要空格符作为两个字符的间隔,因此可作为下一个字符送给 c2。如果想将字符'a'、'b'、'c'分别赋给字符变量 c1、c2、c3,正确的输入方法为(字符间没有空格):

abc↙

(6)在用于输入的实型格式说明符中不能用 m.n 来指定输入数据的宽度和小数的位数(这是与输出的不同之处)。

下面的用法是错误的:

```
scanf("%8.3f",&f);
```

(7)由于回车符或换行符是作为键盘输入数据的结束符,因此,在 scanf( )函数的"格式控制字符串"中,最后不能加换行符'\n'。(见例 3.8 中注意)

3.2.4　字符输出函数——putchar( )

putchar( )函数是字符输出函数,其功能是向终端(显示器)输出一个字符。putchar( )函

数只有一个参数,其一般调用形式为:

```
putchar(c);
```

输出 c 的值,c 可以是字符型常量或字符型变量,也可以是整型常量或整型变量(其值在字符的 ASCII 码范围内)。

例如:

```
putchar('A');          /*输出大写字母 A*/
putchar(x);            /*输出字符变量 x 的值,若定义 char x='B';输出大写字母 B*/
putchar('\101');       /*输出大写字母 A,101 为八进制数*/
putchar(65);           /*输出大写字母 A*/
putchar('\n');         /*输出一个换行符*/
```

使用本函数前必须要用文件包含命令#include <stdio.h> 或 #include "stdio.h"。

【例 3.9】 输出单个字符。

```
#include<stdio.h>
void main()
{
    int i=67;
    char a='B',b='o',c='k';
    putchar(a);
    putchar(b);
    putchar(b);
    putchar(c);
    putchar('\t');
    putchar(i);
    putchar(b);
    putchar('\n');
    putchar('\101');
    putchar(a);
}
```

程序运行结果:

```
Book␣␣␣␣Co
AB
```

putchar()函数可以输出能在屏幕上显示的字符,也可以输出转义字符,如 putchar('\t'),作用是使在它之后要输出的字符(如 Co)跳到下一个制表位。

3.2.5 字符输入函数——getchar()

getchar()函数是字符输入函数,它的功能是得到从键盘输入的一个字符。getchar()函数没有参数,其一般调用形式为:

```
getchar();
```

函数的值(返回值)就是从键盘输入的字符所对应的 ASCII 码值。

通常把输入的字符赋给一个字符变量,构成赋值语句。

例如:

```
char c;
c = getchar();
```

【例 3.10】 输入单个字符。

```
#include <stdio.h>
void main()
{
    char c;
    c = getchar();
    putchar(c);
}
```

程序运行结果：

```
w↙
w
```

使用 getchar()函数还应注意以下几个问题：

(1)getchar()函数只能接收一个字符，输入多于一个字符时，只接收第一个字符。

(2)使用 getchar()函数前必须包含头文件 stdio.h，即#include <stdio.h>或 #include "stdio.h"。

(3) getchar()函数得到的字符可以赋给一个字符型变量或整型变量，也可以不赋给任何变量，作为表达式的一部分。

例如，putchar(getchar( ))或 printf("%c",getchar( ))。

3.3 顺序结构程序设计举例

【例 3.11】 输入 3 个大写英文字母，输出其 ASCII 码值，再输出其对应的小写字母和小写字母的 ASCII 码值。

分析：本题的关键是知晓在字母的 ASCII 表中，大写字母与其所对应的小写字母之间的转换关系。规律是小写字母在 ASCII 码表中位于大写字母的后 32 位。

根据上面的分析程序如下，算法描述如图 3.6 所示。

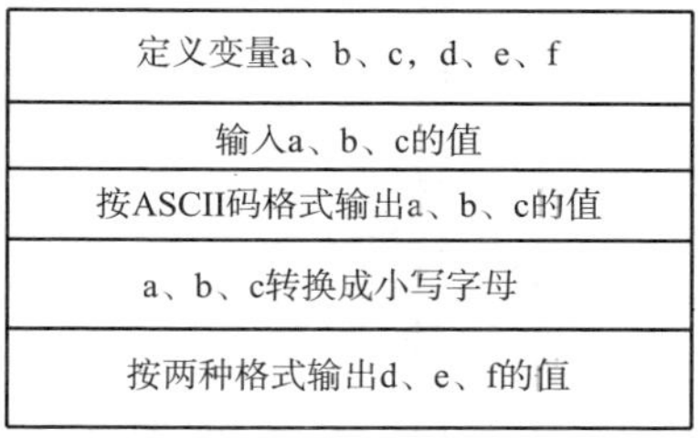

图 3.6 大写英文字母转小写英文字母的算法

```
#include <stdio.h>
void main()
{
    char a,b,c;                              /* 定义输入变量 */
    char d,e,f;                              /* 定义输出变量 */
    printf("input character a,b,c\n");
    scanf("%c%c%c",&a,&b,&c);
    printf("%d,%d,%d\n",a,b,c);
    d = a + 32;                              /* 大写字母转换成对应的小写字母 */
    e = b + 32;
    f = c + 32;
    printf("%d,%d,%d\n",d,e,f);              /* 输出 d、e、f 的 ASCII 码值 */
```

```
    printf("%c%c%c\n",d,e,f);            /* 输出 d、e、f 所对应的字母 */
}
```

程序运行结果：

```
input character a,b,c
BOY↙
66,79,89
98,111,121
boy
```

本程序第一次调用 printf()函数以十进制整数格式(%d,%d,%d)输出字符型变量 a、b、c 的 ASCII 码值是 66、79、89，d、e、f 的 ASCII 码值是 a、b、c 各加 32，再次调用 printf()函数输出 d、e、f 的 ASCII 码值是 98、111、121；最后调用 printf()函数以字符格式(%c%c%c)输出 d、e、f 所对应的字符(分别是 b、o、y)，这说明将大写英文字母加上十进制数 32 就是小写字母。

【例 3.12】输入三角形的三边长，求三角形面积。

分析：假设给定的 3 个边符合构成三角形的条件：3 边皆为正实数且任意两边之和大于第三边。解此题的关键是要找到求三角形面积的公式。由数学知识可知求三角形面积的公式为

$$\text{area} = \sqrt{s(s-a)(s-b)(s-c)} \quad (s=(a+b+c)/2.0)$$

根据上面的公式编写程序如下，算法描述如图 3.7 所示。

定义变量a、b、c、s、area
输入a、b、c的值
s=(a+b+c)/2.0
area=sqrt(s*(s−a)*(s−b)*(s−c))
输出a、b、c、s、area的值

图 3.7 求三角形面积的算法

```
#include <stdio.h>
#include <math.h>
void main()
{
    float a,b,c,s,area;                  /* 定义三边长 a、b、c 和周长的一半 s，面积 area */
    scanf("%f,%f,%f",&a,&b,&c);          /* 从键盘读入 a、b 和 c */
    s = (a + b + c)/2.0;                 /* 计算周长的一半 */
    area = sqrt(s*(s - a)*(s - b)*(s - c));        /* 根据面积公式计算 area */
    printf("a = %7.2f,b = %7.2f,c = %7.2f\n",a,b,c);
    printf("area = %7.2f,s = %7.2f \n",area,s);    /* 输出 area 和 s 的值 */
}
```

程序运行结果：

```
3,4,5↙
a =⊔⊔⊔3.00,b =⊔⊔⊔4.00,c =⊔⊔⊔5.00
area =⊔⊔⊔6.00,s =⊔⊔⊔6.00
```

本程序中的 sqrt()函数是求平方根的函数。由于要调用数学函数库中的函数，必须在源程序开头加一条#include 命令，把数学头文件 math.h 包含到程序中，故在第二行有#include <math.h>命令行。

注意：凡是在程序中要调用 C 语言开发环境的数学函数库中的函数时，都应当包含 math.h 头文件。

【例 3.13】请编写程序，实现将两个两位整数 a、b 合并成一个整数 c。合并方式为：将 a 的十位和个位数依次放在 c 数的千位和十位上，b 的十位和个位数依次放在 c 数的百位和个位上。

分析：本题的关键是将 a 和 b 的个位和十位数分开，任意一个整数对 10 求余，得到的余数即为该整数的个位数；根据 C 语言的运算规则，一个两位整数被 10 除，得到的数即为该两位整数的十位数。

定义整型变量a、b、c、as、ag、bs、bg
输入a、b的值
计算a、b的十位数和个位数
计算结果c
输出c的值

图 3.8　两个整数合并的算法

根据上面的分析，算法描述如图 3.8 所示。

程序如下：

```
#include <stdio.h>
void main()
{
    int a,b,c;                              /* 定义输入变量 a 和 b,输出变量 c */
    int as,ag;
    int bs,bg;
    printf("input integer a,b\n");
    scanf('%d%d",&a,&b);
    as = a/10;                              /* 计算 a 的十位数 */
    ag = a%10;                              /* 计算 a 的个位数 */
    bs = b/10;                              /* 计算 b 的十位数 */
    bg = b%10;                              /* 计算 b 的个位数 */
    c = as *1000 + bs *100 + ag *10 + bg;   /* 根据公式合成 c */
    printf("c is %d\n",c);
}
```

程序运行结果：

```
35 12 ↙
c is 3152
```

本程序定义了两个整型变量 a 和 b，又分别定义了整型变量 as、ag 用来存储 a 的十位数和个位数，定义了整型变量 bs、bg 存储 b 的十位数和个位数。然后按照本例前述当中的分析方法，使得 a 对 10 整除，获得 as 的值，a 对 10 求余，获得 ag 的值，同理，获得 bs 和 bg 的值，最后对 as、bs、ag、bg 进行数据重组，获得 c 的值并输出。例如，当 a 为 35，b 为 12 时，c 为 3152。

【例 3.14】一个水分子的质量约为 3.0×10^{-23}g，1 夸脱（1 夸脱 ≈ 0.95L）水大约 950 g。编写程序，输入水的夸脱数（整数），求解其包含多少水分子（以指数形式输出，保留小数点后 2 位）。

分析：本题的解题思路是从键盘输入一个夸脱数，乘以 950，得到水的克数，再除以一个水分子的质量 3.0×10^{-23}，得到水分子的个数。

根据上面的分析，算法描述如图 3.9 所示。

定义整型变量quart和height; 定义双精度浮点型变量mol和num
输入quart的值
计算num的值
输出num的值

图 3.9　求水分子个数算法

程序如下：

```
#include<stdio.h>
void main()
{
    int quart;                          /*定义水的夸脱数*/
    double mol=3e-23;                   /*定义一克水所包含的分子数*/
    int height=950;                     /*定义1克脱水的质量*/
    double num;                         /*定义quart夸脱水所包含的分子数*/
    scanf("%d",&quart);
    num=(quart*height)/mol;             /*根据公式计算num*/
    printf("The number of water molecule is %.2e\n",num);    /*指数方式输出*/
}
```

程序运行结果：

```
2↙
The number of water molecule is 6.33e+25
```

本程序定义了两个整型变量，quart 为输入水的夸脱数，height 为 1 夸脱水的质量(g)，定义两个双精度浮点型变量，mol 为一个水分子的质量，num 为 quart 个夸脱数的水所包含的水分子的个数。由 quart 到 num 的转换关系是(quart*height)/mol，最后以指数形式输出 num 的值。

注意：如果用 VC 对程序进行编译，在程序中可以使用中文字符串。在输出时也能显示汉字。

上述几个例题的共同点是，程序的执行顺序和语句的书写顺序是一致的。这就是顺序结构程序设计。

习 题 三

一、选择题

1. 结构化程序设计要求一个程序只能由(　　)结构、选择结构和循环结构3种基本结构组成。

   A. 判断　　B. 独立　　C. 顺序　　D. 模块

2. C语句可以分为五大类，即控制语句、函数调用语句、(　　)、复合语句和空语句。

   A. 输出语句　　B. 输入语句　　C. 表达式语句　　D. 选择语句

3. 表达式语句由表达式加一个(　　)组成。

   A. 双引号　　B. 冒号　　C. 分号　　D. 单引号

4. 在使用C语言标准输入/输出库函数时，要在程序文件的开头加上(　　)。

   A. #include<stdio.h>或#include"stdio.h"

   B. #include<math.h>或#include"math.h"

   C. #include<string.h>或#include"string.h"

   D. #include<stdlib.h>或#include"stdlib.h"

5. scanf( )是(　　)函数。

A. 文件输入　　B. 格式化输入　　C. 输出　　D. 字符输入

6. putchar( )是字符输出函数,它(　　)参数。

A. 有一个　　B. 有两个　　C. 有多个　　D. 没有

7. 若输入语句为 scanf("%c%c%c",&c1,&c2,&c3);,要使 c1 = 'a',c2 = 'b',c3 = 'c',正确的输入形式是(　　)。

A. abc↙　　B. a␣b␣c↙　　C. a,b,c↙　　D. a↙b↙c↙

8. 下面程序运行后输出结果是(　　)。

```
#include <stdio.h>
void main()
{
    int m=32767,n=032767;
    printf("%d,%o\n",m,n);
}
```

A. 32767,32767　　B. 32767,032767

C. -1,32767　　D. -1,032767

9. 有下面程序:运行时如果从键盘输入 12345678↙,则输出结果是(　　)。

```
#include <stdio.h>
void main( )
{
    int a,b;
    double f;
    scanf("%2d%3d",&a,&b);
    f=b/a;
    printf("f=%8.2f\n",f);
}
```

A. f=␣␣␣28.75　　B. f=␣␣␣28.00　　C. f=28.75　　D. f=28.00

10. 有以下程序,若使得变量 x 得到 11,变量 y 得到 12,则下面输入形式中,错误的是(　　)。

```
#include <stdio.h>
void main( )
{
    int x,y;
    scanf("%d,%d",&x,&y);
}
```

A. 11␣12↙　　B. 11,␣12↙　　C. 11,12↙　　D. 11,␣␣12↙

二、程序填空题(填空完善程序)

1. 下面程序的功能是:根据给定的华氏度 f,计算摄氏度 c。

摄氏度 c 和华氏度 f 的转换公式为:c=5/9×(f-32)。

```
#include <stdio.h>
```

```
void main()
{
    float f;
    double c;
    f=64.0f;                        /*初始化华氏度*/
    c=(1);                          /*计算摄氏度*/
    printf("f=%f\n",f);             /*输出华氏度*/
    printf("c=%f\n",c);             /*输出摄氏度*/
}
```

2. 下面程序的功能是:给定直角三角形两条直角边,计算三角形的面积并输出。

```
#include <stdio.h>
void main()
{
    float a,b;
    float area;
    scanf("%f%f",&a,&b);            /*直角三角形两条直角边a和b*/
    area=(1);                       /*根据a和b计算area*/
    printf("%f\n",area);
}
```

3. 下面程序的功能是:输入一个小写字母,输出该小写字母对应的大写字母。

```
#include <stdio.h>
void main()
{
    char c1,c2;
    c1=getchar();                   /*从键盘读入一个小写字符,赋给字符变量c1*/
    c2=(1);                         /*得到对应大写字符的ASCII码,放在字符变量c2中*/
    putchar(c2);                    /*输出字符c2*/
    putchar('\n');
}
```

4. 向a、b、c三个变量正确输入数据。

```
#include <stdio.h>
void main()
{
    int a,b,c;
    scanf("%d%d%d",(1));
}
```

5. 下面程序的功能是:输入两个正整数a和b,计算并输出a占b的百分比。

```
#include <stdio.h>
void main()
{
    int a,b;
    float c;
    scanf("%d%d",&a,&b);
```

```
    c = (1);                        /* 计算并输出 a 占 b 的百分比 */
    printf("%d 为 %d 的 %.2f%% \n",a,b,c);
}
```

6. 下面程序的功能是:根据贷款额、月还款额和月利率计算所需的还款月数。计算公式为:$\log(p/(p-d\times r))/\log(1+r)$。

```
#include <stdio.h>
(1)
void main()
{
    float d;                        /* 贷款额 */
    float p;                        /* 月还款额 */
    float r;                        /* 月利率 */
    float m;                        /* 所需还款月数 */
    d =300000.0f;
    p =6000.0f;
    r =1e-2f;
    m = (2);                        /* 还款月数的计算公式 */
    printf("m =%6.1f \n",m);        /* 以小数点后一位精度输出结果 */
}
```

7. 给定两个整型变量,分别求这两个变量的商数和余数,并输出结果。

```
#include <stdio.h>
void main()
{
    int a,b;
    int c,d;
    a =123;
    b =12;
    c = (1);                        /* 求 a 除 b 的商数 */
    d = (2);                        /* 求 a 除 b 的余数 */
    printf("%d 除 %d 的结果是:%d\n",a,b,c);
    printf("%d 对 %d 求余的结果是:%d\n",a,b,d);
}
```

8. 下面程序的功能是:给定一个球的直径,计算并输出球的体积。

```
#include <stdio.h>
#define PI 3.14                     /* 宏定义 π 值 */
void main()
{
    int r;                          /* 球的直径 */
    float vol;                      /* 球的体积 */
    scanf("%d",&r);
    vol = (1);                      /* 计算球的体积 */
    printf("球的体积是%.2f\n",vol);
}
```

9. 定义两个整型变量 a 和 b,从键盘读取输入数据的前 3 位赋值给 a,紧接着 4 位赋值给 b。

```
#include <stdio.h>
void main( )
{
    int a,b;
    (1);
    printf("a = %d,b = %d \n",a,b);
}
```

10. 下面程序的功能是:给定本金p0和一年活期利率r1,一年定期利率r2,分别计算一年后的本息和,并输出。

```
#include <stdio.h>
void main()
{
    float p0 =1000;                           /* 定义本金变量 */
    float r1 =0.0036f,r2 =0.0225f;            /* 活期利率 r1,一年定期利率 r2 */
    float p1,p2;                              /* 活期一年本息和 p1,一年定期本息和 p2 */
    p1 = (1);
    p2 = (2);
    printf("p1 = %f \n",p1);
    printf("p2 = %f \n",p2);
}
```

三、编程题

1. 写一个程序,使用sizeof()函数测试所用的C环境中int和long int数据类型所占用的字节数,并用printf()函数输出比较。

2. 编写程序,用getchar()函数和scanf()函数读入两个字符给c1、c2,然后分别用putchar()函数和printf()函数输出这两个字符。思考以下问题:

(1) getchar()函数和scanf()函数在读取字符数据时是否有不同,如果紧挨着输入两个字符和输入两个字符中间有间隔(如空格),则用getchar()函数和scanf()函数该如何处理?

(2)要求输入时不是输入字符本身,而是输入其ASCII码值,用getchar()函数还是scanf()函数?如果用scanf()函数,格式声明用“%c”还是“%d”?

(3)要求输出c1和c2值的ASCII码值,应如何处理?用putchar()函数还是printf()函数?如果用printf()函数,格式声明用“%c”还是“%d”?

3. 编写程序将“China”译成密码,密码规律是,用原来字母后面的第四个字母替代原来的字母。例如,字母“A”后面的第四个字母是“E”,用“E”代替“A”。因此,“China”应译为“Glmre”。编程时,用赋初值的方法使c1、c2、c3、c4、c5这5个变量的值分别为'C'、'h'、'i'、'n'、'a',经过运算,使c1、c2、c3、c4、c5分别变为'G'、'l'、'm'、'r'、'e'。分别用putchar()函数和printf()函数输出这些字符。

4. 编程求一元二次方程 $ax^2+bx+c=0$ 的根,由键盘输入 a、b、c,假设 a、b、c 为整数,且满足条件 $a\neq0$,$b^2-4ac>0$。

5. 设圆半径为 $r=1.5$,圆柱高 $h=3$,求圆周长、圆面积、圆球表面积、圆球体积、圆柱体积。用scanf()函数输入数据,输出计算结果时,要求有文字说明,保留小数点后两位数字。

第 4 章 选择结构程序设计

顺序结构程序是顺序执行的，无分支、无转移、无循环，因此它不可能处理复杂的问题。而在数据处理过程中，通常需要根据不同的条件进行判断，然后选择程序进行处理，选择结构就是为了解决这类问题而设定的。

选择结构是 3 种基本结构之一，其功能是根据所给定的条件是否满足，决定从给定的两组或多组操作中选择其一。

在 C 语言中，能用于选择结构的流程控制语句有 4 种：最简单的 if 语句、if...else 语句、多重 if...else 语句、switch 语句。

下面各节将分别介绍各种选择语句的相关内容。

4.1 关系运算

关系运算也称比较运算，其作用是对两个值进行比较，比较的结果是一个逻辑值，如 10 > 5 就是最简单的一种关系运算，其运算结果为逻辑值“真”；'c' > 'd'，其运算结果为逻辑值“假”。

4.1.1 关系运算符

C 语言提供 6 种关系运算符。小于(<)、小于或等于(<=)、大于(>)、大于或等于(>=)、等于(==)、不等于(! =)。

1. 关系运算符的优先次序

(1) 前 4 种关系运算符的优先级相同，后两种关系运算符的优先级相同。前 4 种关系运算符的优先级高于后两种。

(2) 关系运算符的优先级低于算术运算符。

(3) 关系运算符的优先级高于赋值运算符。

(4) 优先级别(由高到低)：算术运算符→关系运算符→赋值运算符，如图 4.1 所示。

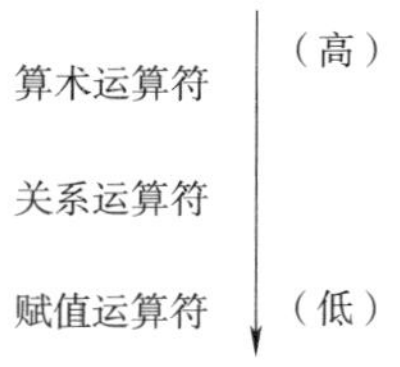

图 4.1 运算符优先级别

2. 关系运算符的结合性

关系运算符的结合方向为自左至右。

例如：

a < b < c	等价于	(a < b) < c
a - b > c - d	等价于	(a - b) > (c - d)
a = b > c	等价于	a = (b > c)
a < b == c	等价于	(a < b) == c

4.1.2 关系表达式

由关系运算符将两个表达式连接起来,构成关系运算(比较运算)的式子,称为关系表达式。

例如,'c' < 'd'、(a = 5) < (b = 7)、x == 6、(x > y) > (i > j)、a! = (c == d)等都是合法的关系表达式。

关系表达式的值是一个逻辑值,即"真"或"假"。C 语言编译系统在表示逻辑值时,以"1"代表逻辑值"真",以"0"代表逻辑值"假"。

例如,若 a = 2,b = 3,c = 4,分析下面表达式的值。

(1)a * b > b + c 的值是"假",表达式的值为 0。

(2)c - b < a 的值是"真",表达式的值为 1。

(3)c = a == b 是赋值表达式,其值是"假",表达式的值为 0。

(4)(a > b) == c - 4 的值是"真",表达式的值为 1。

(5)d = (a < b < c)是赋值表达式,a < b 的值为"真"即 1,1 < c 的值为"真"即 1。a < b < c 关系表达式的值为 1,因此 d 的值为 1。

4.2 逻辑运算

关系运算可以构造一些简单的条件,对于复杂的条件,需要用逻辑运算来构造。逻辑运算的结果是逻辑值。

4.2.1 逻辑运算符

C 语言有 3 种逻辑运算符:逻辑非(!)、逻辑与(&&)、逻辑或(||)。其中,逻辑与(&&)和逻辑或(||)是双目运算符,要求运算符两侧都有运算量。

例如:

```
(ch >= 'a'&&ch <= 'z')||(ch >= 'A'&&ch <= 'Z')
(year%4 ==0&&year%100 !=0)||(year%400 ==0)
```

"!"运算符是单目运算符,只要求有一个运算量,如!(chengji < 60)。

例如,有一个晚会,对参加晚会的人有一定的条件限制,教师可以参加,学生中只有年龄达到 18 岁以上的男生才能参加,怎样表达这样的逻辑关系?

假设能够参加晚会的条件为 D,教师用 A 表示,男生用 B 表示,18 岁以上用 C 表示,则可以用下式来描述:

D = A||(B&&C)

1. 优先次序

(1)"!"的优先级高于"&&","&&"的优先级高于"||"。

(2)“!”运算符高于算术运算符,关系运算符高于逻辑运算符“&&”和“||”。

(3)综合运算时,优先级别由高到低为“!”运算符→算术运算符→关系运算符→“&&”和“||”运算符→赋值运算符,如图 4.2 所示。

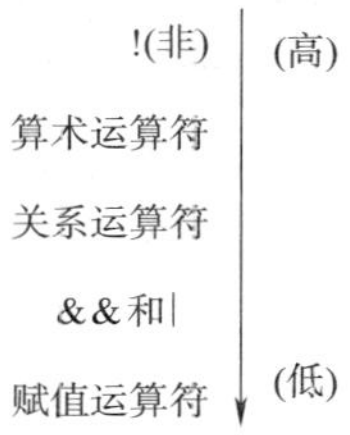

图 4.2　运算符优先级别

2. 逻辑运算符的结合性

逻辑运算符的结合方向为自左至右。

例如:

a&&b&&c　　等价于　　(a&&b)&&c

a < b||b < c　　等价于　　(a < b)||(b < c)

!a && b + c　　等价于　　(!a)&&(b + c)

4.2.2　逻辑表达式

用逻辑运算符将关系表达式或逻辑量连接起来的式子,称为逻辑表达式。逻辑表达式的值是一个逻辑量“真”或“假”。

C 语言编译系统在表示逻辑值时,以“1”代表逻辑值“真”,以“0”代表逻辑值“假”。在判断一个量是否为“真”时,以“0”表示“假”,非“0”表示“真”。

逻辑运算规则如下:

(1)a&&b:只有 a 和 b 都为“真”时,结果为“真”,用 1 表示;否则结果为假,用 0 表示。

(2)a||b:只有 a 和 b 都为“假”时,结果为“假”,用 0 表示;否则结果为真,用 1 表示。

(3)!a:如果 a 为“真”,则!a 为“假”,用 0 表示;如果 a 为“假”,则!a 为“真”,用 1 表示。

逻辑运算的真值表如表 4.1 所示。

表 4.1　逻辑运算的真值表

a	b	!a	a&&b	a‖b
真(非 0)	真(非 0)	假(0)	真(1)	真(1)
真(非 0)	假(0)	假(0)	假(0)	真(1)
假(0)	真(非 0)	真(1)	假(0)	真(1)
假(0)	假(0)	真(1)	假(0)	假(0)

例如,若 a = 5,b = 4,c = 3,d = 0,分析下面表达式的值。

a&&b||c、d&&b&&c、d||b||c、a > b&&c > d、!b == c||d < a、a + d > c&&c + d < b。

分析:

(1)a、b、c 的值都为非 0,即为“真”,所以 a&&b||c 的结果是 1。

(2)d 的值为 0,即为“假”,所以 d&&b&&c 的结果是 0。

(3)d 的值为 0,b 和 c 的值为非 0,所以 d||b||c 的结果是 1。

(4)a > b&&c > d 等价于(a > b)&&(c > d),1&&1,结果是 1。

(5)!b == c||d < a 等价于((!b) == c) ||(d < a),0||1,结果是 1。

(6)a + d > c&&c + d < b 等价于((a + d) > c)&&((c + d) < b),1&&1,结果是 1。

在实际运算时,逻辑运算符两侧的运算量可以是任何类型的数据,如字符型、实型或指针类型等。系统在进行判断时,都是以非 0 和 0 来区分运算量是“真”还是“假”的,如'a' && 'b'的结果为 1,因为'a'和'b'的 ASCII 码都是非 0,因此结果为 1。

例如,假设 a = 3, b = 4, c = 5,求逻辑表达式!(a + b) *c - 1&&b + c% 2 的值。

(1)逻辑表达式!(a + b) *c - 1&&b + c% 2 等价于(!(a + b) *c - 1)&&(b + c% 2)。

(2)进行!(a + b) *c - 1 的运算。!(a + b) = 0,!(a + b) *c - 1 = 0 *c - 1 = -1,结果是 -1。

(3)进行 b + c% 2 的运算。4 + 5% 2 = 5,结果是 5。

(4)进行逻辑与运算。 -1&&5 = 1,结果是 1。

整个表达式的运算结果是 1。

注意:为了提高程序的执行效率,在求解逻辑表达式的值时,并不是所有的逻辑运算符都被执行,只是在必须执行下一个逻辑运算符才能求出表达式的值时,才执行该运算符。

例如:

(1)表达式 a&&b&&c:只有 a 为真时,才需要判别 b 的值,只有 a 和 b 都为真时,才需要判别 c 的值;只要 a 为假,整个表达式的值就是假,不必再判别 b 和 c。如果 a 为真,b 为假,就不用判别 c 了,如图 4.3 所示。

(2)表达式 a||b||c:只要 a 为真,就不必判别 b 和 c 了。只有 a 为假时,才判别 b。a||b 的结果为假时,才判别 c,如图 4.4 所示。

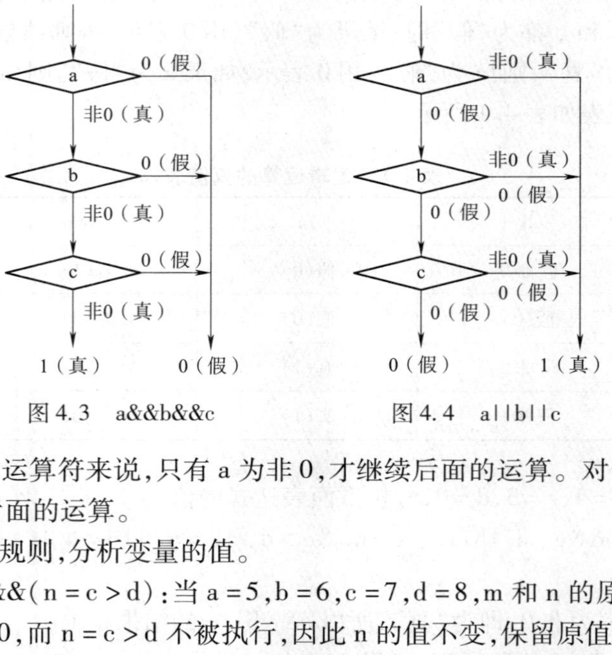

图 4.3 a&&b&&c　　图 4.4 a||b||c

因此,对于“&&”运算符来说,只有 a 为非 0,才继续后面的运算。对于“||”运算符来说,只有 a 为 0,才继续后面的运算。

根据上面的运算规则,分析变量的值。

(1)(m = a > b)&&(n = c > d):当 a = 5, b = 6, c = 7, d = 8, m 和 n 的原值为 2 时,由于 a > b 的值是 0,得出 m = 0,而 n = c > d 不被执行,因此 n 的值不变,保留原值 2。

(2)(c = a)||(b = 4):当 a = 1, b = 2, c = 3 时,c = a 表达式的值是 1,因此 b = 4 不被执行。最终,c 的值为 1,而 b 的值没有变化,仍然是 2。

结论:这种具有一定智能性的运算特点对于整个表达式的结果并无影响,但是对于局部运算结果可能有影响。

4.3　if　语　句

用 if 语句可以构成分支选择结构，根据给定的条件进行判断，以决定程序执行哪个分支。

4.3.1　if 语句的一般形式

C 语言中，if 语句有 3 种形式。

1. 最简单的 if 语句

一般形式为：

```
if(表达式)
   语句
```

功能：如果表达式的值为“真”，则执行语句部分，否则不执行该语句。其执行流程如图 4.5 所示。

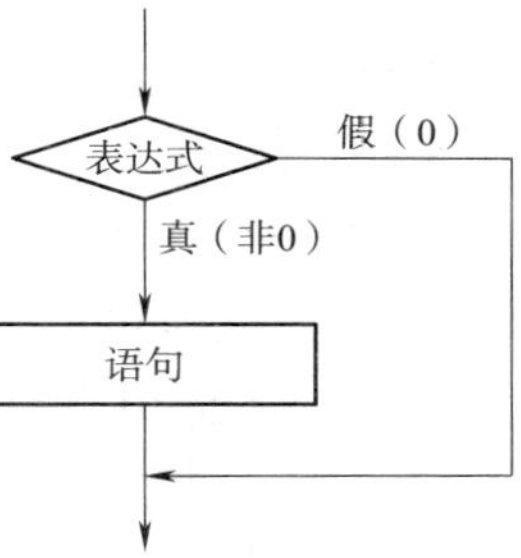

图 4.5　if 语句执行流程

【例 4.1】从键盘输入 3 个整数，按由小到大的顺序输出。

```
#include <stdio.h>
void main()
{
    int a,b,c,t;
    printf("Please input three numbers a,b,c:");
    scanf("%d,%d,%d",&a,&b,&c);
    if(a>b)              /*通过中间变量 t,交换 a 和 b 中的值*/
    {
        t=a;a=b;b=t;
    }
    if(a>c)              /*通过中间变量 t,交换 a 和 c 中的值*/
    {
        t=a;a=c;c=t;
    }
    if(b>c)              /*通过中间变量 t,交换 b 和 c 中的值*/
    {
        t=b;b=c;c=t;
    }
    printf("%d,%d,%d\n",a,b,c);
}
```

程序运行结果：

```
Please input three numbers a,b,c:9,2,5↙
2,5,9
```

程序中交换变量 a 和变量 b 值的方法和步骤如下：

(1)把 a 的值赋给 t，相当于在 t 中备份了 a 中的值。

(2)把 b 中的值赋给 a。

(3)把 t 中的值(a 中原来的值)赋给 b。

2. if…else 语句

一般形式为：

```
if(表达式)
  语句 1
else
  语句 2
```

功能：如果表达式的值为“真”，则执行语句1；否则执行语句 2。其执行流程如图 4.6 所示。

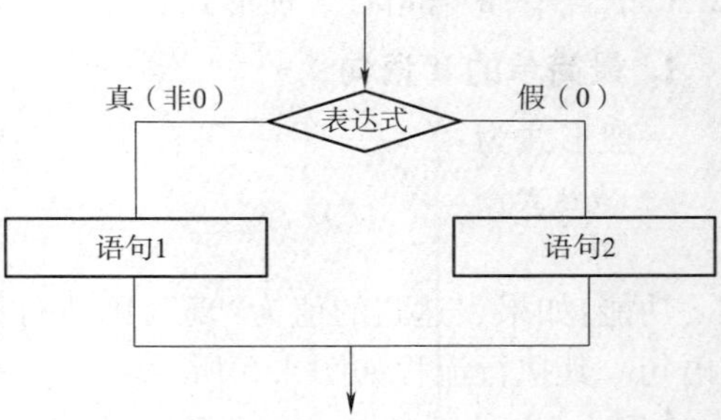

图 4.6　if…else 语句执行流程

说明：

(1)if 语句中的表达式通常是逻辑表达式或关系表达式，也可以是任意的数值类型(包括整型、实型、字符型、指针型数据)。通常，表达式的值为 0 时，按逻辑值“假”处理。表达式的值为非 0 时，按逻辑值“真”处理。

例如：

```
int x=3,y=0,z=0;
if(z==x+y)
   printf("* * * * \n");
else
   printf("####\n");
```

(2)else 子句不能单独使用，它必须是 if 语句的一部分，必须和 if 语句配对使用。

(3)if 和 else 子句后面，可以只包含一条内嵌语句，也可以包含复合语句。如果是复合语句，必须用花括号“{}”将多条语句括起来。

例如：

```
if((x+y)>z&&(x+z)>y&&(y+z)>x)
{
   a=(x+y+z)*0.5;
   s=sqrt(a*(a-x)*(a-y)*(a-z));
}
```

【例 4.2】 输入 3 个数，输出这 3 个数中的最大数。

程序分析：求最大数，可以先两两比较，先比较第一个和第二个数，并把两个数中较大的数存入变量 max 中。然后再比较 max 和第三个数的大小，如果第三个数大于 max，就把第三个数存入 max 中，最后输出 max 的值。

```
#include<stdio.h>
void main()
{
   float x,y,z,max;
   printf("Please input three numbers x,y,z:");
   scanf("%f,%f,%f",&x,&y,&z);
   if(x>y)
```

```
        max = x;
    else
        max = y;
    if(max < z)
    {
        max = z;
    }
    printf("max = %7.2f",max);
}
```

程序运行结果:

```
Please input three numbers x,y,z:2.5,9.6,6.5↙
max =   9.60
```

3. 多重 if...else 语句

一般形式为:

```
if(表达式1)    语句1
else  if(表达式2)    语句2
else  if(表达式3)    语句3
...
else  if(表达式m)    语句m
else    语句n
```

功能:依次判断表达式的值,当某个表达式的值为"真"时,则执行其后对应的语句,跳出多重 if else 语句。如果所有表达式的值均为"假",则执行 else 后面的语句 n,结束多重 if else 语句。其执行过程如图 4.7 所示。

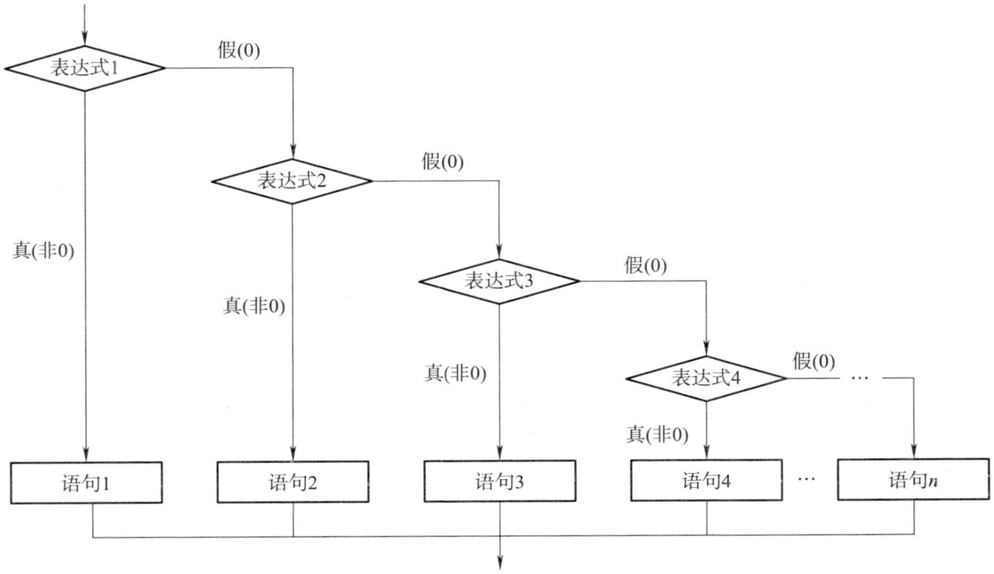

图 4.7　多重 if...else 语句执行过程

【例 4.3】输入一个字符,判断它是控制字符、数字、字母,还是其他字符。

分析:由于输入的字符有 4 种可能的取值,显然使用多重 if...else 结构比较合适。

```
#include <stdio.h>
void main()
{
    char c;
    printf("Please input a character:");
    c=getchar();
    if(c<32)
        printf("%c is a control character.\n",c);
    else if(c>='0'&&c<='9')
        printf("%c is a digit.\n",c);
    else if(c>='A'&&c<='Z'||c>='a'&&c<='z')
        printf("%c is a letter.\n",c);
    else
        printf("%c is other character.\n",c);
}
```

程序运行结果:

```
Please input a character:B↙
B is a letter.
```

4.3.2 if 语句的嵌套

if 语句允许嵌套。在 if 子句或 else 子句中又包含一个或多个完整的 if 语句,称为 if 语句的嵌套。

一般形式为:

```
if()
    if()    语句 1
    else    语句 2
else
    if()    语句 3
    else    语句 4
```

注意 if 与 else 的配对关系,else 总是与它上面最近的未配对的 if 配对,如果要改变这种默认配对关系,可以使用加花括号的方法。

```
if()
    {if() 语句 1}
else
    语句 2
```

下面两种嵌套形式的 if 语句是不同的。

```
① if(a>b)                    ② if(a>b)
  {                             {
     if(b<c)                      if(b<c)
```

```
        c = a;                              c = a;
}                                       else c = b;
else c = b;                           }
```

如果 a = 5,b = 4,c = 3,则①中 c = 3,而②中 c = 4。

【例 4.4】根据以下函数关系,对输入的每个 x 值计算出相应的 y 值。

$$y=\begin{cases}-x & (x<0)\\ x+5 & (0\leqslant x<10)\\ x+10 & (10\leqslant x<20)\\ x+20 & (x\geqslant 20)\end{cases}$$

```
#include <stdio.h>
void main()
{
    float x,y;
    printf("Please input x:");
    scanf("%f",&x);
    if(x<20)
    {
        if(x<10)
        {
            if(x<0)
                y = -x;
            else
                y = x + 5;
        }
        else y = x + 10;
    }
    else
        y = x + 20;
    printf("y = %10f\n",y);
}
```

程序运行结果:

```
Please input x:2↙
y =   7.000000
```

再次运行结果:

```
Please input x:11↙
y =  21.000000
```

4.4　条件运算符与条件表达式

条件运算符是 C 语言中唯一的一个三目运算符。

其一般形式为:

```
表达式1?表达式2:表达式3
```

执行过程:如果表达式 1 的值为“真”,条件表达式的值取表达式 2 的值;如果表达式 1 的值为“假”,条件表达式的值取表达式 3 的值,如图 4.8 所示。

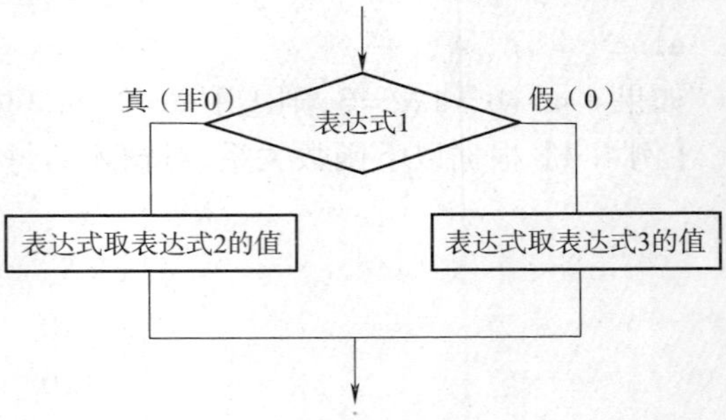

图 4.8 条件运算符执行过程

说明:

(1)优先级:条件运算符高于赋值运算符,低于算术运算符和关系运算符。

例如:

```
min = (a < b)?a:b
```

由于条件运算符优先级低于关系运算符,所以括号可以省略,该表达式等价于

```
min = a < b?a:b
```

再如:

```
c = a < b?a:b + 10
```

由于条件运算符优先级低于算术运算符,该表达式等价于

```
c = a < b?a:(b + 10)
```

(2)结合性:条件运算符的结合方向是自右向左的。

例如,a < b?a:c < d?c:d 等价于 a < b?a:(c < d?c:d)。如果有 a = 4,b = 3,c = 2,d = 1,则表达式的值为 1。

(3)当满足一定的条件时,条件运算符可以代替 if 语句。条件是 if 语句的两个分支都是赋值语句,且两个分支都是给同一个变量赋值。

例如:

```
if(x > y)
    max = x;
else
    max = y;
```

可以写成条件表达式:

```
max = (x > y)?x:y
```

(4)在条件表达式中,表达式 2 和表达式 3 可以是数值表达式,也可以是赋值表达式或函数表达式。

例如:

```
y > z?x + 2:x - 2
x > y?(x = 90):(y = 30)
ch = (ch >= 'A'&&ch <= 'Z')?(ch + 32):32
x < y?(printf("%d",x)):(printf("%d",y))
```

例如:

有如下程序段,分析变量的值。

```
int a = 3,b = 4,c;
c = a > b?a ++ : ++ b;
```

```
printf("a =%d,b =%d,c =%d\n",a,b,c);
```

由于条件运算符的优先级高于赋值运算符，首先对条件表达式进行运算，a=3，b=4，所以 a<b，条件表达式进行 ++b 的运算作为该条件表达式的结果。b=4，经过 ++b 后，b=5，所以条件表达式的值为 5，然后将条件表达式的值赋给变量 c，即 c=5。输出结果为 a=3，b=5，c=5。

(5)在条件表达式中，表达式 1 的类型可以与表达式 2 和表达式 3 的类型不同。

例如：

```
x?'c':'d'
```

x 是整型变量，如果 x=0，则条件表达式的值为'd'。

表达式 2 和表达式 3 的类型也可以不同，此时条件表达式值的类型是两者中较高的类型。

例如：

```
a >b?1:2.5
```

如果 a>b，条件表达式的值为 1.0。由于 2.5 是实型数据，比整型数据类型高，因此将 1 转换成实型值 1.0。

【例 4.5】用条件运算符的嵌套实现，学习成绩大于等于 90 分的同学用 A 表示，60～89 分的用 B 表示，60 分以下的用 C 表示。

```
#include <stdio.h>
void main()
{
    int score;
    char grade;
    printf("Please input a score:\n");
    scanf("%d",&score);
    grade = score >=90?'A':(score >=60?'B':'C');
    printf("%d belongs to %c\n",score,grade);
}
```

程序运行结果：

```
Please input a score:
80↙
80 belongs to B
```

4.5　switch 语句

在实际应用中，可以使用多重 if...else 语句实现对多个条件进行判断和处理，但是如果嵌套的 if 语句层数较多，会导致代码冗长，降低程序的可读性。C 语言提供了 switch 语句，使用它可以处理多分支选择结构。

一般形式为：

```
switch(表达式)
{
```

```
    case 常量表达式1:语句1
    case 常量表达式2:语句2
        ⋮
    case 常量表达式n:语句n
    default:         语句n+1
}
```

其执行过程如图4.9所示。

(1)计算表达式的值。

(2)如果表达式的值与某个case后面的常量表达式i的值相等,则执行语句i。如果语句i后面没有break语句,则程序依次执行语句i,语句i+1,…,语句n,一直到语句$n+1$,结束switch语句。

(3)如果表达式的值与任何一个case后面的常量表达式的值都不相等,当有default子句时,则执行default后面的语句,如果没有default子句,则结束switch语句。

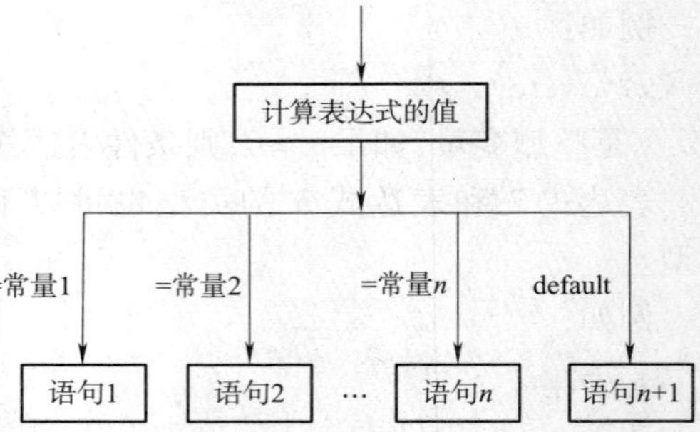

图4.9 switch语句执行过程

说明:

在执行switch语句时,case后面的“常量表达式”仅起到一个语句标号的作用。程序执行时,一旦找到入口标号,就从此标号处开始执行,不再对其他标号进行判断。所以,为了终止一个分支的执行,需要在相应的分支末尾加一条break语句。

break语句的作用是终止当前switch语句的执行,使得程序转向switch语句的下一条语句。其一般形式为

```
break;
```

【例4.6】设计一个简单的计算器,实现加减乘除运算。

```
#include <stdio.h>
void main()
{
    float data1,data2,result;
    char op;
    printf("input expression:");
    scanf("%f%c%f",&data1,&op,&data2);
    printf("%.2lf%c%.2lf =",data1,op,data2);
    switch(op)
    {
        case '+':                        /* 执行加法运算 */
            result = data1 + data2;  break;
        case '-':                        /* 执行减法运算 */
            result = data1 - data2;  break;
        case '*':                        /* 执行乘法运算 */
            result = data1 *data2;  break;
```

```
        case '/':                          /* 执行除法运算 */
            result = data1/data2;  break;
        default:
            printf("operator error!");     /* 输入非四则运算符号,提示出错,结果置零 */
        result = 0.0;
    }
    printf("%.2lf\n",result);
}
```

程序运行结果:

```
input expression:4 * 5↙
4.00 * 5.00 = 20.00
```

【例 4.7】 设计一个自动售货机商品价格的查询程序。

自动售货机可以售出巧克力(2 元)、上好佳薯片(3 元)、柠檬茶(4 元)、雪碧(3 元)、矿泉水(2.5 元)5 种商品。

要求:在屏幕上显示菜单。用户输入编号 1 ~ 5,显示相应商品的价格(保留一位小数)。输入其他编号,提示"输入错误"。

```
#include <stdio.h>
void main()
{
    int button;
    float price;
    //显示菜单
    printf("* * * * * * * * * * * * * * * * * * * * * * *\n");
    printf("*   可选择的按键      *\n");
    printf("*     1. 巧克力        *\n");
    printf("*     2. 上好佳薯片    *\n");
    printf("*     3. 柠檬茶        *\n");
    printf("*     4. 雪碧          *\n");
    printf("*     5. 矿泉水        *\n");
    printf("* * * * * * * * * * * * * * * * * * * * * * *\n");
    printf("*   从 1 ~5 中选择按键:*\n");
    scanf("%d",&button);
    switch(button)
    {
        case 1:                            /* 选择菜单编号 1 代表巧克力 */
            price = 2;break;
        case 2:                            /* 选择菜单编号 2 代表上好佳薯片 */
            price = 3;break;
        case 3:                            /* 选择菜单编号 3 代表柠檬茶 */
            price = 4;break;
        case 4:                            /* 选择菜单编号 4 代表雪碧 */
            price = 3;break;
```

```
        case 5:                                    /*选择菜单编号5代表矿泉水*/
            price=2.5;break;
        default:                                   /*选择1~5之外的编号,提示输入错误*/
            printf("\n 输入错误 \n");
    }
    if(button==1||button==2||button==3||button==4||button==5)
        printf("你选择了%d号商品,售价:%.1f元\n",button,price);
    else
        printf("\n");
}
```

程序运行结果如图4.10所示。

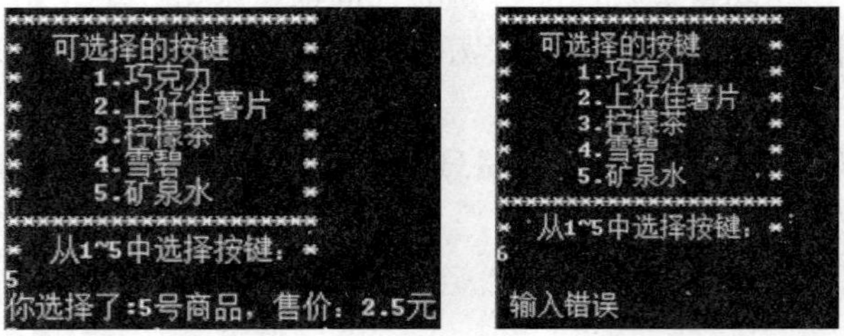

图4.10　例4.7程序运行结果

使用switch语句时应注意以下几点：

(1)switch后面的表达式可以是一个整型或字符型表达式,不能是浮点型表达式或字符串表达式。

(2)每个case后面的常量表达式的值不能相同,否则会出现语义错误。

(3)每个case后面允许有多条语句,可以不用“{}”括起来。

(4)各个case子句和default子句的先后顺序可以变动,不会影响程序的执行结果。

(5)default子句可以省略不用。

(6)相邻的case子句可以共用一组语句。

例如：

```
case 'A':
case 'B':
case 'C':printf("grade>60 \n");break;
```

4.6　选择结构程序设计举例

【例4.8】 编写程序,判断某一年是否是闰年。

分析:满足下面两个条件之一的为闰年,即能被4整除,但不能被100整除;能被4整除,又能被400整除。

根据这两个判别条件,用多重if...else语句就可实现闰年的判断。程序N-S图如图4.11所示。

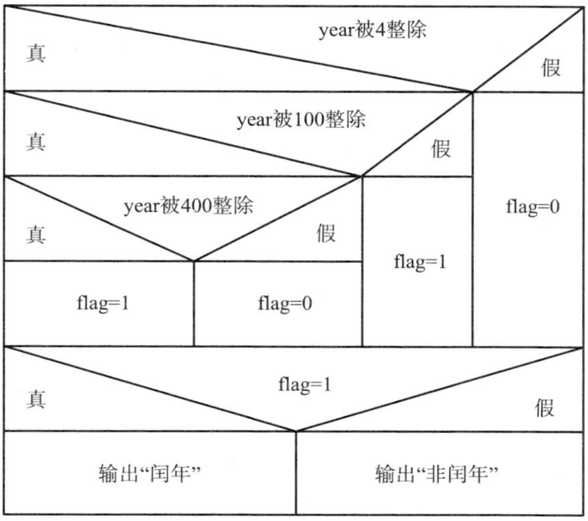

图 4.11　判别闰年的 N-S 图

```
#include <stdio.h>
void main()
{
    int year,flag;
    printf("Please input year:");
    scanf("%d",&year);
    /* 如果是闰年,整型变量 flag 的值置 1.如果是非闰年,整型变量 flag 的值置 0.*/
    if(year%4 ==0)
    {
        if(year%100 ==0)
        {
            if(year%400 ==0)
                flag =1;
            else
                flag =0;
        }
        else
            flag =1;
    }
    else
        flag =0;
    if(flag)                                   /*flag 的值为 1,输出闰年*/
        printf("%d is a leap year \n",year);
    else                                       /*flag 的值为 0,输出非闰年*/
        printf("%d is not a leap year \n",year);
}
```

程序运行结果:

```
Please input year:2005↙
2005 is not a leap year
```

【例 4.9】根据输入的百分制成绩 score,转换成相应的五分制成绩输出。

转换标准:

$$grade=\begin{cases}A & (90\leqslant score\leqslant 100)\\ B & (80\leqslant score<90)\\ C & (70\leqslant score<80)\\ D & (60\leqslant score<70)\\ E & (0\leqslant score<60)\end{cases}$$

方法 1:用多重 if...else 语句实现。程序 N-S 图如图 4.12 所示。

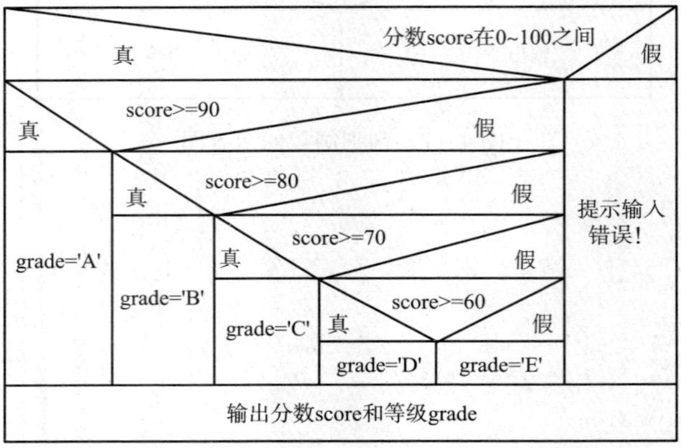

图 4.12　判别分数的 N-S 图

```
#include <stdio.h>
void main()
{
    int score;
    char grade;
    printf("Please input score:");
    scanf("%d",&score);
    if(score>100||score<0)
        printf("Input error!\n");
    else
    {
        if(score>=90)
            grade='A';
        else if(score>=80)
            grade='B';
        else if(score>=70)
            grade='C';
        else if(score>=60)
```

```
            grade = 'D';
        else
            grade = 'E';
    }
    printf("score = %d,grade = %c \n",score,grade);
}
```

程序运行结果：

```
Please input score:75↙
score = 75,grade = C
```

方法 2：用 switch 语句实现。

```
#include <stdio.h>
void main( )
{
    int score;
    char grade;
    printf("Please input score:");
    scanf("%d",&score);
    if(score >100 ||score <0)
        printf("Input error!\n");
    else
    {
        switch(score/10)                    /* 将分数区间转换成一个整数值 */
        {
            case 10:
            case 9:  grade = 'A';break;
            case 8:  grade = 'B';break;
            case 7:  grade = 'C';break;
            case 6:  grade = 'D';break;
            case 5:
            case 4:
            case 3:
            case 2:
            case 1:
            case 0:  grade = 'E';break;
        }
      printf("score = %d,grade = %c \n",score,grade);
    }
}
```

程序运行结果：

```
Please input score:65↙
score = 65,grade = D
```

【**例 4.10**】给出一个不多于 5 位的正整数，求它是几位数，并逆序打印出各位数字。

分析：首先将输入的数按照五位数进行分解，求出万位、千位、百位、十位及个位上面的数字，然后从最高位依次判断该数为几位数，最后逆序将其各位输出。程序 N-S 图如图 4.13 所示。

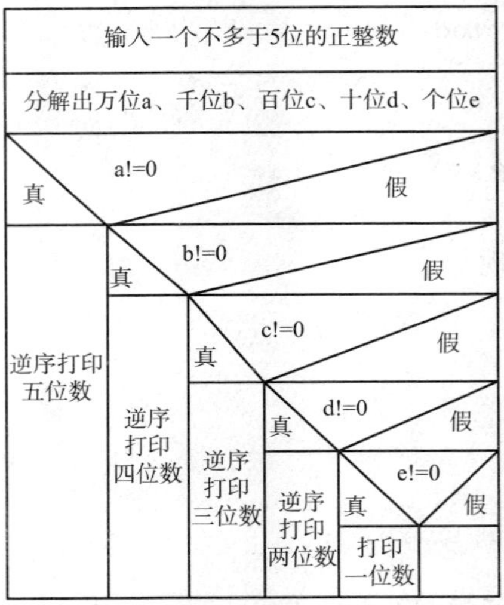

图 4.13 逆序输出的 N-S 图

```
#include <stdio.h>
void main()
{
    int a,b,c,d,e,x;
    printf("input a interger number(0 ~99999):");
    scanf("%5d",&x);
    a=x/10000;                          /* 分解出万位 */
    b=x%10000/1000;                     /* 分解出千位 */
    c=x%1000/100;                       /* 分解出百位 */
    d=x%100/10;                         /* 分解出十位 */
    e=x%10;                             /* 分解出个位 */
    if(a!=0)
        printf("它是五位数\n逆序打印:%d%d%d%d%d\n",e,d,c,b,a);
    else if(b!=0)
        printf("它是四位数\n逆序打印:%d%d%d%d\n",e,d,c,b);
    else if(c!=0)
        printf("它是三位数\n逆序打印:%d%d%d\n",e,d,c);
    else if(d!=0)
        printf("它是两位数\n逆序打印:%d%d\n",e,d);
    else if(e!=0)
        printf("它是一位数\n逆序打印:%d\n",e);
}
```

程序运行结果：

```
input a interger number(0 ~99999):9876↙
它是四位数
逆序打印:6789
```

【例 4.11】设计一个简单的猜拳游戏(石头、剪子、布),让你与电脑对决。你出的拳头由自己决定,通过键盘输入,电脑则随机出拳,最后判断输赢。

思路:输入数字 1、2、3 来表示玩家出了剪子、石头、布,电脑通过产生随机数 1、2、3 出拳,分别代表剪子、石头、布,程序用电脑产生的数和用户输入的数的差值来判断胜负,差值为 0 时,代表平手。差值为 1 或 −2 时,代表电脑赢了。差值为 −1 或 2 时,代表玩家赢了。程序 N-S 图如图 4.14 所示。

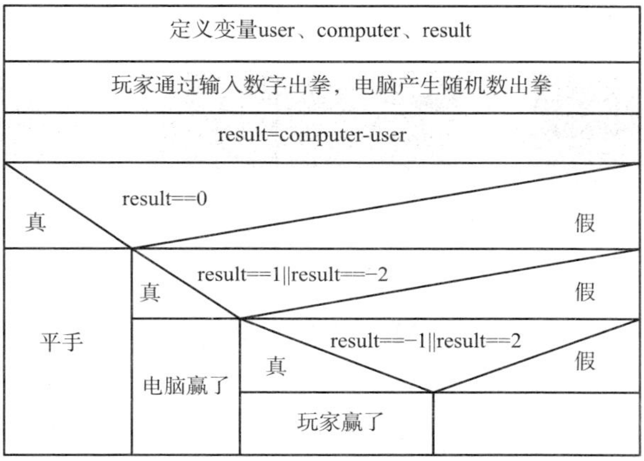

图 4.14　猜拳游戏 N-S 图

```
#include <stdio.h>
#include <time.h>
#include <stdlib.h>
void main()
{
    int computer,user,result;
    srand((unsigned)time(NULL));  //为了避免多次运行结果相同,以系统当前时间为
                                  //随机数种子
    printf("玩家出拳:1.剪子 2.石头 3.布\n");
    scanf("%d",&user);
    computer = rand()%3 +1;      //产生 1 ~3 的随机数
    result = computer - user;
    printf("电脑出拳:%s\n",computer ==1?"剪子":computer ==2?"石头":"布");
    switch(result)               //用电脑产生的数和用户输入的数的差值来判断胜负
    {
        case 0:
            printf("平手\n");
            break;
        case 1:
```

```
        case -2:
            printf("电脑赢了\n");
            break;
        case -1:
        case 2:
            printf("你赢了\n");
    }
}
```

说明:使用 time( )函数,需要包含#include < time. h >预处理命令。

使用 rand( )函数和 srand( )函数,需要包含#include < stdlib. h >预处理命令。

程序运行结果如图 4.15 所示。

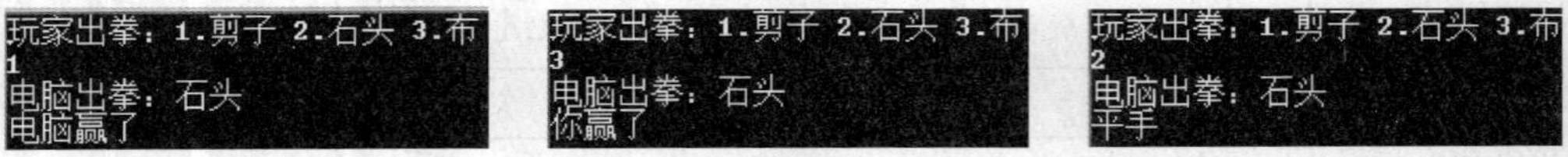

图 4.15　例 4.11 程序运行结果

习　题　四

一、选择题

1. 已知语句,int x = 10,y = 20,z = 30;,以下语句执行后,x、y、z 的值是(　　)。

```
if(x==y)  x=z;x=y;y=z;
```

A. x = 10,y = 20,z = 30　　B. x = 20,y = 30,z = 30

C. x = 20,y = 30,z = 10　　D. x = 20,y = 30,z = 20

2. 以下程序段执行后,输出结果是(　　)。

```
int x=3,y=0,z=0;
if(x=y+z)
    printf("yes\n");
else
    printf("no\n");
```

A. 有语法错误不能编译

B. 输出 yes

C. 编译可以通过,但是不能连接,因而不能运行

D. 输出 no

3. 以下程序段执行后,输出的结果是(　　)。

```
int x=5;
if(x-- <5)
    printf("%d\n",x);
else
    printf("%d\n",x++);
```

A. 3　　B. 4　　C. 5　　D. 6

4. 以下程序段执行后，输出结果是(　　)。

```
int i =1,j =1,k =2;
if((j ++ || k ++)&&i++)
    printf("%d,%d,%d\n",i,j,k);
```

A. 1,1,2　　B. 2,2,1　　C. 2,2,2　　D. 2,2,3

5. 以下程序段执行后，c 的值是(　　)。

```
int a,b,c;a = b = c =0;
if(!a)  b ++;
else if(b) c ++;
if(b)  c +=1;
else  c +=2;
```

A. 0　　B. 1　　C. 2　　D. 3

6. 以下程序段执行后，输出结果是(　　)。

```
int a =5,b =4,c =3,d =2;
if((a >b) >c)
    printf("%d\n",d);
else if((c -1 >d) ==1)
    printf("%d\n",d +1);
else printf("%d\n",d +2);
```

A. 2　　B. 3　　C. 4　　D. 编译有错，无结果

7. 设有如下定义：int x =6,y =5,m =4,n =3,a =4,b =4;，则执行表达式(a =x >y)||(b =m <n)后，b 的值为(　　)。

A. 0　　B. 2　　C. 3　　D. 4

8. 有定义语句：int a =1,b =2,c =3,x;，则以下程序段执行后，x 的值不为 3 的是(　　)。

A.
```
if(c ==3) x =3;
else if(c <3) x =2;
else x =1;
```

B.
```
if(a ==b) x =2;
else if(b >a) x =3;
else x =1;
```

C.
```
if(a >3) x =3;
else if(a >1) x =2;
else x =1;
```

D.
```
if(a <2) x =3;
else if(a >3) x =2;
else x =1;
```

9. 以下程序段的输出结果是(　　)。

```
int x =1,a =0,b =0;
switch(x)
{  case 0:b ++;
   case 1:a ++;
   case 2:a ++;b ++;
}
printf("a =%d,b =%d\n",a,b);
```

A. a = 2, b = 1　　B. a = 1, b = 1　　C. a = 1, b = 0　　D. a = 2, b = 2

10. 以下程序段的输出结果是(　　)。

```
int x=1,y=0,a=0,b=0;
switch(x)
{  case 1:switch(y)
   {  case 0:a++;break;
      case 1:b++;break;
   }
   case 2:a++;b++;break;
}
printf("%d%d\n",a,b);
```

A. 12　　B. 21　　C. 10　　D. 02

二、程序填空题(填空完善程序)

1. 判断输入的整数 a 是否为偶数,若是,则输出"yes",否则输出"no"。

```
#include <stdio.h>
void main()
{
    int  a;
    scanf("%d",&a);
    if (1)
       printf("yes\n");
    else
    (2);
}
```

2. 输入一个实数 x,求其绝对值 y。

```
#include <stdio.h>
void main()
{
    float x,y;
    scanf("%f",&x);
    (1);
    if(x<0)  (2);
    printf("x=%f  y=%f\n",x,y);
}
```

3. 输入两个整数 a 和 b,若 a*a+b*b 大于 100,则输出 a*a+b*b 百位以上的数字,否则输出两数之和 a+b。

```
#include <stdio.h>
void main()
{
    int a,b,c;
    scanf("%d%d",&a,&b);
```

```
    if(a*a+b*b>100)
    (1);
    else
    (2);
    printf("%d\n",c);
}
```

4. 输入两个不同的整数,求两个整数中的大者并将其存放在变量 max 中。

```
#include <stdio.h>
void main()
{
    int  x,y;
    (1);
    scanf("%d%d",&x,&y);
    max=(2);
    printf("max=%d\n",max);
}
```

5. 输入一个学生三次的成绩,并判断该学生三次成绩是否都及格。如果都及格则输出三次成绩的平均分,若有一次不及格则输出“不及格”。

```
#include <stdio.h>
void main()
{
    float s1,s2,s3,average;
    scanf("%f%f%f",&s1,&s2,&s3);
    if (1)
      {(2);
       printf("average=%f ",average);
      }
    else
      printf("不及格");
}
```

6. 输入一个字符,判别它是否是大写字母,如果是大写字母,将其转换为小写字母,否则不转换。

```
#include <stdio.h>
void main()
{
    char ch1,ch2;
    scanf("%c",&ch1);
    (1)=(2);
    printf("%c",ch2);
}
```

7. 编写程序,判断某一年是否是闰年,如果是闰年,整型变量 flag 的值为 1,否则变量 flag 的值为 0。

```
#include <stdio.h>
void main()
{
    int year,flag;
    scanf("%d",&year);
    if (1)
        flag=1;
    else
        flag=0;
    if (2)
        printf("%d年是闰年\n",year);
    else
        printf("%d年不是闰年\n",year);
}
```

8. 输入一个3位数整数,把3个数字逆序组成一个新数输出,如输入234,输出432。

```
#include <stdio.h>
void main()
{
    int m,n;
    printf("输入一个3位整数:\n");
    scanf("%d",&m);
    n=(1)+(2)+m/100;
    printf("\n处理后的整数为:%d\n",n);
}
```

9. 编程实现4位电话号码的升位。原来电话号码为1、3、5、7、9打头的号码前加2,原来电话号码为2、4、6、8打头的号码前加3,例如,输入1234,输出21234。

```
#include <stdio.h>
void main()
{
    long x,y;
    scanf("%d",&x);
    y=x/1000;
    switch(y)
    {
        case 1:
        case 3:
        case 5:
        case 7:
        case 9:  (1);  break;
        case 2:
        case 4:
        case 6:
```

```
        case 8:(2);  break;
    }
    printf("%ld\n",x);
}
```

10. 判定用户输入的一个不大于999的3位正整数是否为一个回文数,回文数是指正读和反读都相同的数。

```
#include <stdio.h>
void main()
{
    int a,x,y,z;
    scanf("%d",&a);
    if(a>0&&a<999)
    {
        x=a/100;
        y=(a-100*x)/10;
        z=a%10;
        if (1)
        {
            if (2)
                printf("%d是回文数\n",a);
            else
                printf("%d不是回文数\n",a);
        }
        else
            printf("重新输入一个3位数\n");
    }
}
```

三、编程题

1. 输入一个整数m,若能被5或7整除,则输出1,否则输出-1。

2. 输入一个字母,将字母循环后移6个位置后输出,如'A'变成'G','w'变成'c'。

3. 有一个函数

$$y=\begin{cases}1 & (x<-1)\\ 2x+5 & (-1\leqslant x\leqslant 1)\\ 5x^2-1 & (x>1)\end{cases}$$

编写程序,根据上面分段函数,输入一个x,输出对应y的值。

4. 编写程序,根据用户输入的三角形的三条边长判定是何种三角形。

5. 求$ax^2+bx+c=0$方程的根。编程时有几种可能:

(1)$a=0$,不是二次方程。

(2)$b^2-4ac=0$,有两个相等实根。

(3)$b^2-4ac>0$,有两个不等实根。

(4)$b^2-4ac<0$,有两个共轭复根。

第 5 章 循环结构程序设计

循环结构是结构化程序设计中一种很重要的结构。其特点是:在给定条件成立时,反复执行某程序段,直到条件不成立为止。给定的条件称为循环条件,反复执行的程序段称为循环体。

在解决实际问题时,常常会遇到许多有规律的重复计算或操作的处理过程。利用计算机运算速度快的特点,可以将这些过程写成循环结构,使计算机重复地执行这些计算或操作,不仅可以使程序简洁、紧凑,而且还可以解决顺序结构和选择结构所不能解决的问题。

在 C 语言中,能用于循环结构的流程控制语句有 4 种:while 语句、do…while 语句、for 语句和 goto 语句。

下面各节将分别介绍各种流程控制语句的相关内容。

5.1 while 语句

while 语句的一般形式为:

```
while(条件表达式)
    循环体语句
```

功能:判断条件表达式的值,当表达式的值为真(非 0)时,执行循环体语句;当表达式的值为假(0)时,退出循环,继续执行该循环下面的语句。

while 语句用来实现当型循环结构。其执行过程如图 5.1 所示。

说明:

(1)由条件表达式和循环体共同构成当型循环。

(2)先判断条件表达式的值,再决定是否运行循环体。

(3)为使循环有结束的时候,循环体中必须有改变循环条件(条件表达式)的语句,否则循环将被无限次执行,构成死循环。

(4)若循环体为多条语句,则必须用花括号“{}”括起来,形成复合语句。

【例 5.1】求 1 ~ 100 之间的所有正整数之和。

根据题意,可表示成如图 5.2 所示的算法。

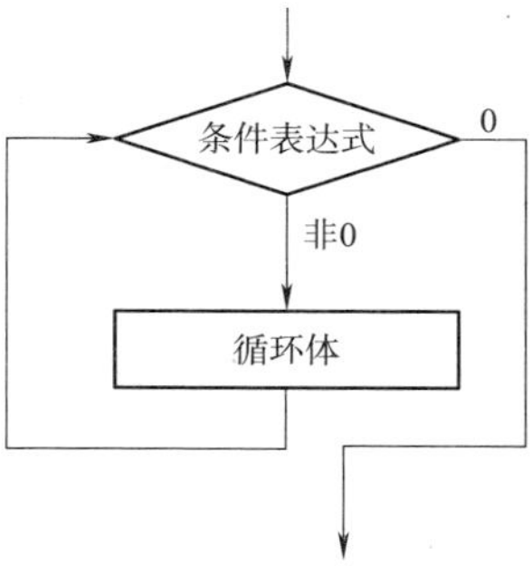

图 5.1　while 语句执行过程

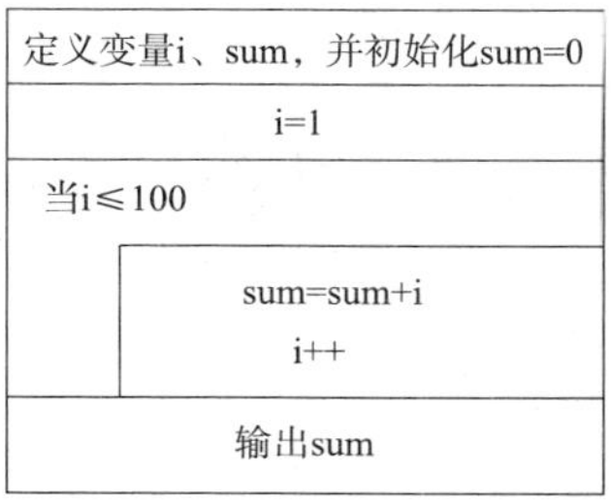

图 5.2　while 语句求 1 ~ 100 之和的 N-S 图

```
#include <stdio.h>
void main( )
{
    int i,sum=0;
    i=1;                        /* 初始化循环变量 i */
    while(i<=100)               /* 循环控制条件,表达式的值为真时执行循环体 */
    {
        sum=sum+i;              /*sum 中的值增加 i */
        i++;                    /* 循环变量自增 */
    }
    printf("%d\n",sum);
}
```

程序运行结果:

```
5050
```

循环变量的值不仅可以由小到大变化,也可以由大到小变化。

下面例子也是求 1 ~ 100 之间所有自然数之和的,请和上面例子进行比较。

```
#include <stdio.h>
void main( )
{
    int i,sum=0;
    i=100;                      /* 初始化循环变量 i */
    while(i>=1)                 /* 循环控制条件,表达式的值为真时执行循环体 */
    {
        sum=sum+i;              /*sum 中的值增加 i */
        i--;                    /* 循环变量自减 */
    }
    printf("%d\n",sum);
}
```

程序运行结果:

```
5050
```

5.2 do...while 语句

do...while 语句的一般形式为：

```
do
  循环体语句
while(条件表达式);
```

功能：先执行循环体语句，然后判断条件表达式的值，当条件表达式的值为真时循环继续；当条件表达式的值为假时循环结束。

do...while 语句构成的循环，执行过程如图 5.3 所示。

【例 5.2】求 1～100 之间的所有正整数之和，用 do...while 语句实现。

根据题意，可表示成如图 5.4 所示的算法。

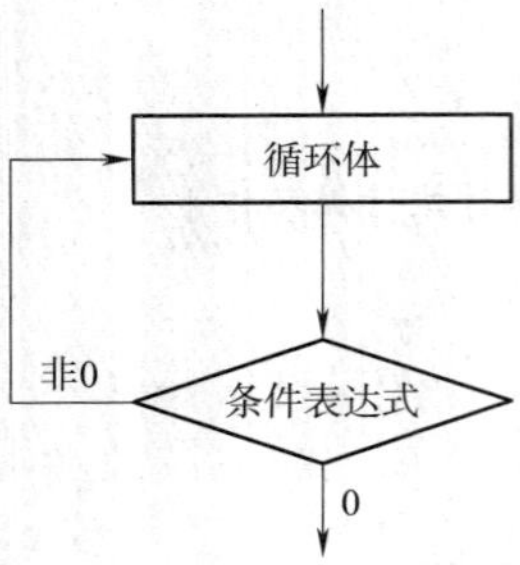

图 5.3 do...while 语句执行过程

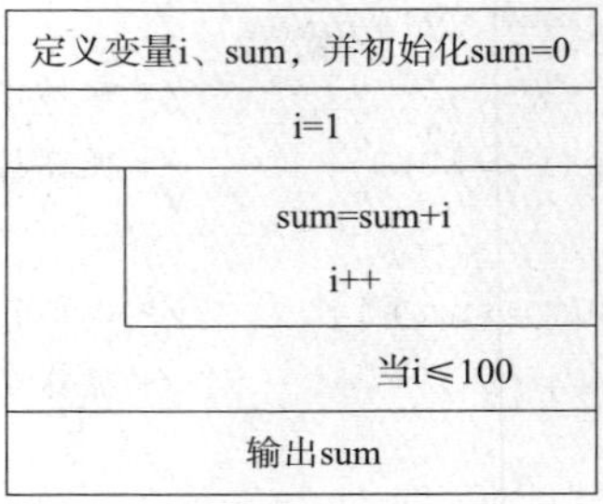

图 5.4 do...while 语句求 1～100 之和的 N-S 图

```
#include <stdio.h>
void main()
{
    int i,sum=0;
    i=1;                    /* 循环变量赋初值 */
    do
    {
        sum=sum+i;          /* 将循环变量的当前值加到存放和的变量中 */
        i++;
    }while(i<=100);         /* 循环控制条件,表达式的值为真时继续循环 */
    printf("%d\n",sum);
}
```

程序运行结果：

```
5050
```

while 语句和 do...while 语句的区别：

(1) while 语句是先判断条件表达式，再决定是否运行对应的循环体。

(2) do...while 语句是先执行循环体，再判断条件表达式。其特点是无论循环条件是否成立，循环体语句都至少被执行一次。

5.3　for　语　句

for 语句的一般形式为：

```
for(表达式1;表达式2;表达式3)
    循环体语句
```

功能：根据表达式 2 的值，决定是否重复执行循环体语句。

for 语句执行步骤如下：

(1)求解表达式 1，为有关变量设置初始值。

(2)求解表达式 2，当表达式 2 的值为真(非 0)时，执行循环体语句，然后转到步骤 3；当表达式 2 的值为假(0)时，结束循环，转到 for 循环下面的语句继续运行。

(3)求解表达式 3，然后转回步骤(2)。

for 循环运行过程如图 5.5 所示。

【例 5.3】求 1 ~ 100 之间所有正整数之和，用 for 语句来实现。

根据题意，可表示成如图 5.6 所示的算法。

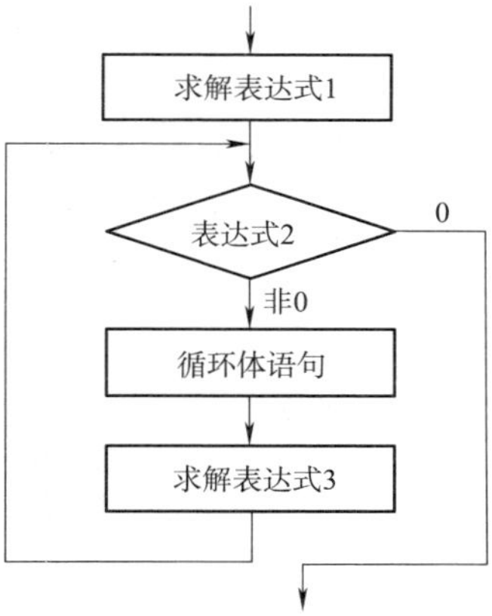

图 5.5　for 循环运行过程

定义变量i、sum，并初始化sum=0	
for i=1 to 100	
	sum=sum+i
输出sum	

图 5.6　用 for 语句求 1 ~ 100 之和的 N-S 图

```
#include <stdio.h>
void main()
{
    int i,sum=0;
    for(i=1;i<=100;i++)
        sum=sum+i;        /* 将循环变量的值加到存放和的变量中 */
    printf("%d\n",sum);
}
```

程序运行结果：

```
5050
```

for 语句的有关说明：

(1)for 循环中的表达式 1(如 i = 1)，只执行一次，一般用于为有关变量赋初值。

(2)for 循环中的表达式 2(如 i <= 100)是循环条件,表达式的结果为真时,循环继续,表达式的结果为假时循环结束。

(3)for 循环中的表达式 3(如 i ++)在循环体运行后再进行计算,用于改变循环变量的值,使循环趋于结束。

(4)for 语句中,表达式 1、表达式 2、表达式 3 之中任何一个或多个都可以省略,但它们之间的分号不能省略。

① 省略表达式 1 和表达式 3。

```
i =1;                      /* 表达式 1(赋初值)的功能提到了前面 */
for(;i <=100;)
{
    sum = sum + i;
    i++;                   /* 表达式 3(改变循环变量的值)的功能放到了循环体中 */
}
```

很明显,for(;i <= 100;) 可以替换成 while(i <= 100),表明 for 循环和 while 循环可以互相转换。

② 省略表达式 2,相当于循环条件永远为真。

```
for(i =1;;i++)  sum = sum + i;
```

因省略了表达式 2,会无终止地循环下去。

(5)for 语句中的表达式 2,一般是关系表达式或逻辑表达式,也可以是数值表达式或字符表达式,只要其值为非 0,就执行循环体。

```
for(;'a';);
```

字符'a'的值为非 0,该循环永远继续下去。

(6)for 语句(包括 while 语句)控制的范围到其后第一个分号为止。

```
#include <stdio.h>
void main()
{
    int i,sum =0;
    for(i =1;i <=10;i++);
    sum = sum + i;
    printf("%d\n",sum);
}
```

程序运行结果:

```
11
```

for(i = 1;i <= 10;i ++);因为后面有分号,所以 for 循环中并不包括后面的语句 sum = sum + i;,只有 for 循环结束后,才能执行到后面的语句 sum = sum + i;。此时,i 的值为 11,sum 的值自然就是 11。

【例 5.4】 任意输入 10 个整数,找出其中最大值并输出。

```
#include <stdio.h>
void main()
{
```

```
    int a,max;
    int i;
    scanf("%d",&a);
    max = a;                    /* 第一个输入的数假设为最大值 */
    for(i = 1;i < 10;i++)
    {
        scanf("%d",&a);
        if(a > max) max = a;
    }
    printf("max = %d\n",max);
}
```

程序运行结果：

```
1  8  10  233  -54  28  12  -200  89  100↙
max = 233
```

程序中用 max 变量存放最大值。输入第一个值给变量 a，因为是第一个值，所以假设它是最大值赋给 max 变量。之后通过循环每输入一个值给 a，都与 max 中的值进行比较，如果 a 中的值比 max 中的值大，就把 a 中的值赋给 max 变量，把原来 max 变量中的值替换掉。当所有数输入完毕并比较完成后，max 变量中的值就是最大值。

【例 5.5】任意输入 10 个整数，计算其中的偶数之和并输出。

```
#include <stdio.h>
void main()
{
    int a,sum = 0;
    int i;
    for(i = 1;i <= 10;i++)
    {
        scanf("%d",&a);
        if(a%2 == 0) sum = sum + a;
    }
    printf("sum = %d\n",sum);
}
```

程序运行结果：

```
1  8  10  23  54  28  12  -200  89  100↙
sum = 12
```

5.4　辅助控制语句

前面讲到的 while 语句、do…while 语句、for 语句中，都是因为循环条件为假而正常退出的。为了使循环控制更加灵活，C 语言中允许使用 break 语句强行结束循环，或使用 continue 语句结束本次循环。

5.4.1 break 语句

break 语句的一般形式为:

```
break;
```

功能:强行结束循环,转到循环语句的后续语句执行,一般都与 if 语句结合使用。

说明:

(1) break 语句只能出现在 switch 语句或循环语句的循环体中。

(2) break 语句只能跳出一层循环(当前循环),不能直接跳出多层循环。

【例 5.6】 猜数游戏。猜一个 10 以内的正整数(0 ~ 9),要猜的正整数由系统随机产生,看几次能猜中。

```
#include <stdio.h>
#include <stdlib.h>
#include <time.h>
void main()
{
    int m,n,k=0;
    srand((unsigned)time(NULL));      /* 生成随机种子数 */
    n=rand()%10;                      /* 产生一个 10 以内的正整数 */
    while(1)
    {
        scanf("%d",&m);
        k=k+1;                        /* 每循环一次,猜的次数增 1 */
        if(m==n)
            break;
        else
            printf("猜错了,请继续猜!\n");
    }
    printf("您要猜的数为:%d,您猜了%d 次猜中了!\n",n,k);
}
```

【例 5.7】 输入一个大于 3 的整数给 m,判断 m 是否为素数。

分析:素数是指除了 1 和该数本身之外,不能被其他任何整数整除的数。

判断一个整数 $m(m \geq 3)$ 是否为素数的方法:如果 m 不能被 $2 \sim m-1$ 之间的所有整数整除,则 m 为素数。实际上,m 不必被 $2 \sim m-1$ 之间的所有整数除,只须被 $2 \sim m/2$ 之间的整数除即可,甚至只需被 $2 \sim \sqrt{m}$ 之间的整数除即可。

算法:用一个开关变量 flag 记录 m 是否为素数,先将 flag 的值赋为 1。让 m 被 $2 \sim \sqrt{m}$ 之间的所有整数除,如果 m 能被其中任何一个整数整除,则将 flag 赋为 0 并提前结束循环。判断 flag 的值,如果是 1 表示 m 是素数,如果是 0 表示 m 不是素数。其 N - S 图如图 5.7 所示。

```
#include <stdio.h>
#include <math.h>
```

```
void main( )
{
    int m,i,flag;
    printf("请输入要判断的正整数 m:");
    scanf("%d",&m);
    flag = 1;
    for(i = 2;i <= sqrt(m);i++)
        if(m%i == 0)        /* 判断 m 能否被 i 整除 */
        {
            flag = 0;
            break;
        }
    if(flag == 1)
        printf("%d 是素数\n",m);
    else
        printf("%d 不是素数\n",m);
}
```

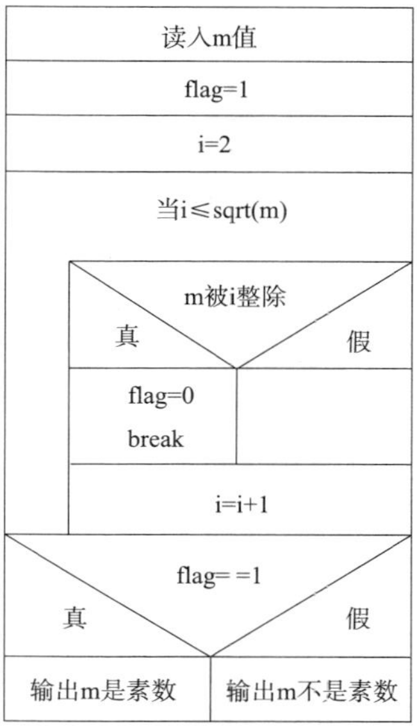

图 5.7　判断素数的 N-S 图

程序运行结果：

```
请输入要判断的正整数 m:17↙
17 是素数
```

5.4.2　continue 语句

continue 语句的一般形式为：continue;

功能：终止本次循环，继续下一次循环。一般都与 if 语句结合使用。

说明：

（1）continue 语句只能出现在循环语句的循环体中。

（2）若 continue 语句出现在 while 或 do…while 语句中，则跳过循环体中 continue 语句后面的语句，转去判别下次循环控制条件；若 continue 语句出现在 for 语句中，则跳过循环体中 continue 语句后面的语句，转去计算 for 语句的表达式 3。

【例 5.8】 将 300 ~ 400 之间个位数为 5 并且能被 3 整除的所有数输出，要求一行输出两个数。

```
#include <stdio.h>
void main( )
{  int n,i = 0;
   for(n = 300;n <= 400;n ++)
   {
       if(n%10 != 5 || n%3 != 0)      /* 个位数不是 5 或不能被 3 整除 */
           continue;                  /* 结束本次循环,转去 for 语句的表达式 3 */
       printf("%6d",n);
       i++;
```

```
        if(i%2 ==0) printf("\n");/* 输出两个数换一行 */
    }
    printf("\n");
}
```

程序运行结果:

```
315  345
375
```

【例 5.9】循环输入两个整数,当两个数同号时重新输入,两个数异号时停止循环并输出这两个数。

```
#include <stdio.h>
void main()
{
int a,b;
while(1)                          /* 循环条件永远为真 */
{
    scanf("%d,%d",&a,&b);
    if(a*b>0)                     /*a 和 b 同号结束本次循环 */
        continue;
    break;                        /* 强制结束 while 循环 */
}
    printf("两个异号整数为:%d 和%d",a,b);
printf("\n");
}
```

程序运行结果:

```
-8,5↙
两个异号整数为:-8 和 5
```

continue 语句和 break 语句的区别:break 语句结束整个循环过程,不再判断执行循环的条件是否成立;continue 语句只结束本次循环,继续判断下一次循环的条件是否成立,而不是终止整个循环的执行。

5.5 循环嵌套

循环的嵌套是指一个循环体内又包含另一个完整的循环结构。内嵌的循环中还可以嵌套循环,形成多重循环。

3 种循环语句可以互相嵌套,下面是几种循环嵌套形式。

```
(1)for( ;  ;)                    (2)while( )
    {…                               {…
      for( ; ; )                       while( )
      {…}                              {…}
    }                                }
```

(3) do
　{…
　　do
　　{…} while( );
　} while( );

(4) while( )
　{…
　　do
　　　{…} while( );
　}

(5) for(;　;)
　{…
　　while( )
　　{…}
　}

(6) while( )
　{…
　　for(; ;)
　　{…}
　}

【例 5.10】 输出如图 5.8 所示的九九乘法口诀表。

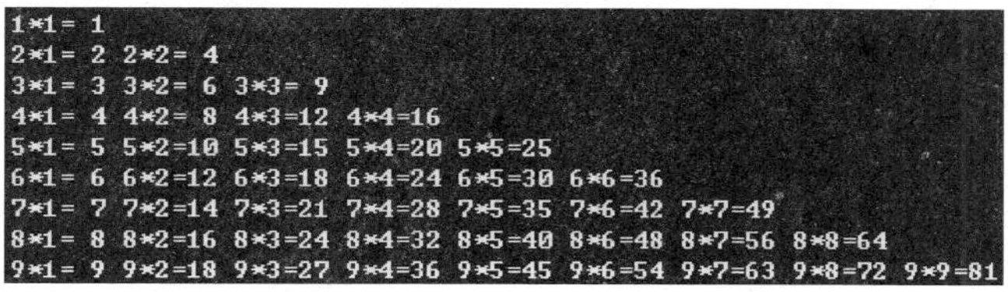
```
1*1= 1
2*1= 2 2*2= 4
3*1= 3 3*2= 6 3*3= 9
4*1= 4 4*2= 8 4*3=12 4*4=16
5*1= 5 5*2=10 5*3=15 5*4=20 5*5=25
6*1= 6 6*2=12 6*3=18 6*4=24 6*5=30 6*6=36
7*1= 7 7*2=14 7*3=21 7*4=28 7*5=35 7*6=42 7*7=49
8*1= 8 8*2=16 8*3=24 8*4=32 8*5=40 8*6=48 8*7=56 8*8=64
9*1= 9 9*2=18 9*3=27 9*4=36 9*5=45 9*6=54 9*7=63 9*8=72 9*9=81
```

图 5.8　九九乘法口诀表

```
#include <stdio.h>
void main()
{
    int i,j;
    for(i=1;i<=9;i++)                    /* 外层循环控制行 */
    {   for(j=1;j<=i;j++)                /* 内层循环控制列 */
        printf("%d*%d=%2d  ",i,j,i*j);
        printf("\n");
     }
}
```

【例 5.11】 输出如图 5.9 所示的三角形。

```
        *
      * * *
    * * * * *
  * * * * * * *
* * * * * * * * *
```

图 5.9　星号组成的三角形

```
#include <stdio.h>
void main()
{
int i,j;
for(i=1;i<=5;i++)                        /* 控制行 */
{
    for(j=1;j<=5-i;j++)                  /* 控制每行输出的空格数 */
        printf(" ");
    for(j=1;j<=2*i-1;j++)                /* 控制每行输出的星号数 */
        printf("* ");
    printf("\n");
}
```

```
}
```

5.6 goto 语 句

goto 语句是一种无条件转移语句。goto 语句的使用格式为：

```
goto 标号;
…
标号:语句;
```

其中,标号与标识符的命名规则一致。标号必须放在某条语句的前面,并在标号后面使用":"作分隔符。

功能:把程序控制转移到标号指定的语句处,它和 if 语句一起构成循环结构。

结构化程序设计方法主张限制使用 goto 语句,主要因为它使程序层次不清,破坏结构化程序的逻辑结构,且可读性差。但从多层嵌套循环中退出时,用 goto 语句比较方便。

【例 5.12】使用 if 语句和 goto 语句构成的循环求 6 的阶乘。

```
#include <stdio.h>
void main()
{
    int i,f=1;
    i=1;
    loop:if(i<=6)
      {
          f=f*i;
          i++;
          goto loop;
      }
    printf("6 的阶乘=%d\n",f);
}
```

程序运行结果:

```
6 的阶乘=720
```

【例 5.13】使用 if 语句和 goto 语句相结合,可从多重循环中直接退到所有循环外。

```
#include <stdio.h>
void main()
{
    int i,j;
    for(i=1;i<=10;i++)
        for(j=10;j<=1;j--)
            if(i*j<20)
                printf("%d ",i*j);
            else
                goto end;                /* 直接转移到标号 end 处,退出所有循环 */
    end: ;
}
```

5.7　循环结构程序设计举例

前面列举了很多关于循环结构的例子，并从不同侧面阐述了循环流程控制的过程。下面再举一些比较典型的例题，提高对循环流程控制的应用水平。

【例 5.14】 求两个整数的最大公约数和最小公倍数。

分析：最大公约数是这两个整数共有因子中最大的一个，最小公倍数是这两个整数的乘积除以最大公约数，算法如图 5.10 所示。

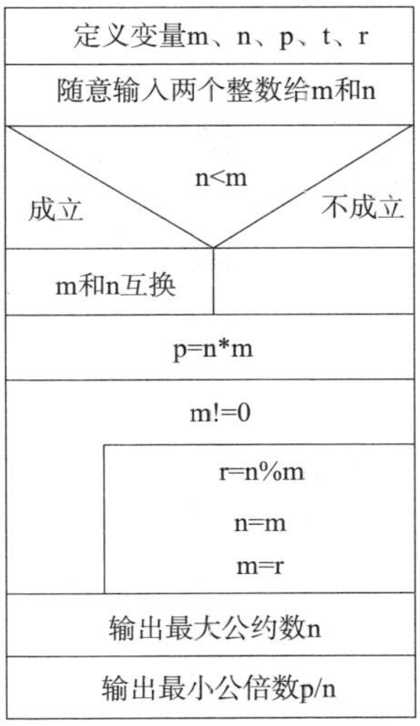

图 5.10　求最大公约数和最小公倍数的 N-S 图

```
#include <stdio.h>
void main()
{
    int m,n,p,t,r;
    scanf("%d,%d",&m,&n);
    if(n<m)          /* 如果 n<m,m 和 n 互换 */
    {
        t=n;
        n=m;
        m=t;
    }
    p=m*n;
    while(m!=0)
    {
        r=n%m;
        n=m;
        m=r;
    }
    printf("m 和 n 的最大公约数:%d\n",n);
    printf("m 和 n 的最小公倍数:%d\n",p/n);
}
```

程序运行结果：

```
12,4↙
m 和 n 的最大公约数:4
m 和 n 的最小公倍数:12
```

【例 5.15】 求 $1-(1/3)+(1/5)-(1/7)+\cdots$ 的近似值，直到最后一项的绝对值小于 10^{-6}。

分析：所求多项式中，从第二项开始，每一项的分母是前一项分母加 2，每一项的分子是前一项分子乘 -1。通过这个规律可以求出每一项的值并加到存放和的变量中，直到所求项的绝对值小于 10^{-6} 为止。算法如图 5.11 所示。

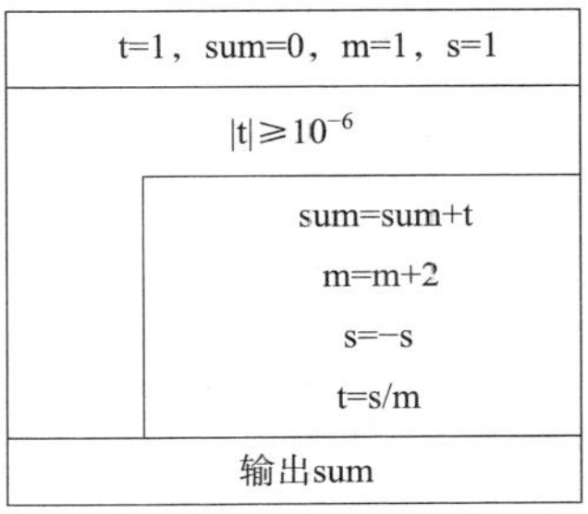

图 5.11　例 5.15 的 N-S 图

```
#include <stdio.h>
```

```
#include <math.h>
void main()
{
    int s;
    float m,t,sum;
    s=1;
    m=1;
    t=1;
    sum=0;
    while(fabs(t)>1e-6)
    {
        sum=sum+t;
        m=m+2;
        s=-s;
        t=s/m;
    }
    printf("sum=%f\n",sum);
}
```

程序运行结果：

```
sum=0.785398
```

【例 5.16】 输出斐波那契数列的前 30 个数。每输出 8 个数换一行。

斐波那契数列的特点：第 1、2 两个数为 1，从第 3 个数开始都是前两个数之和，算法如图 5.12 所示。

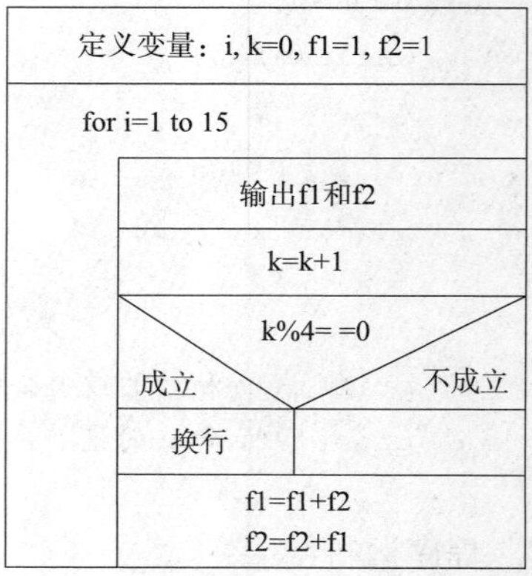

图 5.12 输出斐波那契数列前 30 项的 N-S 图

```
#include <stdio.h>
void main()
{
    int f1=1,f2=1;
    int i,k=0;
    for(i=1;i<=15;i++)
    {
        printf("%8d%8d",f1,f2);
        k=k+1;
        if(k%4==0) printf("\n");
        f1=f1+f2;
        f2=f2+f1;
    }
    printf("\n");
}
```

程序运行结果如图 5.13 所示。

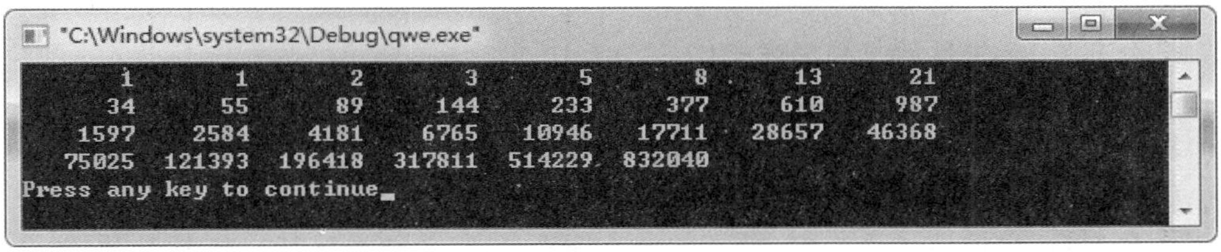

图 5.13　例 5.16 程序运行结果

【例 5.17】 输出 200 ~ 300 之间的所有素数,输出 5 个数换一行。

```
#include <stdio.h>
#include <math.h>
void main()
{
    int m,i,flag,k=0;
    for(m=201;m<300;m=m+2)
    {
        flag=1;
        fcr(i=2;i<=sqrt(m);i++)
        if(m%i==0)                          /*判断 m 能否被 i 整除*/
        {
            flag=0;
            break;
        }
        if(flag==1)
        {
            printf("%5d",m);
            k=k+1;
            if(k%5==0) printf("\n");
        }
    }
    printf("\n");

}
```

程序运行结果:

```
211  223  227  229  233
239  241  251  257  263
269  271  277  281  283
293
```

习　题　五

一、选择题

1. while(E)语句构成的循环中,表达式 E 的值为(　　)时将结束循环。

A. 0　　B. 1　　C. 2　　D. -1

2. 下面有关 for 循环的正确描述是(　　)。

A. for 循环只能用于循环次数已经确定的情况

B. for 循环是先执行循环体语句,后判断表达式

C. 在 for 循环中,不能用 break 语句跳出循环体

D. for 循环的循环体语句中,可以包含多条语句,但必须用花括号括起来

3. 下面程序段中,while 语句的循环次数是(　　)。

```
int i =0;
while(i =1) i =i+2;
```

A. 无限次　　B. 有语法错误,不能执行

C. 一次也不执行　　D. 执行一次

4. 下面程序段运行后,变量 sum 的值为(　　)。

```
int i,sum =0;
for(i =10;i >=1;i --);
    sum =sum +i;
```

A. 10　　B. 0　　C. 55　　D. 50

5. 下面程序段中,printf()函数执行的次数是(　　)。

```
int i;
for(i =10;i >=1;i --)
    printf("%d\n",i);
```

A. 3　　B. 9　　C. 10　　D. 8

6. 下面程序段运行后,输出的结果是(　　)。

```
int a =1,b =2;
for(;a <8;a ++) {b +=a;a +=2;}
    printf("%d,%d\n",a,b);
```

A. 9,18　　B. 8,11　　C. 7,11　　D. 10,14

7. 下面程序段运行后,输出的结果为(　　)。

```
char b,c;int i;
b ='a';c ='A';
for(i =0;i <4;i++)
 {if(i% 2) putchar(i+b);
  else putchar(i+c);
 }
printf("\n");
```

A. ABCD　　B. AbCd　　C. aBcD　　D. abcd

8. 下面程序段运行后,变量 a 和 b 的值分别为(　　)。

```
int i =1,a =0,b =0;
 while(i <=5)
 {
  if(i%2 ==0)
      a =a +i;
      b =b +i;
```

```
    i++;
}
printf("%d,%d\n",a,b);
```

A. 6,15　　B. 6,6　　C. 15,15　　D. 15,6

9. 下面程序段运行后，输出的结果为(　　)。

```
int i =1,sum =0;
while(i <0)
{   sum = sum +1;
    i++;
}
printf("%d\n",sum);
```

A. 10　　B. 1　　C. 0　　D. －1

10. 下面程序段运行后，输出的结果为(　　)。

```
int i,j,k,sum =0;
for(i =1;i <=10;i++)
    k =0;
    for(j =1;j <=10;j ++)
        sum = sum + j;
printf("%d\n",sum);
```

A. 0　　B. 55　　C. 550　　D. 100

二、程序填空题(填空完善程序)

1. 任意输入一个正整数给变量 n，求 1 ~ n 之间所有正整数之和。

```
#include <stdio.h>
void main()
{
    int i,n,s;
    s =0;
    scanf("%d",(1));
    for(i =1;(2);i++)
        s =s +i;
    printf("s =%d\n",s);
}
```

2. 求 100 以内能被 3 整除并能被 5 整除的所有正整数之和。

```
#include <stdio.h>
void main()
{
    int i,s;
    (1);
    for(i =1;i <=100;i++)
    {
        if((2))
        s =s +i;
    }
```

```
    printf("s = %d\n",s);
}
```

3. 下面程序的功能是求5!。

```
#include <stdio.h>
void main()
{
    int i,s = (1);
    for(i =1;i <=5;i++)
        s = (2);
    printf("5 的阶乘为:%d\n",s);
}
```

4. 下面程序的功能是:求 m 的 n 次方。

```
#include <stdio.h>
void main()
{
    int i,n,m,s = (1);
    scanf("%d,%d",&m,&n);
    for(i =1;i <=n;i++)
    (2);
    printf("%d\n",s);
}
```

5. 下面程序的功能是:找到并输出100 ~200 之间个位数为6,并且能被16 整除的数。

```
#include <stdio.h>
void main()
{
    int i;
    for(i =100;i <=200;i++)
      if((i%10 == (1)) && ((2)))
          printf("%d ",i);
}
```

6. 下面程序的功能是:任意输入一个正整数(大于3),判断它是否为素数。

```
#include <stdio.h>
#include <math.h>
void main( )
{
    int m,i;
    printf("请输入要判断的正整数:");
    scanf("%d",&m);
    for(i =2;i <= sqrt(m);i++)
        if((1))
          break;
    if((2))
        printf("%d 是素数\n",m);
    else
```

```
        printf("%d 不是素数\n",m);
}
```

7. 下面程序的功能是:从键盘输入若干个正整数,统计并输出最大数和最小数,当输入负数时结束输入。

```
#include <stdio.h>
void main()
{
    int m,max,min;
    scanf("%d",&m);
    max=m;
    min=m;
    while( (1) )
    {
        if(m>max)  max=m;
        if(m<min)  (2);
        scanf("%d",&m);
    }
    printf("最大整数=%d\n 最小整数=%d\n",max,min);
}
```

8. 下面程序的功能是:求1!+3!+5!+7!+9! 的和。

```
#include <stdio.h>
void main()
{
    int f,s;
    int i,j;
      (1);
    for(i=1;i<=9;i=i+2)
    {
        f=1;
        for(j=1;j<=i;j++)
        (2);
        s=s+f;
    }
printf("s=%d\n",s);
}
```

9. 下面程序的功能是:输出100~200之间的全部素数,每输出十个数换一行。

```
#include <stdio.h>
#include <math.h>
void main()
{
int m,k,r,n=0;
for(m=100;m<=200;m++)
{
    k=(1);
```

```
    for(r=2;r<=k;r++)
        if(m%r==0)(2);
    if(r>k)
    {
        printf("%4d",m);
        n=n+1;
        if(n%10==0) printf("\n");
    }
}
printf("\n");
}
```

10. 下面程序的功能是:求两个正整数的最大公约数。

```
#include <stdio.h>
void main()
{
    int m,n,r,p;
    scanf("%d%d",&m,&n);
    if(m<n) {p=m,m=n;n=p;}
    p=m*n;
    r=m%n;
    while(r!=0)
    {m=n;n=r;(1);}
    printf("最大公约数=%d\n",(2));
}
```

三、编程题

1. 求序列1、4、9、16、25……的前20项之和并输出。

2. 请把一个整型变量中的整数变换成逆序存放。例如,m=123,逆序处理后m=321。

3. 打印出所有的水仙花数。所谓"水仙花数"是指一个三位数,其各位数立方和等于该数。例如,153是一个水仙花数。

4. 一个球从100米高度自由落下,每次落地后反弹回原高度的一半,再落下;求它在第10次落地时,共经过多少米?第10次反弹多高?

5. 编程输出如下所示的一个菱形。

```
   *
  ***
 *****
*******
 *****
  ***
   *
```

第6章 数　组

在C语言中，为了方便处理数据，把具有相同类型的若干数据按顺序组织起来，这些按序排列的同类数据元素的集合称为数组。数组属于构造数据类型，数组中的每个元素都属于同一数据类型，可以是基本数据类型也可以是构造数据类型。

在C语言中，每个数组都有数组名，数组元素由数组名和相应的下标值来确定。根据下标的个数可以将数组分为一维数组、二维数组和多维数组。

6.1 一维数组

一维数组用于组织具有一维顺序关系的同类型数据，数组元素按先后顺序存储在一段连续的地址空间，逻辑上相邻的数组元素在存储地址上也相邻。

6.1.1 一维数组的定义和初始化

1. 一维数组的定义

一维数组的定义格式为：

```
类型说明符 数组名[常量表达式];
```

说明：

(1)类型说明符：说明数组中各元素的数据类型。

(2)数组名：数组标识符，遵循标识符命名规则。

(3)[常量表达式]：说明数组的长度，是数组中数据元素的个数。C语言中，常量表达式包含整型常量和符号常量，但不能是变量。常量表达式须用中括号括起来。

例如：

```
int array[5];
```

定义整型数组array，共有5个元素，分别是array[0]、array[1]、array[2]、array[3]、array[4]。需要注意的是，数组的长度虽然是5，但由于第一个元素的下标是从0开始的，所以最后一个元素的下标是4而不是5。

2. 一维数组的初始化

给数组元素赋值，既可以在程序运行时对数组元素动态赋值，也可以在数组定义时为各个元素赋初值，即数组的初始化。

初始化数组的一般格式为：

```
类型说明符 数组名[常量表达式]={值1,值2,…,值n};
```

说明:

(1){值1,值2,…,值n}:"{ }"中的各值为赋给各元素的初值,之间用逗号间隔。

例如:

```
int array[6]={1,2,3,4,5,6};
```

定义含有6个元素的整型数组array,并对其赋初值。a[0]的值为1,a[1]的值为2,a[2]的值为3,a[3]的值为4,a[4]的值为5,a[5]的值为6。

如果是对数组中的全部元素赋初值,即"完全初始化",可以不指定数组的长度,数组的长度默认为花括号中初值数据的个数。

例如:

```
int array[ ]={1,2,3,4,5,6};
```

也是定义有6个元素的整型数组array并赋初值。

(2)可以只给数组中的部分元素赋初值,即"不完全初始化"。

例如:

```
int a[10]={3,5,8,7,6};
```

定义含有10个元素的整型数组a并为其前5个元素赋初值,后5个元素自动赋为0。

如果想给数组中的全部元素赋0,既可以全部赋值也可以部分赋值。

例如:

```
int a[5]={0,0,0,0,0};
```

定义含有5个元素的整型数组a,全部元素的初值均为0。

```
int b[10]={0};
```

定义含有10个元素的整型数组b,并为第一个元素赋初值0,后9个元素自动赋为0。

(3)只能给数组元素逐个赋值,不能给数组整体赋值。

例如:

```
int a[5]={4,9,8,7,3};
```

定义含有5个元素的整型数组a,并对其赋初值。

```
int a[5]=4;
```

错误,不能用这种方式定义含有5个元素的整型数组a,并对其所有元素赋初值4。

6.1.2 一维数组元素的引用

数组元素和普通变量一样,也是用来存储对应类型常量值的。C语言中,不能一次引用整个数组,只能逐个引用数组中的数组元素。

数组元素的引用形式为:

```
数组名[下标]
```

说明:[下标]表示数组元素在数组中的序号,只能为整型常量、整型变量或整型表达式。数组元素的下标从0开始。

【例6.1】输出一维数组中下标为偶数的元素值。

根据题意,可表示成如图6.1所示的算法。

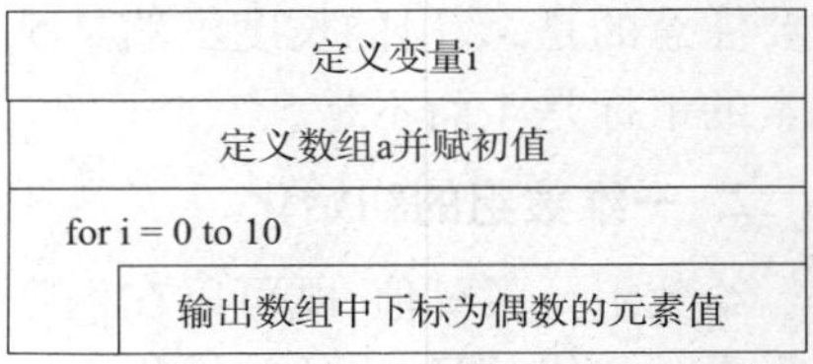

图6.1 例6.1算法

```c
#include <stdio.h>
void main( )
{
    int i;
    int a[10] = {1,12,33,4,25,-6,17,8,63,-56};        /* 定义数组 a 并赋初值 */
    for(i = 0;i <= 10;i++,i++)
        printf("a[%d] = %d\n",i,a[i]);                /* 输出数组元素 */
}
```

程序运行结果：

```
a[0] = 1
a[2] = 33
a[4] = 25
a[6] = 17
a[8] = 63
a[10] = 10
```

数组元素下标从 0 开始，因此 a[0] 是数组中的第一个元素，值为 1。其他数组元素依此类推。

数组 a 的长度为 10，下标编号为 0 ~ 9，a[10] 已不属于数组中的元素，是随机值。

6.1.3　一维数组应用举例

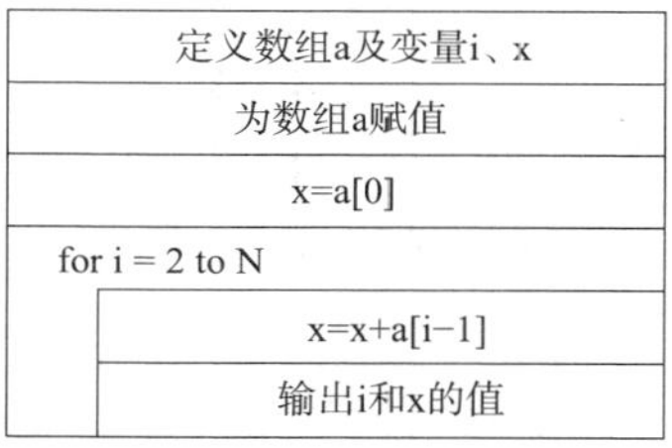

图 6.2　例 6.2 算法

【例 6.2】输入 N 个整数，依次输出前 i 个整数的和。

根据题意，可表示成如图 6.2 所示的算法：

```c
#include <stdio.h>
#define N 5
void main()
{
    int a[N],i,x = 0;                                /* 定义数组 a */
    printf("Please input the array:");
    for(i = 0;i < N;i++)                             /* 为数组 a 赋值 */
        scanf("%d",&a[i]);
    x = a[0];                                        /* 引用数组元素 a[0] */
    for(i = 2;i <= N;i++)
    {
        x += a[i - 1];
        printf("The sum of %d integers is %d\n",i,x);
    }
}
```

程序运行结果：

```
Please input the array:1 2 3 4 5 ↙
The sum of 2 integers is 3
The sum of 3 integers is 6
The sum of 4 integers is 10
```

```
The sum of 5 integers is 15
```

【例 6.3】 应用冒泡法将数组中的 5 个数据按升序排列。

冒泡法排序的基本思想:将每个数组元素看作是有重量的气泡,根据轻气泡在重气泡之上的原则,在排序过程中依次比较相邻的两个数,将较小的数放在前面,较大的数放在后面,相当于轻气泡上升,因此称作冒泡法排序。

冒泡法排序的操作方法如下:

首先比较第一个和第二个数,将小的数放在前面,大的数放在后面。然后,比较第二个数和第三个数,再将小的数放在前面,大的数放在后面,依此类推,直至最后两个数。第一趟结束时最大的数放到了最后。第二趟结束时次大数放到了倒数第二位,直至整个数列有序,排序结束。

例如,应用冒泡法将 5 个数 6、5、4、3、2 按升序排列。

第一趟排序:	6	5	4	3	2	6 >5,交换 6 和 5
	5	6	4	3	2	6 >4,交换 6 和 4
	5	4	6	3	2	6 >3,交换 6 和 3
	5	4	3	6	2	6 >2,交换 6 和 2
	5	4	3	2	6	第一趟排序结束,最大数 6 排在最后
第二趟排序:	5	4	3	2	6	5 >4,交换 5 和 4
	4	5	3	2	6	5 >3,交换 5 和 3
	4	3	5	2	6	5 >2,交换 5 和 2
	4	3	2	5	6	第二趟排序结束,次大数 5 排在倒数第二位
第三趟排序:	4	3	2	5	6	4 >3,交换 4 和 3
	3	4	2	5	6	4 >2,交换 4 和 2
	3	2	4	5	6	第三趟排序结束,4 排在倒数第三位
第四趟排序:	3	2	4	5	6	3 >2,交换 3 和 2
	2	3	4	5	6	第四趟排序结束,3 放在倒数第四位,完成排序

在利用冒泡法排序的过程中,如果有 n 个数,则要进行 n－1 趟排序,第 i 趟排序要进行 n－i 次比较,通常用双重循环实现。

根据分析,冒泡法排序可表示成如图 6.3 所示的算法。

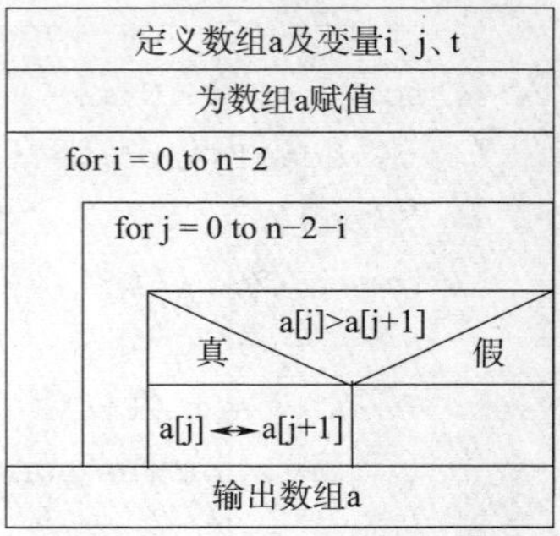

图 6.3　冒泡排序算法

```
#include <stdio.h>
void main()
{
    int i,j,t,a[5];
    printf("Please input the array:");
    for(i=0;i<5;i++)
        scanf("%d",&a[i]);
    for(i=0;i<4;i++)              /* 控制排序的趟数 */
        for(j=0;j<4-i;j++)        /* 控制每趟比较的次数 */
            if(a[j]>a[j+1])
            {
```

```
                t = a[j];
                a[j] = a[j+1];
                a[j+1] = t;
            }
    printf("the result is:");
    for(i = 0;i < 5;i++)
        printf("%d ",a[i]);
    printf("\n");
}
```

程序运行结果：

```
Please input the array:6 5 4 3 2↙
the result is:2 3 4 5 6
```

if(a[j] > a[j+1])语句用来比较前后两个相邻数组元素的大小，如果前一个元素中的值大于后一个元素中的值，则通过随后的复合语句进行两元素中值的互换。

【例 6.4】用“折半查找法”查找数组中是否存在某个整数，若存在，输出是第几个数；若不存在，则输出“查无此数”。

“折半查找法”又称“二分查找法”，其基本思想是：数组中的元素按升序排列的前提下，首先将给定值与中间位置的元素进行比较，若相等，则查找成功；若给定值小于中间位置的元素，则对前半部分元素进行折半查找；若给定值大于中间位置的元素，则对后半部分元素进行折半查找。

根据题意，可表示成如图 6.4 所示的算法。

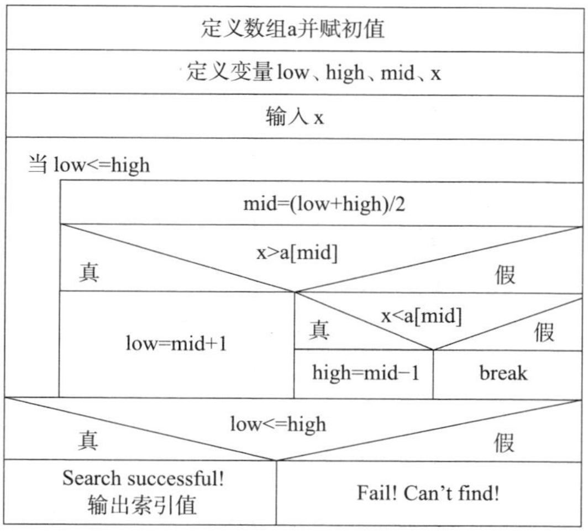

图 6.4　折半查找算法

```
#include <stdio.h>
void main()
{
    int a[10] = {7,9,12,24,35,48,57,72,86,93};
    int low = 0,high = 9,mid,x;
```

```
    printf("Please input the key:");
    scanf("%d",&x);
    while(low <= high)          /* 查找范围不为 0 时执行循环体 */
    {
        mid = (low + high)/2;   /* 求中间位置 */
        if(x > a[mid])
            low = mid + 1;      /* 确定右子表范围 */
        else if(x < a[mid])
            high = mid - 1;     /* 确定左子表范围 */
        else  break;            /*x 等于中间值,查找成功 */
    }
    if(low <= high)
        printf("Search successful!\nThe index is %d\n",mid + 1);
    else
        printf("Fail!Can't find!\n");
}
```

程序运行结果:

```
Please input the key:86↙
Search successful!
The index is 9
```

再次运行结果:

```
Please input the key:39↙
Fail!Can't find!
```

6.2 二维数组

C 语言允许构造多维数组,多维数组元素有多个下标,以表示它在数组中的位置,所以也称为多下标变量。二维数组是多维数组的一种,又称为矩阵,每个数组元素有两个下标变量,即行下标和列下标,分别用于表示行号和列号。

6.2.1 二维数组的定义

二维数组的定义格式为:

```
类型说明符 数组名[常量表达式1][常量表达式2];
```

说明:

(1)类型说明符:说明数组中各元素的数据类型。

(2)数组名:数组标识符,遵循标识符命名规则。

(3)[常量表达式 1]:说明数组第一维的长度。

(4)[常量表达式 2]:说明数组第二维的长度。

例如:

```
int a[3][4];
```

定义 3 行 4 列的二维整型数组 a,共有 12 个数组元素。分别如下:

a[0][0] a[0][1] a[0][2] a[0][3]
a[1][0] a[1][1] a[1][2] a[1][3]
a[2][0] a[2][1] a[2][2] a[2][3]

```
char ch[2][3];
```

定义 2×3 的二维字符数组 ch,共有 6 个数组元素。

```
int a =2,b =4;
int c[a][b];                       /* 错误,数组长度不能用变量 */
int a[3,4],b[3,4];                 /* 错误,不能以这种方式来定义二维数组 */
```

由于存储器是连续编址的,因此二维数组元素在存储器中也是按一维线性排列的。在 C 语言中,二维数组是按行排列的,即按行顺次存放。

例如:

```
int a[3][4];
```

定义 3×4 的二维整型数组 a,共有 12 个数组元素。在内存中存放时,先存放 a[0]行,即 a[0][0]、a[0][1]、a[0][2]和 a[0][3],再存放 a[1]行,即 a[1][0]、a[1][1]、a[1][2] 和 a[1][3],最后存放 a[2]行,即 a[2][0]、a[2][1]、a[2][2] 和 a[2][3]。

6.2.2 二维数组的初始化

二维数组既可以在程序运行时对数组元素动态赋值,也可以在定义数组时对数组进行初始化。

(1)可以对二维数组进行分行赋值。

例如:

```
int a[3][2] = {{1,2},{3,4},{5,6}};
```

{1,2}赋给第 0 行,{3,4}赋给第一行,{5,6}赋给第二行,每行元素用“{ }”括起来。

(2)可以对二维数组按行连续赋值。

例如:

```
int a[3][3] = {1,2,3,4,5,6,7,8,9};
```

根据数组列数对元素进行分割,按行存放,1、2、3 赋给第 0 行,4、5、6 赋给第一行,7、8、9 赋给第二行。

(3)可以只给二维数组中的部分元素赋初值,其余元素自动赋值为 0。

例如:

```
int a[3][2] = {{3,5},{8}};
```

数组 a 中第 0 行元素为 3、5,第一行元素为 8、0,第二行元素为 0、0。

```
int a[3][2] = {1,2,3,4};
```

根据数组列数对元素进行分割,按行存放,1、2 赋给第 0 行,3、4 赋给第一行,第二行没有对应的初值,自动赋值为 0。

(4)对二维数组的全部元素赋初值时,可以省略第一维的长度说明,但“[ ]”不能省略。

例如:

```
int a[3][2] = {1,2,3,4,5,6};
```

定义 3×2 的二维整型数组 a,共有 6 个元素,也可写成如下形式:

```
int a[ ][2] = {1,2,3,4,5,6};
```

根据数组列数对元素进行分割,按行存放,1、2 赋给第 0 行,3、4 赋给第一行,5、6 赋给第二行,因此这是一个 3 ×2 的二维整型数组。

而如下两种定义方式:

```
int a[ ][2] = {{1,2},{3,4},{5,6}};
int b[ ][2] = {{1,2},{},{5,6}};
```

虽没有定义数组第一维的长度,但由于是分行赋值,已经明确了行数,因此这是一个 3 ×2 的二维整型数组。

6.2.3 二维数组元素的引用

二维数组元素也和一维数组元素一样,是用来存储对应类型常量值的,但其引用形式与一维数组元素有所不同。

二维数组元素的引用形式为:

数组名[下标1][下标2]

【例 6.5】 求 3 ×3 的矩阵主对角线和次对角线上各元素之和,如图 6.5 所示。

分析:主对角线上各元素行下标和列下标相同,次对角线上各元素行下标和列下标之和等于 2。

根据题意,可表示成如图 6.6 所示的算法。

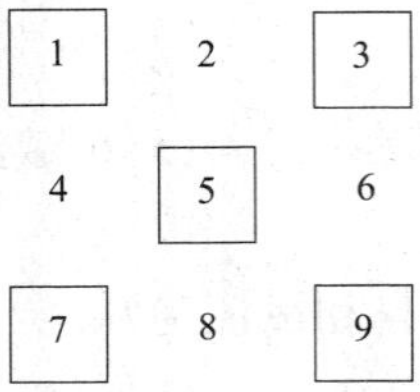

图 6.5 矩阵

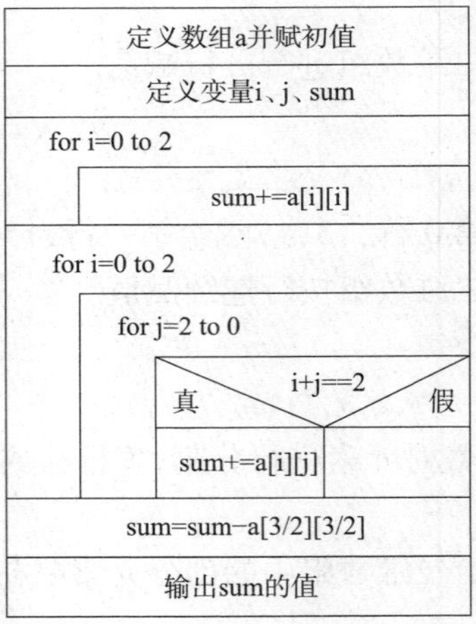

图 6.6 例 6.5 算法

```
#include <stdio.h>
void main( )
{
    int a[3][3] = {{1,2,3},{4,5,6},{7,8,9}};
    int i,j,sum = 0;
    for(i = 0;i <3;i++)
        sum += a[i][i];                /* 主对角线上的元素值加到 sum 中 */
    for(i = 0;i <3;i++)
        for(j = 2;j >= 0;j --)
```

```
        if(i+j ==2)
            sum +=a[i][j];       /* 次对角线上的元素值加到 sum 中 */
    sum =sum -a[3/2][3/2];       /* 减去一个重复的值 */
    printf("sum =%d\n",sum);
}
```

程序运行结果：

```
sum =25
```

对于一个 n×n 的矩阵来说，当 n 为奇数时，主、次对角线上都会有元素 a[n/2][n/2]。因此，求主、次对角线元素之和时，应该减去一个 a[n/2][n/2]。

6.2.4 二维数组应用举例

【例 6.6】 将 3×4 的二维数组中的第 0 列和最后一列元素的值相互交换，第一列和第二列元素的值相互交换。

根据题意，可表示成如图 6.7 所示的算法。

```
#include <stdio.h>
void main()
{
    int a[3][4] = {{5,8,9,1},{4,2,6,7},{12,13,14,
10}};
    int i,j,k;
    for(i =0;i <3;i++)
        for(j =0;j <4/2;j ++)
        {                        /* 交换元素值 */
            k =a[i][j];
            a[i][j] =a[i][3 -j];
            a[i][3 -j] =k;
        }
    for(i =0;i <3;i++)
    {
        printf("\n");
        for(j =0;j <4;j ++)
        printf("%4d",a[i][j]);
    }
    printf("\n");
}
```

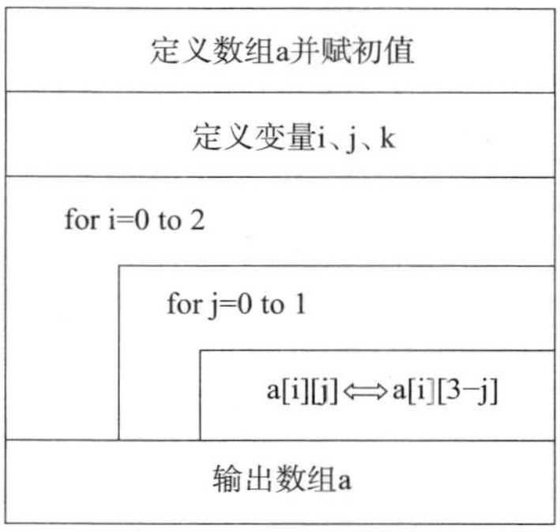

图 6.7 例 6.6 算法

程序运行结果：

```
  1   9   8   5
  7   6   2   4
 10  14  13  12
```

【例 6.7】 将 4×4 矩阵的 4 个最小值按升序存放在主对角线上。

分析：找出当前行的主对角线元素，并与其后面的矩阵元素相比较，最终将主对角线上的元素与其后续的最小元素相交换，使主对角线上的元素最小。

根据题意,可表示成如图 6.8 所示的算法。

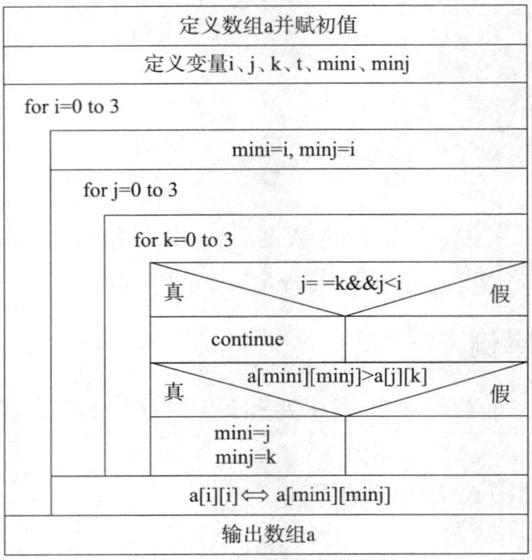

图 6.8 例 6.7 算法

```
#include <stdio.h>
void main()
{
    int a[4][4] = {{1,8,7,4},{15,6,17,9},{2,10,3,12},{13,5,28,16}};
    int i,j,k,t,mini,minj;
    for(i =0;i <4;i++)
    {
        mini =i;                          /*mini 和 minj 存放主对角线元素的下标*/
        minj =i;
        for(j =0;j <4;j ++)
            for(k =0;k <4;k ++)
            {
                if(j == k&&j < i) continue;   /*后续主对角线元素不能与前面的主对角线
                                                元素相比较*/
                if(a[mini][minj] >a[j][k])  /*后续元素大于当前行的主对角线元素*/
                {
                    mini =j;
                    minj =k;
                }
            }
        t =a[i][i];                       /*主对角线元素与最小值相交换*/
        a[i][i] =a[mini][minj];
        a[mini][minj] =t;
    }
    for(i =0;i <4;i++)
```

```
    {
        for(j=0;j<4;j++)
            printf("%5d",a[i][j]);
        printf("\n");
    }
}
```

程序运行结果：

```
 1   8   7  16
15   2  17   9
 6  10   3  12
13   5  28   4
```

【例 6.8】 给定一个一维数组，输入 1、2、3、4、5、6，将一维数组循环移动，形成以下方阵，存入二维数组中。

```
1 2 3 4 5 6
6 1 2 3 4 5
5 6 1 2 3 4
4 5 6 1 2 3
3 4 5 6 1 2
2 3 4 5 6 1
```

分析：把一维数组元素存入二维数组的第 0 行，然后将一维数组的元素循环右移一位，存入二维数组的第 1 行，依次下去，执行 6 次。

根据题意，可表示成如图 6.9 所示的算法。

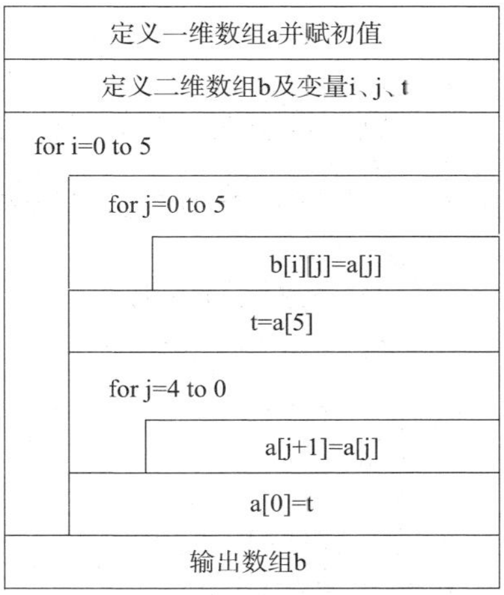

图 6.9　例 6.8 算法

```
#include <stdio.h>
void main()
{
    int a[6]={1,2,3,4,5,6};
    int b[6][6],i,j,t;
    for(i=0;i<6;i++)
    {
        for(j=0;j<6;j++)
            b[i][j]=a[j];          /* 用一维数组 a 为二维数组 b 的行赋值 */
        t=a[5];
        for(j=4;j>=0;j--)          /* 一维数组 a 循环右移 */
            a[j+1]=a[j];
        a[0]=t;
     }
    for(i=0;i<6;i++)
    {
        for(j=0;j<6;j++)
            printf("%4d",b[i][j]);
        printf("\n");
```

```
    }
}
```

程序运行结果：

```
1  2  3  4  5  6
6  1  2  3  4  5
5  6  1  2  3  4
4  5  6  1  2  3
3  4  5  6  1  2
2  3  4  5  6  1
```

6.3 字符数组

存放字符型数据的数组称为字符数组,字符数组中的每个元素都存放一个字符。

6.3.1 字符数组的定义和初始化

1. 字符数组的定义

字符数组的定义格式为：

```
char 数组名[常量表达式];
```

例如：

```
char ch[20];
```

定义字符数组 ch,共有 20 个元素。

2. 字符数组的初始化

字符数组的初始化是指在定义数组时为各个元素赋初值,既可以采用逐个字符的赋值方式,也可以采用字符串的赋值方式。

字符数组初始化的一般格式为：

```
char 数组名[常量表达式]={字符1,字符2,…,字符n};
```

说明：

(1)用字符型常量对各数组元素赋初值。

例如：

```
char c[5]={'a','b','c','d','e'};
```

定义含有 5 个元素的字符数组并赋初值。

(2)可以只给字符数组中的部分元素赋初值。

例如：

```
char c[10]={'a','b','c','d','e','f','g'};
```

定义含有 10 个元素的字符数组并赋初值,未赋初值的元素系统自动赋为'\0'。

(3)C 语言中是用字符数组存放字符串的,所以可以用字符串对字符数组初始化。

例如：

```
char c[]={"string"};
```

或

```
char c[ ] = "string";
```

定义字符数组 c 并赋初值，由于 C 语言规定以'\0'作为字符串的结束标志，因此字符数组 c 的实际长度为 7，等价于 char c[ ] = { 's', 't', 'r', 'i', 'n', 'g', '\0'};，如图 6.10 所示。

c	s	t	r	i	n	g	\0

图 6.10　字符数组 c 中的值

6.3.2　字符数组的输入/输出

1. 字符数组的输入

(1)逐个字符输入。

① 使用 getchar( )函数输入。

例如：

```
char c[5];
int i;
for(i =0;i <5;i++)
    c[i] =getchar();
```

② 使用 scanf( )函数的“%c”格式输入。

例如：

```
char c[5];
int i;
for(i =0;i <5;i++)
    scanf("%c",&c[i]);
```

(2)使用 scanf( )函数的“%s”格式输入字符串。

例如：

```
char c[7];
scanf("%s",c);
```

从键盘输入：

```
string↙
```

数组 c 得到字符串"string"，存储形式如图 6.10 所示。由于输入的是一个字符串，存储时系统自动在最后加一个'\0'。

如果利用一个 scanf( )函数输入多个字符串，则在输入时以空格作为分隔符。

例如：

```
char c1[20],c2[20];
scanf("%s%s",c1,c2);
```

从键盘输入：

```
ChangChun  China
```

数组 c1 得到的是字符串"ChangChun"，数组 c2 得到的是字符串"China"。

注意：

①scanf("%s",c)；语句中的 c 是数组名，代表数组的首地址，所以前面不加“&”。

②scanf( )函数以“%s”格式输入字符串时，从键盘输入的数据，以回车符作为输入结束标

志,以空格符作为字符串间的分隔符。

2. 字符数组的输出

(1)逐个字符输出。

① 使用 putchar( )函数输出。

例如:

```
char c[5] = {'a','b','c','d','e'};
int i;
for(i = 0;i < 5;i++)
    putchar(c[i]);
```

② 使用 printf( )函数的“%c”格式输出。

例如:

```
char c[5] = {'a','b','c','d','e'};
int i;
for(i = 0;i < 5;i++)
    printf("%c",c[i]);
```

(2)使用 printf( )函数的“%s”格式输出字符串。

例如:

```
char c[5] = "abcd";
printf("%s",c);                    /*c 是数组名 */
```

printf( )函数用“%s”格式输出字符串时,后面的参数如果是地址,就从此地址开始逐个取出字符,如果不是结束符就输出,如果是结束符就停止输出。因此,输出的字符串遇到第一个结束符就停止输出,不输出结束符。

【例 6.9】 通过 scanf( )和 printf( )函数输入和输出字符串。

```
#include <stdio.h>
void main( )
{
    char c[10];
    scanf("%s",c);
    printf("%s\n",c);
}
```

程序运行结果:

```
China↙
China
```

再次运行结果:

```
China American Japan↙
China
```

6.3.3 字符串处理函数

C 语言提供了丰富的字符串处理函数,用于字符串的输入、输出、合并、复制和比较等,大大方便了用户的使用。使用字符串处理函数时应包含头文件 string. h。

1. 字符串输入函数

格式：gets（字符数组名）

功能：从终端输入一个字符串到字符数组。

返回值：字符数组的首地址。

2. 字符串输出函数

格式：puts（字符数组名）

功能：把字符数组中的字符串输出到终端。

返回值：成功，返回非负数，失败，返回 EOF。

【例 6.10】 输入一个字符串存放到数组中，将其中的数字字符取出，放入另一个数组中，然后将该数组中的数字字符以字符串的形式输出。

根据题意，可表示成如图 6.11 所示的算法。

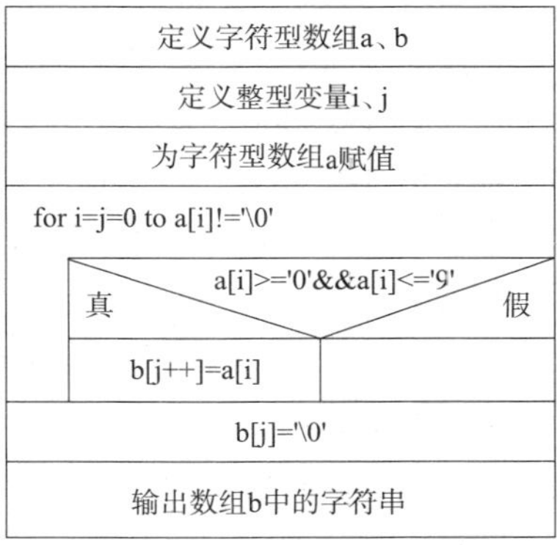

图 6.11　例 6.10 算法

```
#include <stdio.h>
#include <string.h>
void main()
{
    char a[50],b[30];
    int  i,j;
    printf("Please input a string:");
    gets(a);                                /* 输入字符串给数组 a */
    for(i=j=0;a[i]!='\0';i++)
        if(a[i]>='0'&&a[i]<='9')            /* 将数组 a 中的数字字符取出并赋给数组 b */
            b[j++]=a[i];
    b[j]='\0';                              /* 为数组 b 添加字符串结束标志 */
    puts(b);
}
```

程序运行结果：

```
Please input a string:999 roses↙
999
```

注意：

①gets()函数将输入的字符串末尾加'\0'赋给数组，因此数组的长度至少要比字符串的长度大 1。

②用 gets()函数输入字符串时以回车符结束输入。输入的字符串中若含有空格，也作为字符串的一部分输入，并不以空格符作为该字符串结束的标志。

3. 字符串复制函数

格式：strcpy（字符数组名 1，字符数组名 2）

功能：把字符数组 2 中的字符串连同字符串结束标志'\0'一起复制到字符数组 1 中。字符数组名 2 也可以是一个字符串常量，相当于把字符串赋给一个字符数组。字符数组 1 定义时要足够大,能够容纳复制过来的新字符串。

返回值:字符数组1首地址。

4. 字符串比较函数

格式:strcmp(字符数组名1,字符数组名2)

功能:比较两个字符数组中的字符串,并由函数值返回比较的结果。

比较规则:依据 ASCII 码值比较两个数组中的字符串,按照自左至右的顺序逐个字符相比较,直到出现不同的字符或遇到'\0'为止。若全部字符相同,则认为两字符串相等;若出现不同的字符,则以第一个不同的字符的比较结果为准。

函数中的参数可以是数组名,也可以是字符串常量。

返回值:

(1)返回值 =0 表示字符串1 = 字符串2。

(2)返回值 >0 表示字符串1 > 字符串2。

(3)返回值 <0 表示字符串1 < 字符串2。

例如:

```
strcmp(str1,str2);                  /* 比较 str1 和 str2 两数组中的字符串 */
strcmp("A","B");                    /* 比较字符串"A"和"B" */
strcmp("ChangChun","BeiJing");      /* 比较字符串"ChangChun"和"BeiJing" */
```

【例 6.11】 比较 3 个字符串的大小,输出最小者。

根据题意,可表示成如图 6.12 所示的算法。

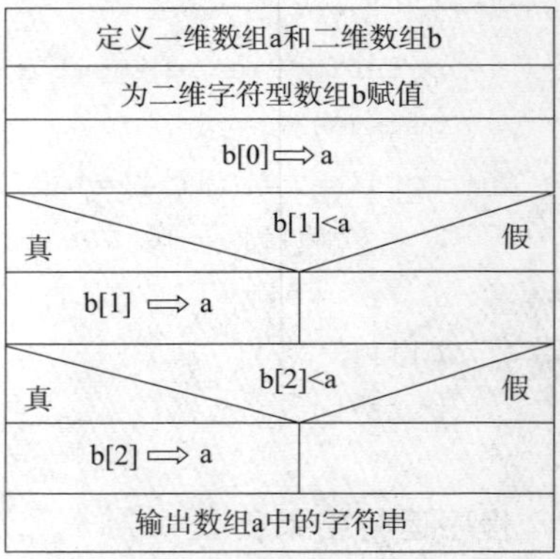

图 6.12 例 6.11 算法

```
#include <stdio.h>
#include <string.h>
void main()
{
    char a[20],b[3][20];
    int  i;
    printf("Please input 3 strings:\n");
    for(i=0;i<3;i++)
        gets(b[i]);          /* 为二维数组 b 赋值 */
    strcpy(a,b[0]);          /* 假设 b[0]中的字符串
                                是最小的 */
    if(strcmp(b[1],a)<0)  /* 字符串比较 */
        strcpy(a,b[1]);
    if(strcmp(b[2],a)<0)
        strcpy(a,b[2]);
    puts(a);
}
```

程序运行结果:

```
Please input 3 strings:
tulip↙
lily↙
canna↙
```

```
canna
```

5. 字符串连接函数

格式:`strcat(字符数组名 1,字符数组名 2)`

功能:把字符数组 2 中的字符串连接到字符数组 1 中字符串的后面,连接时自动删除字符串 1 的结束标志'\0'。字符数组 1 定义时要足够大,能够容纳两个字符串连接后形成的新字符串。

返回值:字符数组 1 的首地址。

6. 测试字符串长度函数

格式:`strlen(字符数组名)`

功能:测试字符串的长度。

返回值:字符串实际长度(不包含字符串结束标志'\0')。

例如:

```
char str[10] = "ChangChun";
strlen(str);              /* 测试 str 数组中字符串的长度,结果为 9 */
```

字符数组名可以换成字符串常量,表示直接测试字符串常量的长度。

```
strlen("ChangChun");      /* 测试字符串常量的长度,结果为 9 */
```

【例 6.12】 输入两个字符串,将长的连接到短的字符串后面,形成一个新的字符串并输出。

根据题意,可表示成如图 6.13 所示的算法。

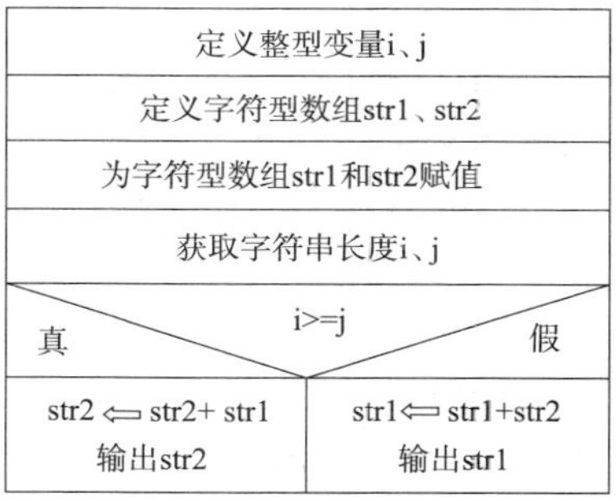

图 6.13 例 6.12 算法

```
#include <stdio.h>
#include <string.h>
void main( )
{
    int i,j;
    char str1[80],str2[80];
    printf("Please input 2 strings:\n");
    gets(str1);          /* 为字符数组 str1 赋值 */
    gets(str2);
    i = strlen(str1);    /* 获取字符数组 str1 的长度 */
    j = strlen(str2);
    if(i >= j)
    {
        strcat(str2,str1);
        printf("str2 = %s \n",str2);
    }
    else
    {
        strcat(str1,str2);
        printf("str1 = %s \n",str1);
    }
```

```
}
```

程序运行结果:

```
Please input 2  strings:
Most fruit trees ↙
flower in the spring. ↙
str1 = Most fruit trees flower in the spring.
```

6.3.4 字符数组应用举例

【例 6.13】把字符数组中下标为奇数的元素按从小到大的顺序排列,并输出。

根据题意,可表示成如图 6.14 所示的算法。

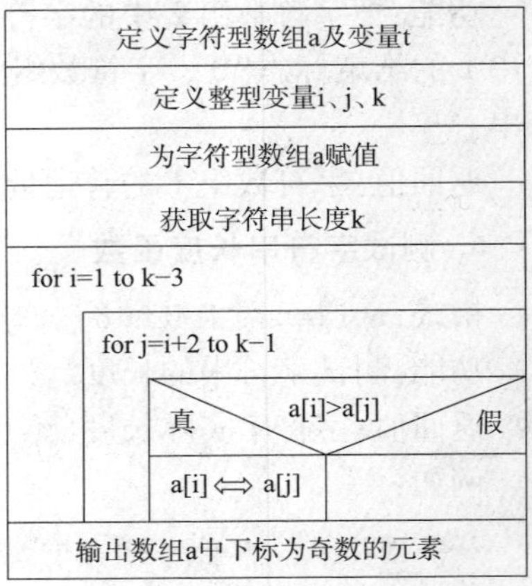

图 6.14 例 6.13 算法

```
#include <stdio.h>
#include <string.h>
void main()
{
    char a[20],t;
    int i,j,k;
    printf("Please input a string:");
    gets(a);
    k = strlen(a);
    for(i = 1;i < k - 2;i+= 2)          /* 为数组 a 中下标为奇数的元素排序 */
        for(j = i+2;j < k;j += 2)
            if(a[i] > a[j])
            {
                t = a[i];
                a[i] = a[j];
                a[j] = t;
            }
    for(i = 1;i <= k;i+= 2)             /* 输出数组 a 中下标为奇数的元素 */
        printf("%c",a[i]);
    printf("\n");
}
```

程序运行结果:

```
Please input a string:fcdbea ↙
abc
```

【例 6.14】输入 5 个字符串,在每个字符串中找出最大字符,按一一对应的顺序放入一维数组 str2 中,即第 i 个字符串的最大字符放在 str2[i]中,输出此数组元素及下标。

根据题意,可表示成如图 6.15 所示的算法。

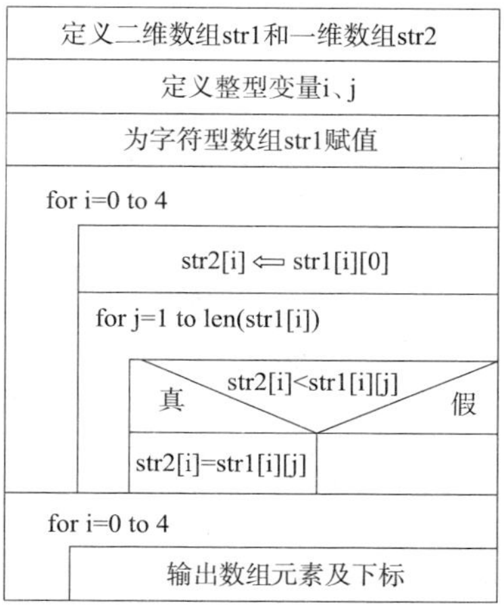

图 6.15 例 6.14 算法

```
#include <stdio.h>
#include <string.h>
void main()
{
    char str1[5][20],str2[5];
    int i,j;
    printf("Please input 5 strings:\n");
    for(i=0;i<5;i++)          /* 为二维字符数组 str1 赋值 */
        gets(str1[i]);
    for(i=0;i<5;i++)          /* 找出二维字符数组 str1 每行的最大值赋给数组 str2 */
    {
        str2[i]=str1[i][0];
        fcr(j=1;str1[i][j]!='\0';j++)
            if(str2[i]<str1[i][j])
                str2[i]=str1[i][j];
    }
    for(i=0;i<5;i++)
        printf("%d----%c\n",i,str2[i]);
}
```

程序运行结果:

```
Please input 5 strings:
jasmine↙
morning glory↙
cosmos↙
marigold↙
orchid↙
0----s
1----y
```

```
2 ----s
3 ----r
4 ----r
```

【例 6.15】 输入一个字符串，删除其中的重复字符，形成一个新的字符串并输出。

根据题意，可表示成如图 6.16 所示的算法。

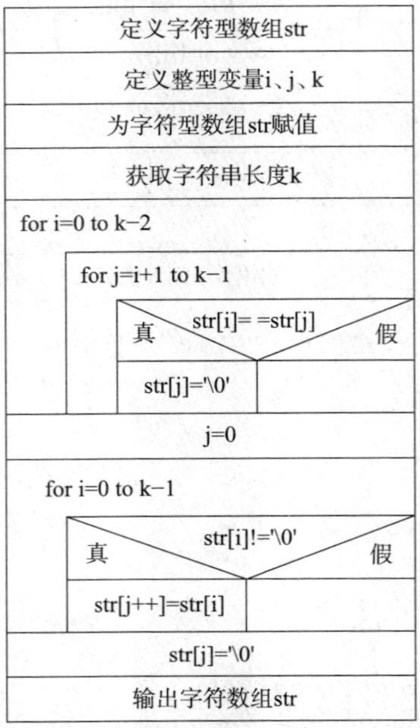

图 6.16 例 6.15 算法

```
#include <stdio.h>
#include <string.h>
void main()
{
    char str[50];
    int i,j,k;
    printf("Please input a string:");
    gets(str);                       /* 为字符数组 str 赋值 */
    k = strlen(str);                 /* 获取字符数组 str 中字符串的长度 */
    for(i = 0;i < k - 1;i++)
        for(j = i+1;j < k;j ++)
            if(str[i] == str[j])
                    str[j] = '\0';   /* 将字符数组 str 中重复的字符替换为'\0' */
    for(j = 0,i = 0;i < k;i++)       /* 删除字符数组 str 中的'\0' */
        if(str[i]!= '\0')
            str[j++] = str[i];
    str[j] = '\0';                   /* 为字符数组 str 添加字符串结束标志 */
    puts(str);
```

```
}
```

程序运行结果：

```
Please input a string:Mississippi↙
Misp
```

习　题　六

一、选择题

1. 若有定义：int a[5]；，则不能代表数组元素 a[1]地址的是（　　）。
   A. &a[0] +1　　B. &a[1]　　C. &a[0] ++　　D. a +1
2. 已知：int a[10]，则对 a 数组元素的正确引用是（　　）。
   A. a[10]　　B. a[3.5]　　C. a(5)　　D. a[10 - 10]
3. 以下能对一维数组 a 进行正确初始化的是（　　）。
   A. int a[5];
   B. int a[3] = {0,1,2,3};
   C. int a[3];
      a = {0,1,2,3,4};
      for(i =0; i <3; i ++)
         scanf("%d ", a);
   D. int a[5];
      for(i =0; i <5; i ++)
         scanf("%d", &a[i]);
4. 以下对二维数组 a 的正确定义是（　　）。
   A. int a[3][ ];　　B. float a(3,4);
   C. double a[3][4];　　D. float a(3)(4);
5. 已知：int a[3][4] = {0}，则下面正确的叙述是（　　）。
   A. 只有元素 a[0][0]可得到初值 0
   B. 此说明语句是错误的
   C. 数组 a 中的每个元素都可得到初值，但其值不一定为 0
   D. 数组 a 中的每个元素均可得到初值 0
6. 下面程序段的输出结果是（　　）。

```
int n,a[3][3] = {1,2,3,4,5,6,7,8,9};
for(n =0;n <3;n ++)  printf("%d ",a[n][n]);
```

   A. 1,5,9　　B. 1 2 3　　C. 1 5 9　　D. 1,2,3
7. 下面程序段的运行结果是（　　）。

```
char c[5] = {'a','b','\0','c','\0'};
printf("%s",c);
```

   A. 'a''b'　　B. ab
   C. abc　　D. 以上答案均有错误
8. 要使字符数组 str 存放一个字符串"progress"，正确的定义语句是（　　）。
   A. char　str[8] = {'p','r','o','g','r','e','s','s'};
   B. char　str[8] = "progress";
   C. char　str[ ] = {'p','r','o','g','r','e','s','s'};

D. char str[ ] = "progress"

9. 有两个字符数组 a、b,则以下正确的输入格式是( )。

A. gets(a, b);
B. scanf("%s%s", a, b);
C. scanf("%s%s",&a,&b);
D. gets("a"); gets("b");

10. 若有语句:char s1[10], s2[10] = "books";,则能将字符串 books 赋给字符数组 s1 的语句是( )。

A. s1 = "books";
B. strcpy(s1, s2);
C. s1 = s2;
D. strcpy(s2, s1);

二、程序填空题(填空完善程序)

1. 下面程序的功能是:把输入的十进制整数以十六进制的形式输出。

```
#include <stdio.h>
void main()
{
    char b[] = "0123456789ABCDEF";
    int c[64],d,i = 0,base = 16;
    int n;
    printf("Please input a long integer:");
    scanf("%d",&n);
    do
    {
        c[i] = (1);
        i++;
        n = n/base;
    }while((2));
    for(--i;i >= 0; --i)
    {
        d = c[i];
        printf("%c",b[d]);
    }
    printf("\n");
}
```

2. 下面程序的功能是:从键盘循环输入若干个学生的成绩,计算出平均成绩,并输出低于平均分的学生成绩,输入负数时结束输入。

```
#include <stdio.h>
void main()
{
    int  x[50],sum = 0,a,n = 0,i;
    float ave;
    printf("Please input  scores:");
    scanf("%d",&a);
    while(a >= 0&&n < 50)
```

```
    {
        sum += a;
        x[n] = a;
        n-+;
        (1);
    }
    ave = sum*1.0/n;
    printf("average = %5.1f\n",ave);
    printf("scores below the average:");
    for(i = 0;i < n;i++)
        if((2))
            printf("%3d",x[i]);
    printf("\n");
}
```

3. 下面程序的功能是：输出数组 str 中行号与列号之和为 3 的数组元素。

```
#include <stdio.h>
void main( )
{
    char str[4][3] = {'h','a','n','d','k','e','r','c','h','i','e','f'};
    int x,y,z;
    for(x = 0;x < 4;x ++)
        for(y = 0;(1);y ++)
        {
            z = x + y;
            if((2))
                printf("%c\n",str[x][y]);
        }
}
```

4. 下面程序的功能是：输入一个 3×3 的整数矩阵，求两条对角线元素中各自的最大值。

```
#include <stdio.h>
void main()
{
    int s[3][3],max1,max2,x,i,j;
    printf("Please input the array:");
    for(i = 0;i < 3;i++)
        for(j = 0;j < 3;j ++)
        {
            scanf("%d",&x);
            s[i][j] = x;
        }
        max1 = (1);
        max2 = (2);
```

```
    for(i=1;i<3;i++)
      for(j=0;j<3;j++)
      {
          if(max1<s[i][i])
              max1=s[i][i];
          if(i+j==2&&max2<s[i][j])
              max2=s[i][j];
      }
    printf("max1=%d\n",max1);
    printf("max2=%d\n",max2);
}
```

5. 下面程序的功能是:将数组 a 的元素按行求和并存储到数组 s 中。

```
#include<stdio.h>
void main()
{
    int s[3]={0},i,j;
    int a[3][4]={{1,2,3,4},{5,6,7,8},{9,10,11,12}};
    for(i=0;i<3;i++)
    {
        for(j=0;(1);j++)
            (2);
        printf("%4d",s[i]);
    }
    printf("\n");
}
```

6. 下面程序的功能是:检查一个 4×4 矩阵是否对称。

"对称矩阵(Symmetric Matrices)"是指元素以主对角线为对称轴对应相等的矩阵。在线性代数中,对称矩阵是一个方形矩阵,其转置矩阵和自身相等。

```
#include<stdio.h>
void main()
{
    int a[4][4]={1,2,3,4,2,2,5,6,3,5,3,7,4,6,7,4};
    int i,j,(1);
    for(i=0;i<4;i++)
        for(j=0;j<4;j++)
            if((2))
            {
                k=1;
                break;
            }
    if(k) printf("The matrix isn't symmetric.");
```

```
    else printf("The matrix is symmetric.");
}
```

7. 下面程序的功能是:将一个字符数组中的字符串前后颠倒。例如,字符串原来为"abcd",颠倒后的字符串为"dcba"。

```
#include <stdio.h>
#include <string.h>
void main()
{
  int i,j;
  char str[] = "yadnus",s;
  for(i = 0,j = (1);i < j;i++,(2))
  {
      s = str[i];
      str[i] = str[j];
      str[j] = s;
  }
  printf("%s\n",str);
}
```

8. 下面程序的功能是:最多从键盘上输入 99 个字符,遇到回车则停止输入,遇到空格则换成字符'_',其他字符不变。然后,依次将字符送入数组 c 中并输出。

```
#include <stdio.h>
#include <string.h>
void main()
{
    int  i;
    char  ch,c[100];
    printf("Please input characters:");
    for(i = 0;i < 100;i++)
    {
        if((ch = getchar()) == '\n')
            (1);
        if(ch == ' ')
            (2);
        c[i] = ch;
    }
    c[i] = '\0';
    puts(c);
}
```

9. 下面程序的功能是:对从键盘上输入的两个字符串进行比较,然后输出两个字符串中第一个不相同字符的 ASCII 码之差。

```
#include<stdio.h>
#include<string.h>
void main()
{
    char str1[50],str2[50];
    int i,s;
    printf("Please input  string1:");
    gets(str1);
    printf("\nPlease input  string2:");
    gets(str2);
    i=0;
    while(str1[i]==str2[i]&& (1))
        i++;
    s=(2);
    printf("\n%d\n",s);
}
```

10. 下面程序的功能是:在任意的字符串中,输出与给定字符相等的所有元素的下标。

```
#include<stdio.h>
#include<string.h>
void main()
{
    char a[50],c;
    int i;
    printf("Please inputa string:");
    gets(a);
    printf("Please input  a character:");
    scanf("%c",&c);
    printf("\n");
    for((1);a[i]!='\0';i++)
        if((2))
            printf("%5d",i);
    printf("\n");
}
```

三、编程题

1. 用插入法对一维数组中的元素进行降序排序。

2. 把斐波那契(Fibonacci)数列的前十项保存到一维数组中,并以一行五项的形式输出。斐波那契数列的形式为1、1、2、3、5、8、……

3. 从一个字符串中删除指定字符。

4. 把从键盘输入的一个数字字符串转换为一个整数并输出。

5. 输出杨辉三角形的前六行。

```
1
1  1
1  2  1
1  3  3  1
1  4  6  4  1
1  5  10  10  5  1
```

第7章 函 数

C程序是由函数构成的，不仅可以调用系统提供的库函数，也可以自己定义一些函数。程序的功能比较多，规模比较大时，如果把完成所有功能的代码都写在一个主函数中，阅读和维护会变得困难。所以，通常将具有不同功能的代码写在不同的函数中，再由主函数来调用，可使程序简洁、明了。

7.1 C语言函数概述

面向过程程序设计的主要特点是结构化编码和模块化设计。前面的章节初步介绍了结构化编码的基本思想，已经证明，由顺序结构、选择结构、循序结构组成的算法结构可以解决任何复杂的问题（1966年由Boehm和Jacopini证明）。那么，如何去理解模块化设计呢？这就是本章要介绍的用函数来实现模块化的思想。

C语言编写的程序可以由多个源程序文件组成，而每个源程序文件可以由多个函数组成，其基本结构如图7.1所示。虽然前面各章的程序中都只有一个主函数main()，但实际应用中的程序往往是由多个函数组成的，也就是说，并不是由主函数一次性地把所有的任务全完成，而是把一个较大的、复杂的程序分解成多个函数模块，每个函数模块独立实现比较简单的功能，互不干扰，模块之间可以相互调用、相互配合，以完成复杂的功能。因此，C语言源程序是由函数组成的，函数是C语言源程序的基本模块。

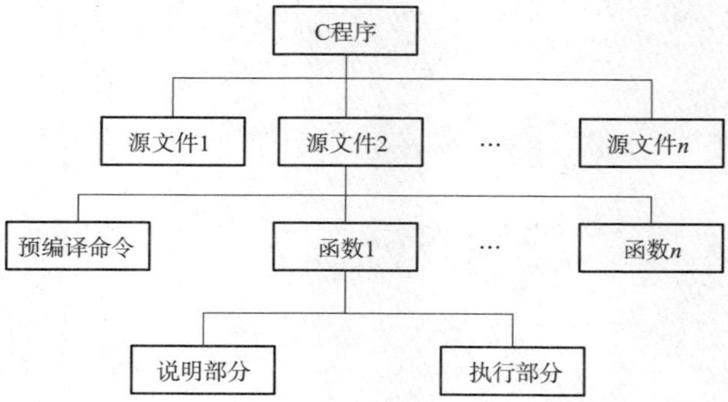

图7.1 C程序基本结构

一个C语言源程序必须有且仅有一个main()函数。C程序总是从main()函数开始执行，程序中一旦调用了某个函数，main()函数就暂停执行，转去执行被调用的函数，函数执行完毕后，返回到main()函数中调用它的地方，从暂停的位置继续执行，最后由main()函数结束整个程序。函数之间也可以任意调用，但任何函数都不能调用main()函数。

函数之间的调用是一种主动与被动的关系,习惯上,把调用者称为主调函数,被调用者称为被调函数。一个函数既可以是主调函数,又可以是被调函数。

从用户使用的角度来看,函数可分为两大类:库函数和用户自定义函数,两者最大的区别在于函数是否需要用户自己编写。

(1)库函数。C 语言提供了丰富的库函数,能够完成常用的数学计算、字符操作、输入/输出等功能,前面各章中的 printf()、scanf()、getchar()、putchar()、gets()、puts()、strcat()等函数均属于库函数,这些函数由 C 语言编译系统提供,用户无须定义,只需用#include 命令将相应的头文件包含进来,就可以在程序中直接调用这些库函数。

在调用库函数时,必须弄清楚以下几点:

①需要包含的头文件。

②函数的名称和功能。

③函数参数的个数和顺序,每个参数的类型和含义。

④函数返回值的类型和含义。

【例 7.1】 计算任意数的 n 次幂。

```
#include <stdio.h>
#include <math.h>                                    /* 包含定义 pow()函数的头文件 */
void main()
{
    double x,y;
    printf("请输入底数:");
    scanf("%lf",&x);
    printf("请输入幂:");
    scanf("%lf",&y);
    printf("%.2lf 的%.2lf 次幂是:%.2lf\n",x,y,pow(x,y));    /* 调用 pow()库函数 */
}
```

程序运行结果:

```
请输入底数:3.5↙
请输入幂:2↙
3.50 的 2.00 次幂是:12.25
```

说明: C 语言库函数中包含计算 x^y 的数学函数 pow(),该函数的定义位于头文件 math.h 中,函数原型为 double pow(double,double),该函数有两个参数,类型均为 double 型,含义分别是底数和幂次,函数返回的值也是 double 型,因此,main()函数中输入底数和幂次的值后,调用库函数 pow()计算结果。

(2)用户自定义函数。当问题较为复杂时,仅使用库函数不能解决所有问题,用户需要根据情况自己定义出具有特定功能的函数,解决用户某种功能的需要,这类函数称为用户自定义函数。

7.2 函数的定义

7.2.1 函数定义的一般形式

C 语言函数的定义由函数头和函数体两部分组成,一般形式为:

```
函数类型  函数名([形式参数列表])            /* 函数头 */
{
    声明部分;                              /* 函数体 */
    语句部分;
}
```

(1)函数头:

①函数类型:定义函数时,要明确指定函数值的类型,即函数被调用时带回的返回值的类型(缺省时,默认类型为 int 型)。如果一个函数没有返回值,则函数类型必须指定为 void,表示此函数是空类型,无返回值。

②函数名:函数名必须是一个合法的标识符,遵循 C 语言标识符的命名规则,在程序中必须是唯一的,并且不能与本文件中的其他函数或变量重名。

③形式参数列表的格式为:

```
数据类型  参数1[,数据类型  参数2…]
```

如果有多个形参,各个形参之间用逗号分隔,每个参数必须分别给出数据类型的说明。

函数的参数分有两种:形式参数(简称形参)和实际参数(简称实参)。形参出现在函数的定义中,只能在本函数体内使用。实参出现在主调函数中,用于在函数调用时向被调函数传递数据。

(2)函数体:函数定义中,由{}扩起来的部分称为函数体。其中:

①声明部分:对函数体内部所用到的变量进行类型说明。

②语句部分:由顺序结构、选择结构、循环结构编写的函数代码,是函数功能的体现。

从函数定义的形式划分,函数可分为无参函数和有参函数。

(1)无参函数:指形式参数列表为空的函数。在调用无参函数时,主调函数不向被调函数传递数据。

【例 7.2】无参函数示例。

```
void output()
{
    printf("************************** \n");
    printf("*****C Programming****** \n");
    printf("************************** \n");
}
```

说明:本例定义了一个无参函数 output(),功能是输出图形和文字。无参函数返回或不返回函数值均可,但一般情况下都不返回值,此时函数类型写为 void。

(2)有参函数:也称为带参函数,在函数定义时有形式参数,函数调用时主调函数必须向被调函数传递实际参数。

【例 7.3】有参函数示例。

```
int max(int a,int b)
{
    return a>b?a:b;
```

```
}
```

说明:本例定义了一个有参函数max(),第一行函数头中函数类型为int,表示该函数返回一个int类型的数据,形式参数列表中给出两个参数a和b,类型均为int。从函数体可以看出,该函数的功能是返回两个整数中的最大值。

(3)空函数:在实际编程时,往往是先设计好一些基本的框架,等待以后再逐步细化,这时,可以先定义一个空函数。

【例7.4】空函数示例。

```
void  empty()
{

}
```

C语言中,空函数就是函数体为空、没有参数的函数,主要作用是先占一个位置,暂时没有任何功能,以后再编写函数体。

7.2.2 函数的返回值

函数的返回值是指函数被调用时,被调函数的函数体执行完毕后,返回给主调函数的值。函数的返回值是在函数体中利用return语句给出的。

return语句的一般格式为:

```
return(返回值表达式);
```

或

```
return  返回值表达式;
```

当执行到return语句时,被调函数执行过程结束,返回到主调函数,并将返回值表达式的值带回给主调函数。

【例7.5】定义一个计算圆柱体体积的函数。

```
double cylinder(double r,double h)
{
    double v;
    v =3.14 *r *r *h;          /* 计算圆柱体体积 */
    return v;                  /* 返回结果 */
}
```

说明:本例中,cylinder()是一个用户自定义的函数,功能是根据参数给出的半径r和高度h计算圆柱体的体积,并将计算结果返回。

关于函数的返回值,需要注意以下几点:

(1)return语句中返回值表达式的类型应与函数头中的函数类型一致,如果不一致,则以定义时的函数类型为准,系统自动完成类型转换。

(2)当函数类型不是void时,函数体中必须明确使用return语句来指明返回值。

(3)当函数类型是void时,return语句中不应包含返回值表达式,只写成“return;”,表示函数没有返回值,只是让程序返回到主调函数中。

(4)当函数类型是void时,函数体中允许没有return语句,此时,函数体执行完毕后,自动返回到主调函数中。

(5)函数体中允许出现多个 return 语句,但每次调用时只能有一个被执行。

7.3 函数的调用

C 语言程序通过对函数进行调用来执行函数体中的语句,实现函数的功能。

7.3.1 函数调用的形式

函数调用的一般形式为:

函数名(实际参数列表)

运行 C 语言程序时,如果遇到函数调用,执行过程如下:

(1)根据函数名找到被调函数,按顺序计算各个实参的值,并将实参的值传递给形参,若没找到被调函数,或调用形式不正确,系统将提示出错信息。

(2)暂停主调函数,转到被调函数,形参接受实参的值。

(3)执行被调函数的函数体。

(4)遇到 return 语句或函数执行完毕后,返回主调函数,带回函数返回值。

(5)从主调函数的暂停位置继续执行。

【例 7.6】输入圆柱体的半径和高,计算圆柱体的体积。

```
#include <stdio.h>
double cylinder(double r,double h)
{
    double v;
    v =3.14 *r *r *h;       /* 计算圆柱体体积 */
    return v;               /* 返回结果 */
}
void main()
{
    double height,radius,volume;
    printf("请输入半径和高:");
    scanf("%lf%lf",&radius,&height);
    volume =cylinder(radius,height);
    printf("圆柱体体积为:%.3f\n",volume);
}
```

程序运行结果:

```
3.0  8.0↙
圆柱体体积为:226.080
```

说明:程序从 main()函数开始执行,输入圆柱体的半径和高度后,调用 cylinder()函数计算得到圆柱体的体积,将计算结果返回给 main()函数,最后在 main()函数中输出。

函数调用的方式主要有以下 3 种:

1. 作为表达式的一部分

当函数有返回值时，函数调用可以出现在表达式中，函数的返回值参与表达式的运算。

例如：

```
c = 3 *max(a,b);            /* 在赋值表达式中调用函数 max() */
if(exp(n) > 10)             /* 在条件表达式中调用函数 exp() */
```

2. 函数返回值作为另一个函数的实参

函数返回值作为调用另一个函数时的实际参数，这种情况是把该函数的运行结果作为实参进行数据传递。

例如：

```
pow(fabs(x),y)              /* 把 fabs(x)返回的值作为调用 pow()函数的一个实参 */
```

3. 函数调用独立作为语句

C 语言中的函数可以只进行某些操作而不返回任何值，这时，函数调用加上分号可以作为一条独立的语句。

例如：

```
printf("%d",a);             /* 调用 printf()函数进行输出 */
output();                   /* 调用例 7.2 中的 output()函数输出内容 */
```

【例 7.7】定义判断素数的函数，通过函数调用判断输入的数是否为素数。

```
#include <stdio.h>
#include <math.h>
int prime(int n)
{
    int flag,i;
    flag = 1;
    for(i = 2;i <= sqrt(n);i++)
      if(n%i == 0)
      {
          flag = 0;
          break;
      }
    return flag;
}
void main()
{
    int m;
    printf("请输入要判断的正整数 m:");
    scanf("%d",&m);
    if(prime(m))
        printf("%d 是素数\n",m);
    else
        printf("%d 不是素数\n",m);
```

```
}
```

程序运行结果：

```
17↙
17 是素数
```

说明：本例中，将判断素数的功能定义成一个函数 prime( )，函数体中定义的变量 flag 用于表示判断的结果，flag 为 1 时表示形参 n 是素数，flag 为 0 时表示形参 n 不是素数，最后将 flag 的值返回。main( ) 函数中，先输入一个正整数到变量 m 中，再调用函数 prime( ) 判断 m 是否为素数，main( ) 函数中根据函数调用的返回值输出判断结果。

关于函数调用，需要注意以下几点：

(1) 函数调用时的函数名必须与该函数定义时的函数名称完全一致。

(2) 实际参数列表中的参数可以是常量、变量及表达式，各个实参之间用逗号间隔。函数调用时的实参与函数定义中的形参在个数和类型上应当一致，才能进行正确的数据传递，若实参与形参类型不一致，则系统自动将实参类型转换为形参类型，当无法自动转换时，系统将提示出错信息。

(3) 调用无参函数时，不需要实际参数列表，但括号( )不能缺少。

7.3.2 函数声明

C 语言要求函数应当先定义后使用，就像变量必须先定义后使用一样。如果被调函数的定义出现在主调函数之后，在调用函数之前需要先给出函数声明。

函数声明的一般形式为：

```
函数类型  函数名([形式参数列表]);
```

函数声明的形式参数列表中，形参名可以省略，只保留各个形参的数据类型。

函数声明的作用是让编译系统知道函数的存在以及存在形式，包括函数类型、函数名、参数的个数及类型等，即使函数暂时没有定义，编译系统也能够检验函数调用的形式是否正确。函数调用前先给出函数声明，函数定义就可以出现在任何地方。

例 7.7 中，如果将函数 prime 的定义放在主函数 main 之后，则应该添加对 prime 函数的声明。

```
#include <stdio.h>
#include <math.h>
void main()
{
    int m;
    int prime(int);      /* 函数声明,形参名省略,只给出形参的数据类型 */
    printf("请输入要判断的正整数 m:");
    scanf("%d",&m);
    if(prime(m))
        printf("%d 是素数\n",m);
    else
```

```
    printf("%d 不是素数\n",m);
}
int prime(int n)
{
    int flag,i;
    flag=1;
    for(i=2;i<=sqrt(n);i++)
    if(n%i==0)
    {
        flag=0;
        break;
    }
    return flag;
}
```

关于函数声明,需要注意以下几点:

(1)函数声明与函数定义不同,函数定义具有函数体,且只能定义一次,而函数声明没有函数体,可以在需要的地方多次出现。

(2)被调函数的定义出现在主调函数之前时,编译系统已经预先知道了被调函数的返回值及参数等情况,不需要再做函数声明。

(3)函数声明可以位于主调函数的内部,也可以位于所有函数之外。

习惯上,通常在文件开头集中给出所有被调函数的函数声明,在主调函数内部不需要再对被调函数进行声明。

例如:

```
char str(int,int);      /* 函数 str()的声明 */
float fun(float);       /* 函数 fun()的声明 */
void main()
{
  …
}
char str(int a,int b)
{
  …
}
float fun(floatf)
{
  …
}
```

(4)当被调函数的返回值类型是 int 或 char 时,即使这些函数的定义在主调函数之后,也可以不做函数声明。但是,不同的编译系统对这种情况的支持不同,所以,仍然建议对这种被调函数也做函数声明。

7.3.3 函数的嵌套调用

C 语言不允许函数嵌套定义,即在一个函数的函数体内,不能再定义另一个函数,各个函数定义之间应该是平行的。但是,函数允许嵌套调用,即在执行被调用函数的过程中,被调函数又调用了其他函数,如图 7.2 所示。

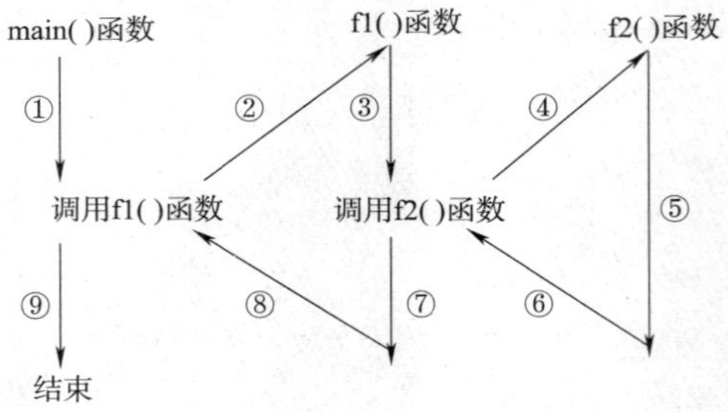

图 7.2 函数的嵌套调用

【例 7.8】 计算 $s = 1^k + 2^k + 3^k + \cdots + N^k$。

分析:分为两个层面来计算。(1)计算某个数的 k 次方;(2)计算从 1 的 k 次方到 n 的 k 次方的累加和。

```
#include <stdio.h>
long f1(int,int);
long f2(int,int);
void main()
{
    int n=5,k=4;
    printf("%d\n",f1(n,k));
}
long f1(int n,int k)    /* 函数 f1()用于计算 1 的 k 次方到 n 的 k 次方的累加和 */
{
    long sum=0;
    int i;
    for(i=1;i<=n;i++)
        sum+=f2(i,k);
    return sum;
}
long f2(int t,int k)    /* 函数 f2()用于计算 t 的 k 次方 */
{
    long p=t;
    int i;
    for(i=1;i<k;i++)
        p*=t;
    return p;
}
```

程序运行结果：

```
979
```

说明：本例中有两个自定义函数，函数 f2( )的功能是计算单个数 t 的 k 次方，函数 f1( )的功能是计算 1 的 k 次方到 n 的 k 次方的累加和。计算累加和的过程需要分别计算单个数的 k 次方，因此，f1( )的的函数体内出现了对函数 f2 的( )调用，形成了函数的嵌套调用。

7.3.4　函数的递归调用

如果一个函数在它的函数体内直接或间接地调用它自身，称为函数的递归调用。

在递归调用中，主调函数本身又是被调函数，执行递归函数将反复调用其自身，每调用一次就进入新的一层。

为了防止递归调用无终止地进行，函数体内必须有终止递归调用的语句，常用的方法是增加条件判断语句，满足某种条件后就不再进行递归调用，然后逐层返回。

【例 7.9】 用递归法计算 $n!$。

分析：求 $n!$ 可以用递归方法。例如，5！=5 * 4！，而 4！=4 * 3！，…，1！=1，从而可以归纳出下面的递归公式：

$$n! = \begin{cases} 1 & (n=0,1) \\ n*(n-1) & (n>1) \end{cases}$$

```
#include <stdio.h>
#include <stdlib.h>
long power(int n)
{
    long f;
    if(n<0)
        {printf("n<0,请输入一个正整数\n");
         exit(0);}
    else
        if(n==0||n==1)
            f=1;
        else
            f=power(n-1)*n;
    return f;
}
void main()
{
    int n;
    long y;
    printf("请输入一个正整数:");
    scanf("%d",&n);
    y=power(n);
    printf("%d!=%ld\n",n,y);
}
```

程序运行结果：

```
请输入一个正整数:5↙
5!=120
```

说明：本例中定义了一个计算阶乘的函数 power()，从函数体可以看出，power(n)计算 n!时，又调用了自身，展开为 power(n-1)*n，同理，power(n-1)的执行过程继续展开，依此类推，形成了 power()函数的递归调用。函数体中 if(n==0||n==1)的作用是判断终止递归调用的条件，即当 n 为 0 或 1 时，不再继续调用。

7.4 函数调用的参数传递方式

发生函数调用时，函数参数的作用是实现主调函数与被调函数之间的数据传递。参数的类型不同，其传递方式也不同，函数参数的传递方式主要分为值传递和地址传递两种方式。

7.4.1 值传递

函数调用时，将实参数据的值复制一份，传递给形参，这种传递方式为值传递。

关于值传递，需要注意以下几点：

(1)形参只有在函数被调用时，才分配内存空间，形参和实参占用不同的内存单元，即使同名也互不影响。

(2)实参对形参的数据传递是单向的，即只能把实参的值传送给形参，不能把形参的值返回给实参。

(3)由于形参与实参占用不同的内存单元，因此，在函数调用的过程中，即使形参的值发生改变，也不会影响实参的值。

(4)形参只在定义它的函数内有效，被调函数执行完毕返回到主调函数后，释放形参的内存单元。

【例 7.10】请分析以下代码能否交换主函数中两个整型变量中的值。

```
#include <stdio.h>
void swap(int x,int y)              /* 定义 swap()函数,功能是交换两个整数 */
{
    int z;
    z=x;
    x=y;
    y=z;
}
void main()
{
    int a=3,b=5;
    swap(a,b);                      /* 调用 swap()函数 */
    printf("调用 swap()函数后,a=%d,b=%d\n",a,b);
}
```

程序运行结果：

```
调用 swap()函数后,a=3,b=5
```

程序执行过程:

(1)main()函数中调用 swap()函数,实参是变量 a 和 b,采用值传递的方式,将 a 和 b 的值分别传给形参 x 和 y,如图 7.3(a)所示。

(2)参数传递后,执行 swap()函数将 x 和 y 的值交换,如图 7.3(b)所示。

(3)swap()函数运行完毕后返回 main()函数,形参 x 和 y 所占的内存单元全部释放,实参 a 和 b 的值保持不变,如图 7.3(c)所示。

由此可见,采用单向值传递方式时,形参变量值的改变并不影响实参变量的值。

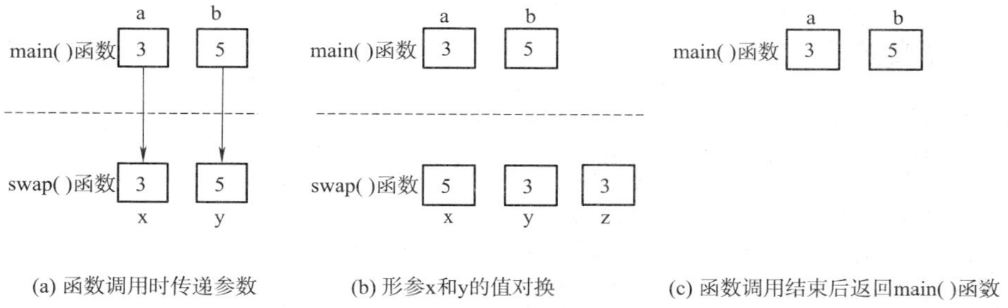

图 7.3 值传递方式

函数调用时,数组元素也可以作为函数的实参,其用法与普通变量完全相同,即把数组元素的值传送给形参变量,也属于单向值传递的方式。

【例 7.11】 随意输入一个字符串,统计该字符串中字母的个数。

分析:字母既可能是大写字母,也可能是小写字母,因此,判断某个字符是否是字母时,需要判断它的 ASCII 码是否在'A'~'Z'或'a'~'z'范围内。本例用一个函数 isletter()来判断某个字符是否为字母。

```
#include <stdio.h>
int isletter(char c)
{
    if(c>='a'&&c<='z'||c>='A'&& c<='Z')
        return 1;                    /*返回1表示是字母*/
    else
        return 0;                    /*返回0表示不是字母*/
}
void main()
{
    int i,num=0;
    char str[255];
    printf("请输入一个字符串:");
    gets(str);
    for(i=0;str[i]!='\0';i++)
        if(isletter(str[i]))
            num++;
```

```
    puts(str);
    printf("字母个数=%d\n",num);
}
```

程序运行结果:

```
请输入一个字符串:jils*1230>sel↙
jils*1230>sel
字母个数=7
```

说明:用数组元素作为实参时,按普通变量对待,只要数组元素的类型与形参类型一致即可调用。

7.4.2 地址传递

地址传递是指函数调用时,将实参数据的存储地址传递给形参,形参接收到传递过来的地址后,与实参为同一地址,也就是指向相同的内存单元。地址传递是一种双向传递方式,形参的改变会影响实参。

第6章已经介绍过,数组名代表数组的首地址,因此,当数组名作为函数的实参时,采用的是地址传递方式,被调函数中对应的形参也必须是数组或者指针(参见第8章),用于接收实参传递过来的地址。

【例7.12】已知某个学生10门课程的成绩,求其平均成绩。平均成绩要求采用函数调用来计算。

```
#include <stdio.h>
float aver(float a[10])                /*计算平均值的函数*/
{
    int i;
    float average,sum=0;
    for(i=0;i<10;i++)
        sum+=a[i];
    average=sum/10;
    return average;
}
void main()
{
    float score[10],av;
    int i;
    printf("\nPlease input 10 scores:\n");
    for(i=0;i<10;i++)
        scanf("%f",&score[i]);
    av=aver(score);                    /*调用函数,数组名score作为实参*/
    printf("The average score is %5.2f\n",av);
}
```

程序运行结果:

```
Please input 10 scores:
```

```
20 80 95 75 78 98 66 38 74 68 ↙
The average score is 69.20
```

说明：

(1)数组名作函数实参时，如果被调函数的形参也是数组，要求形参数组和实参数组类型相同。在本例中，形参数组 a 与实参数组 score 均为 float 类型。

(2)调用函数 aver( )时，实参是数组名 score，采用地址传递方式。如图 7.4 所示，实参数组 score 的首地址传递给形参数组 a，这样，形参与实参两个数组的首地址相同，共同占用一段内存单元，也就是说，score[0]与 a[0]为同一个存储单元，score[1]与 a[1]为同一个存储单元……被调函数 aver( )的执行过程中，对形参数组 a 各元素的操作也就是对实参数组 score 各元素的操作。

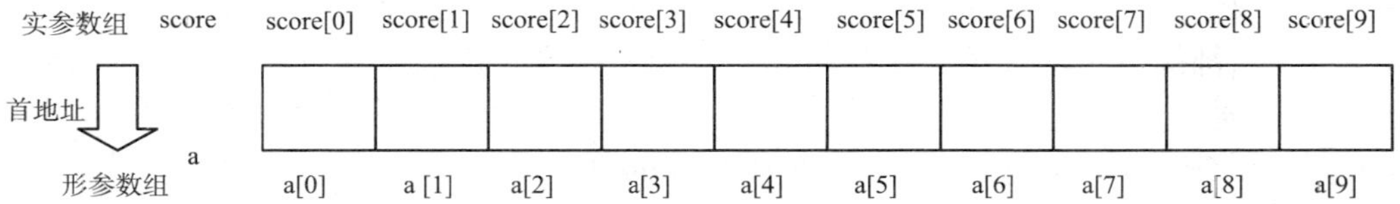

图 7.4　地址传递方式

例 7.12 存在一个问题，main( )函数中定义数组 score 的长度为 10，函数 aver( )中形参 a 的长度也指定为 10，函数体中的循环语句计算 10 门课程的平均成绩，如果实参数组的长度发生改变，例如，想要计算 20 门课程的平均成绩，函数 aver( )就不再适用。

实际上，C 语言编译系统并不检查形参数组的长度，因此，通常的做法是不指定形参数组的长度，并增加一个 int 类型的形参，用于表示每次函数调用时实参数组的实际长度。

【例 7.13】通过函数调用计算学生平均成绩，要求形参数组不指定长度。

```
#include <stdio.h>
float aver(float a[],int n)
{
    int i;
    float average,sum=0;
    for(i=0;i<n;i++)
        sum+=a[i];
    average=sum/n;
    return average;
}
void main()
{
    float score[10],av;
    int i;
    printf("\nPlease input 10 scores:\n");
    for(i=0;i<10;i++)
        scanf("%f",&score[i]);
    av=aver(score,10);
    printf("average score is %5.2f\n",av);
```

```
}
```

程序运行结果：

```
Please input 10 scores:
20 80 95 75 78 98 66 38 74 68 ↙
average score is 69.20
```

说明：本例中，函数 aver( )的定义包括两个形参，分别是整型数组 a 和数组长度 n。main( )函数中调用 aver( )函数时，第一个实参是数组 score，传递方式是地址传递，第二个实参是数组 score 的长度，传递方式是值传递，即将数组 score 的长度传递给形参 n。

【例 7.14】利用选择法对数组中的元素按照升序排序。

分析：定义一个函数 sort( )，用于对整型数组按照升序排序。选择法的排序过程是先找到数组 a 中最小的元素，将其与 a[0]对换，再找到 a[1] ~ a[9]中最小的元素，将其与 a[1]对换……每一轮都找出剩余数列中最小的元素，将其对换到正确的位置。长度为 n 的数组共需要比较 n - 1 轮。

下面以 6 个元素为例说明选择法对数组排序的过程。

a[0]	a[1]	a[2]	a[3]	a[4]	a[5]	
6	15	23	–8	–100	86	未排序时的情况
–100	15	23	–8	6	86	①将6个元素中的最小值–100与a[0]对换
–100	–8	23	15	6	86	②将剩余5个元素中的最小值–8与a[1]对换
–100	–8	6	15	23	86	③将剩余4个元素中的最小值6与a[2]对换
–100	–8	6	15	23	86	④将剩余3个元素中的最小值15与a[3]对换
–100	–8	6	15	23	86	⑤将剩余2个元素中的最小值23与a[4]对换

```
#include <stdio.h>
void main()
{
    void sort(int a[],int n);
    int array[10],i;
    printf("请输入10个整数:\n");
    for(i =0;i <10;i++)
        scanf("%d",&array[i]);
    sort(array,10);
    for(i =0;i <10;i++)
        printf("%5d",array[i]);
    printf("\n");
}
void sort(int a[ ],int n)
{
    int i,j,k,t;
    for(i =0;i <n -1;i++)
    {
        k =i;
        for(j =i+1;j <n;j ++)       /*找最小元素的下标并赋给k*/
```

```
            if(a[j] < a[k])
                k = j;
        t = a[k];                          /*a[k]与 a[i]对换*/
        a[k] = a[i];
        a[i] = t;
    }
}
```

程序运行结果：

```
请输入 10 个整数：
6  15  23  -8  -100  86  45  25  14  98↙
-100  -8  6  14  15  23  25  45  86  98
```

说明：本例函数调用时，实参数组 array 与形参数组 a 指向同一内存单元，相当于同一个数组，如图 7.5 所示。因此，函数 sort( )对形参数组 a 进行排序后，实参数组 array 也就随之改变。函数调用结束返回到主函数后，形参数组 a 不存在，但实参数组 array 始终存在，再输出数组 array 的内容时，显示的就是排序后的结果。

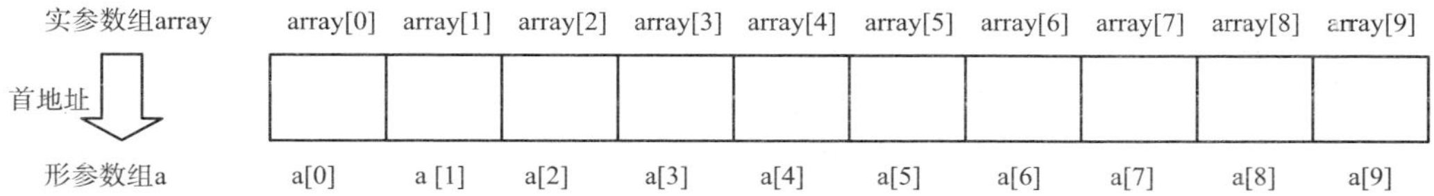

图 7.5　形参数组与实参数组共用一段内存

注意：实际上，地址本身也可以看作是一个特殊的"值"，所以，地址传递也是一种值传递，为了强调其特殊性，称之为"地址传递"。在使用过程中可以根据参数的形式区别对待，若参数传递的是简单数据类型的数值，则视为值传递方式，若参数传递的是数据的地址，则视为地址传递方式。

7.5　局部变量和全局变量

C 语言中所有的变量都有自己的作用域。变量的作用域是指变量的有效范围。例如，函数的形参变量在函数被调用时才分配内存空间，只在函数内部有效，调用结束就立即释放。

根据作用域的不同，C 语言中的变量分为局部变量（内部变量）和全局变量（外部变量）。

7.5.1　局部变量

局部变量是在函数内部定义的变量，也叫作内部变量，其作用域仅限于函数内部，在函数外部再使用这种变量是非法的。函数的形参也属于函数的局部变量。

例如：

```
int fun1(int a)
{
    int b,c;                          /*a、b、c 是 fun1()函数的局部变量*/
    …
```

```
}
int fun2(int x)
{
    int y,z;                        /*x、y、z 是 fun2()函数的局部变量*/
    …
}
void main()
{
    int m,n;                        /*m、n 是 main()函数的局部变量*/
    …
}
```

【例 7.15】局部变量的作用域。

```
#include <stdio.h>
void subfun();
void main()
{
    int a=1,b=2;
    printf("main:a=%d,b=%d\n",a,b);             /*main()函数中的变量 a、b*/
    {
        int a=3,b=4;
        printf("statement:a=%d,b=%d\n",a,b);    /*复合语句中的变量 a、b*/
    }
    subfun();
    printf("main:a=%d,b=%d\n",a,b);             /*main()函数中的变量 a、b*/
}
void subfun()
{
    int a=6,b=7;
    printf("sub:a=%d,b=%d\n",a,b);              /*subfun()函数中的变量 a、b*/
}
```

程序运行结果:

```
main:a=1,b=2
statement:a=3,b=4
sub:a=6,b=7
main:a=1,b=2
```

关于局部变量的作用域,需要注意以下几点:

(1)main()函数中定义的局部变量也只能在 main()函数内部使用,不能在其他函数中使用。同理,main()函数中也不能使用其他函数中的局部变量。

(2)同一个作用域内不允许有两个同名的局部变量。

(3)允许在不同的函数中使用同名的局部变量,但它们代表不同的对象,占用不同的内存单元,互不干扰,也不会发生混淆。

(4)复合语句中也可定义局部变量,其作用域为该复合语句范围内。

7.5.2 全局变量

全局变量是在所有函数外部定义的变量,也叫作外部变量。全局变量不属于任何一个函数,而属于一个源文件,其作用域是从全局变量的定义位置开始,到本源文件结束为止。全局变量可以被作用域内的所有函数直接引用。

【例 7.16】调用一个函数,返回 3 个整数中的最大值、最小值和它们的平均值。

分析:调用一个函数,只能返回一个值,题目要求得到 3 个结果,可以考虑采用全局变量,从一个函数内部得到多个计算值。

```
#include <stdio.h>
int Max,Min;                              /* 定义全局变量 Max 和 Min */
float fun(int,int,int);
void main()
{
    float av;
    av = fun(9,7,3);
    printf("The max is %d\nThe min is %d\nThe average is %.2f\n",Max,Min,av);
}
float fun(int a,int b,int c)
{
    Max = (a>b)?(a>c?a:c):(b>c?b:c);      /* 将 a、b、c 中的最大值赋给全局变量 Max */
    Min = (a<b)?(a<c?a:c):(b<c?b:c);      /* 将 a、b、c 中的最小值赋给全局变量 Min */
    return (a+b+c)/3.0;                   /* 返回 a、b、c 的平均值 */
}
```

程序运行结果:

```
The max is 9
The min is 3
The average is 6.33
```

从例 7.16 可以看出,全局变量使函数之间多了一种传递数据的方式。如果一个程序中的各个函数都要对同一个数据进行修改或访问,就可以将这个数据定义为全局变量。

在同一源文件中,允许全局变量和局部变量同名。在局部变量的作用域内,同名的全局变量将被屏蔽,不起作用。

【例 7.17】局部变量与全局变量同名时的情况。

```
#include <stdio.h>
int a=3,b=5;                              /* 定义 a、b 为全局变量 */
int max(int a,int b)                      /* 形参 a、b 为局部变量 */
{
    int c;
    c = a>b?a:b;
    return(c);
}
void main()
```

```
{
    int a =8;                          /* 局部变量 a 在 main()函数范围内将屏蔽全局变
                                          量 a */
    printf("max = %d",max(a,b));
}
```

程序运行结果:

```
max = 8
```

全局变量相当于隐含地在各个函数之间进行了信息的传递,加强了函数模块之间的数据联系。然而,全局变量又使得函数的独立性降低,从模块化程序设计的观点来看是不利的。因此,建议在没有必要时不要使用全局变量,结构化程序设计要求各个模块间传递的信息要尽量少,各个模块的独立性要高。

7.6 变量的存储类别

内存中供用户使用的存储空间可分为程序区、动态存储区和静态存储区。程序区用来存放程序代码,动态存储区和静态存储区用来存放数据。静态存储区和动态存储区中变量的生存期是不同的。

变量的生存期是指从变量分配存储空间到释放存储空间的全部时间,即变量起作用的时间。根据生存期的不同,变量的存储方式分为静态存储方式和动态存储方式。

7.6.1 静态存储方式和动态存储方式

1. 静态存储方式

静态存储方式是指在程序运行期间,由系统分配固定的存储空间。静态存储方式的变量存储在内存中的静态存储区,在编译时就分配了存储空间,并在整个程序运行期间一直占有固定的存储空间,程序结束后,这部分空间才被释放。因此,这类变量的生存期为整个程序。

2. 动态存储方式

动态存储方式是指在程序运行期间,根据需要动态地分配存储空间。动态存储方式的变量存储在内存中的动态存储区。在程序运行过程中,只有当变量所在的函数被调用时,编译系统才临时为这类变量分配内存空间。函数调用结束后,所占的空间被释放掉。因此,这类变量的生存期仅为函数调用期间。

7.6.2 变量的存储类别

C 语言中,变量的存储类别具体分为 4 种:自动变量(auto)、静态变量(static)、寄存器变量(register)和外部变量(extern)。自动变量存放在动态存储区,静态变量和外部变量存放在静态存储区,寄存器变量存放在 CPU 的寄存器中。

定义一个变量时,不仅应说明其数据类型,还应说明其存储类别,完整的形式为:

```
存储类别  数据类型  变量名表;
```

1. 自动变量

默认情况下,函数的形参和函数内部的局部变量都是自动变量,这些变量存放在动态存储区中。调用函数时，系统自动地为这些变量分配存储空间，函数调用结束后，自动释放这些存储空间。自动变量在函数的两次调用之间不会保持它的值，所以，如果自动变量的定义含有赋初值的表达式，则在每次调用时都要重新对该变量赋初值，如果自动变量的定义没有赋初值，每次调用函数时都必须重新为它赋值，然后才能引用，否则该变量的值为随机的不确定值。

自动变量用关键字 auto 进行存储类别的声明，一般形式为：

```
auto 数据类型 变量名表;
```

关键字 auto 可以省略，因此，auto int a;等价于 int a;，auto float b;等价于 float b;，前面的章节中没有用 auto 修饰的变量实际上都是自动变量。

2. 静态变量

静态变量的类型关键字是 static，声明静态变量的一般形式为：

```
static 数据类型 变量名表;
```

局部变量和全局变量均可用 static 进行声明，但起到的作用是不同的。

局部变量原本属于动态存储方式，用 static 进行声明后，改变原有的存储方式，存放在内存中的静态存储区中，称为静态局部变量。

静态局部变量的生存期是整个程序运行期间，所占用的存储单元在整个程序运行结束后才被释放，因此，静态局部变量在函数调用结束后仍保持原值，下一次函数调用时，仍然保持上一次函数调用结束时的值。只有程序结束后又再次运行时，静态局部变量才重新被赋初值。

静态局部变量与全局变量一样，只在编译时赋一次初值。定义静态局部变量时，如果没有给变量赋初值，系统编译时会自动为其赋初值，对数值型变量自动赋初值 0，对字符型变量自动赋空字符。虽然静态局部变量在函数调用结束后仍然存在，但它们的作用域仅限于其定义的函数内部，其他函数不能使用。

【例 7.18】 静态局部变量与自动变量。

```
#include <stdio.h>
int fun(int);
void main()
{
    int a,i;
    printf("a=%d\n",a);        /*a 默认是 auto 型变量,并且没有赋值,输出随机值*/
    a=2;
    for(i=0;i<3;i++)
        printf("%d\n",fun(a));
}
int fun(int a)
{
    auto int b=0;
    static int c=3;            /*定义静态局部变量 c*/
    b+=2;
    c+=3;
    return a+b+c;
```

```
}
```

程序运行结果：

```
a = -858993460
10
13
16
```

说明：

(1)本例中，main()函数定义局部变量 a 后，没有对它赋值，因此，输出 a 时得到的是一个随机值。

(2)main()函数中共调用 fun()函数三次，fun()函数中的局部变量 b 为 auto 类型，每次调用都会重新分配内存空间并赋初值 0；局部变量 c 为 static 类型，存储方式为静态存储。因此，只在 fun()函数第一次被调用时将 c 初始化为 3，执行语句“c +=3;”将 c 的值改为 6，第一次调用结束后，c 的值被保留。第二次调用 fun()函数时，c 的值仍保持第一次调用结束时的值 6，依此类推。输出三次调用 fun()函数的结果后，程序运行结束，释放 c 所占用的内存空间。

用 static 声明的全局变量称为静态全局变量。由于全局变量本身就存放在静态存储区中，因此，static 并不改变其原有的存储方式。静态全局变量的作用是限制全局变量的作用域，只能在定义该全局变量的文件内使用，不允许其他文件引用。

3. 寄存器变量

C 语言程序中，大部分变量都存储在内存中，然而，如果某些局部变量在程序中需要频繁访问，可以将这些变量存储在 CPU 的寄存器中。

存储在寄存器中的变量叫作寄存器变量。寄存器的访问速度远远高于内存，用寄存器存储需要频繁访问的变量可以大大提高程序的运行效率。

寄存器变量用关键字 register 声明，一般形式为：

```
register 数据类型 变量名表;
```

例如：

```
register int m;
```

关于寄存器变量的使用，需要注意以下几点：

(1)寄存器变量的作用域和生存期与自动变量相同，因此，只有自动局部变量和函数形参可以声明为寄存器变量。

(2)寄存器位于 CPU 中，数目有限，不能定义任意多个寄存器变量。

(3)寄存器变量的分配方式是动态的，静态存储区中的变量不能声明为寄存器变量。

4. 外部变量

全局变量是在函数外部定义的变量，它不属于哪一个函数，而是属于源程序文件，其作用域是从定义位置到源文件结束。有时需要用 extern 对全局变量作外部变量的声明，以扩展全局变量的作用域。

声明外部变量的一般格式为：

```
extern 变量名表;
```

在一个源文件内部，如果全局变量的定义不在文件开头，想要在定义处之前引用全局变量，应该在引用之前用 extern 声明变量为外部变量，表示该变量是后面的程序中定义的全局变量。有了外部变量的声明,就可以从声明处合法地引用全局变量。

【例7.19】外部变量的定义与声明。

```
#include <stdio.h>
int vs(int l,int w,int h)
{
    int v;
    v = l *w *h;
    return v;
}
void main()
{
    extern Length,Width,Height;          /* 全局变量的外部声明 */
    int volume;
    volume = vs(Length,Width,Height);
    printf("The volume is %d. \n",volume);
}
int Length =3,Width =4,Height =5;        /* 全局变量的定义 */
```

程序运行结果:

```
The volume is 60.
```

说明:在本例中,外部变量 Length、Width 和 Height 的定义位置是程序的最后一行,正常情况下,前面的函数不能使用它们,但由于在 main()函数中有声明语句"extern Length,Width,Height,",就可以从声明处起正常使用这几个外部变量。

注意:全局变量的定义和全局变量的外部声明是两回事。全局变量的定义位置一般在所有函数之外,且只能定义一次;而全局变量的外部声明可以出现在使用它的函数内部,或函数前面,且可以出现多次。

实际上,extern 声明不但可以在一个程序文件内扩大全局变量的作用域,还可以将作用域扩展到其他程序文件。

【例7.20】利用 extern 将外部变量的作用域扩展到其他文件中。

```
/*file1.c  源文件1 */
#include <stdio.h>
int max(int x,int y);
void main()
{
    extern A,B;                 /* 全局变量的外部声明,将A、B的作用域扩展到此
                                   文件中 */
    printf("%d\n",max(A,B));
}

/*file2.c  源文件2 */
int A =3,B =5;                  /* 全局变量的定义 */
```

```
int max(int x,int y)
{
    return x>y?x:y;
}
```

说明:本例中,源文件2定义了全局变量A和B,源文件1中用"extern A,B;"语句声明A和B为外部变量,表示A和B是已经在其他文件中定义过的全局变量,这样,源文件1中就可以合法地使用全局变量A和B。

通过extern声明语句可以扩展外部变量的作用域,实现全局变量在一个或多个程序文件中共享使用。虽然能为程序设计带来方便,但应谨慎使用,因为在一个文件中修改了全局变量的值,很可能会影响到另一个文件的执行结果。

想要将全局变量的作用域只限定在本程序文件时,需要用static做静态全局变量的声明。

【例7.21】 利用static将全局变量的作用域限定在本文件中。

```
/*file1.c  源文件1*/
#include<stdio.h>
int max(int x,int y);
void main()
{
    extern A,B;              /*全局变量的外部声明*/
    printf("%d\n",max(A,B));
}

/*file2.c  源文件2*/
static int A=3,B=5;      /*全局变量的定义,并用static将作用域限定于本文件*/
int max(int x,int y)
{
    return x>y?x:y;
}
```

说明:本例中,各自编译两个文件都没有错误,但连接时将发生错误,原因是源文件2中用static对全局变量A和B进行了声明,只能在源文件2中使用A和B,源文件1中的extern声明无效。

关于变量的存储类别,需注意以下几点:

(1)用static声明局部变量和全局变量时含义不同。

① static声明局部变量时,表示把变量分配在静态存储区,变量的生存期是整个执行期间。

② static声明全局变量时,表示全局变量的作用域限定在本程序文件,其他文件不能使用。

(2)全局变量都是存放在静态存储区中的,其生存期是固定的,extern或static仅用于决定全局变量的作用域。

综上所述,对变量的存储类别进行归纳,如表7.1所示。

表 7.1　存储类型总结

存储类型 / 分类角度	自动局部变量	静态局部变量	寄存器变量	静态全局变量	非静态全局变量
存储区	动态区	静态区	寄存器	静态区	静态区
函数结束时变量的值	消失	保存	消失	保存	保存
未初始化的变量默认值	不确定	0	不定	0	0
作用域	本函数	本函数	本函数	本文件	整个程序

习　题　七

一、选择题

1. C 语言源程序的基本单位是(　　)。

A. 语句　　B. 函数　　C. 程序段　　D. 文件

2. 关于 C 语言的函数叙述正确的是(　　)。

A. 可以嵌套定义,但不可以嵌套调用

B. 嵌套调用和递归调用均不可以

C. 可以嵌套调用,但不能递归调用

D. 嵌套调用和递归调用均可

3. 关于 C 语言函数的参数叙述正确的是(　　)。

A. 实参和与其对应的形参各占用独立的存储单元

B. 实参和与其对应的形参共用一个存储单元

C. 只有当实参和与其对应的形参同名时才共用存储单元

D. 形参是虚拟的,不占用存储单元

4. C 语言的函数调用中,如果普通变量或数组元素作为函数实参,则它与对应形参之间的传递方式是(　　)。

A. 单向值传递　　B. 地址传递

C. 由用户指定传递方式　　D. 由实参传递给形参,再由形参传递给实参

5. C 语言的函数调用中,如果数组名作为函数实参,则传递给对应形参的是(　　)。

A. 数组第一个元素的值　　B. 数组全部元素的值

C. 数组的元素个数　　D. 数组的首地址

6. C 语言允许函数类型默认定义,此时该函数值隐含的类型是(　　)。

A. float 型　　B. void 型　　C. int 型　　D. char 型

7. C 语言规定,函数返回值的类型是由(　　)决定的。

A. return 语句中的表达式类型　　B. 调用该函数时的主调函数类型

C. 调用该函数时由系统临时指定　　D. 在定义函数时所指定的函数类型

8. 如果在一个函数中的复合语句中定义了一个变量,则该变量(　　)。

A. 只在该复合语句中有效　　B. 是局部变量且在该函数中有效

C. 在本程序范围内有效　　D. 为非法变量

9. 以下函数定义形式正确的是(　　)。

A. int fun(int,int) {int z;z = x + y;return z;}

B. int fun(int x,y) {int z;z = x + y;return z;}

C. int fun(int x,int y) {int z; = x + y;return z;}

D. int fun(int x,int y) {int z;z = x + y;return z;}

10. 以下程序段有语法错误,有关错误原因的说法正确的是(　　)。

```
int fun();
int main()
{
    int A =5,k;
    k = fun(A);
    …
}
int _fun(int a)
{…}
```

A. 函数定义位于函数调用之后　　B. 变量名不能使用大写字母

C. 函数名不能使用下画线　　D. 函数声明与函数定义形式不一致

二、程序填空题(填空完善程序)

1. 下面程序的功能是:计算 x 的平方值并输出。

```
#include <stdio.h>
____(1)____
void main( )
{
    int x,y;
    scanf("%d",&x);
    y = (2) ;
    printf("\nthe square is%d\n",y);
}
int square(int x)
{
    return(x *x);
}
```

2. 下面程序的功能是:将整型数组中的元素逆置。即 b[0]与 b[9]互换,b[1]与 b[8]互换,直到 b 数组中的所有元素前后颠倒存放为止。

```
#include <stdio.h>
void reverse((1))
{
    int i,t;
    for(i =0;i <n/2;i++)
    {
        t =a[i];
        a[i] =a[n -1- i];
```

```
        a[n-1-i]=t;
    }
}
void main()
{
    int b[10]={1,2,3,4,5,6,7,8,9,10};
    int i;
    ____(2)____;
    for(i=0;i<10;i++)
       printf("%d  ",b[i]);
}
```

3. 下面程序的功能是:利用全局变量和函数计算长方体的体积及 3 个面的面积。

```
#include<stdio.h>
int s1,s2,s3;
int vs(int a,int b,int c)
{
    int v;
    v=a*b*c;
    s1=a*b;
    s2=b*c;
    s3=a*c;
    ____(1)____;
}
void main()
{
    int v,l,w,h;
    printf("请输入长方体的长、宽、高:");
    scanf("%d%d%d",&l,&w,&h);
    v=____(2)____;
    printf("长方体体积为:%d,三个面的面积为:%d,%d,%d\n",v,s1,s2,s3);
}
```

4. 下面程序的功能是:调用函数计算 a 的 b 次方。

```
#include<stdio.h>
int f(int i,int j)
{
    int t=1,k;
    for(k=j;k>0;k--)
      ____(1)____;
    return t;
}
void main()
{
```

```
    int a=2,b=3;
    printf("f=%d\n",(2));
}
```

5. 下面程序的功能是:求 $1!+2!+\cdots+n!$。

```
#include<stdio.h>
int fun(int x)
{
    static int fac;
    if(x==0||x==1)
        fac=1;
    else
        ____(1)____;
    return fac;
}
void main()
{
    int i,n,sum=0;
    scanf("%d",&n);
    for(i=1;i<=n;i++)
        ____(2)____;
    printf("%d\n",sum);
}
```

三、编程题

1. 编写一个判断整数 n 是否是完数的函数,调用此函数求出 1000 以内的所有完数。"完数"是指一个数恰好等于它的真因子之和,例如,6 的真因子有 1、2、3,而 6=1+2+3,因此,6 是完数。

2. 编写函数求两个数的最大公约数和最小公倍数。

3. 编写函数计算一维数组中最大值出现的位置(如果最大值多次出现,返回第一次出现的下标即可)。

4. 编写函数用起泡法对一维数组按从小到大顺序排序,并输出排序后的数据。

5. 编写函数实现二维数组的转置,即行列交换,并输出转置后的数组。

第 8 章　指　　针

指针是 C 语言的重要数据类型，也是 C 语言显著的优点之一。利用指针变量可以表示各种数据结构，能很方便地使用数组和字符串，并能像汇编语言一样处理内存地址，从而编写出精练而高效的程序。指针极大地丰富了 C 语言的功能。因此，在 C 语言程序设计中，不仅要正确理解指针的概念，而且要善于在各种情况下灵活、准确地使用指针。

8.1　指针和指针变量

8.1.1　指针的概念

存储器是计算机用于存储数据的，以一个字节作为存储单元。为了便于访问，赋予每个字节单元一个唯一的编号，这些单元编号称为物理地址。存储器分为内存和外存，下面以内存为例说明存储单元地址，如图 8.1 所示。

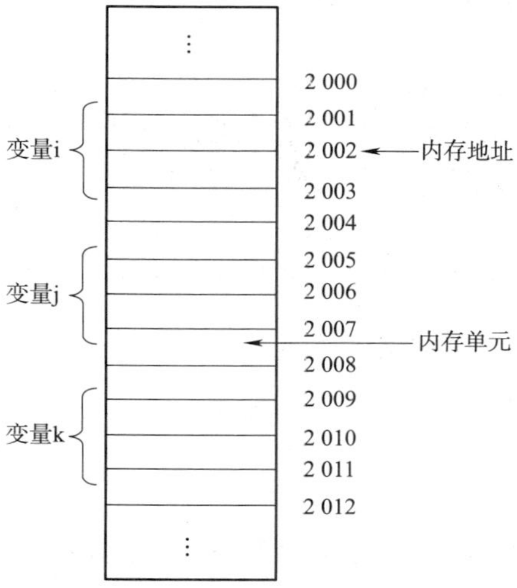

图 8.1　内存地址

定义 3 个整型变量：

```
int i,j,k;
```

定义变量就是在内存中分配相应的内存空间，假设分配的空间如图 8.1 所示。i 分配的是 2000 ~ 2003 四个字节空间，j 分配的是 2004 ~ 2007 四个字节空间，k 分配的是 2008 ~ 2011 四个字节空间。

如果有 i = 15;这样的语句，就是向 i 对应的空间(2000 ~ 2003 四个字节)存储整型常量 15。如果有 printf("%d",i);这样的语句，就是输出 i 对应的空间(2000 ~ 2003 四个字节)中存储的值。

指针就是上面所说的地址。上面定义的 3 个变量都有其对应的地址，为变量分配的起始地址称为变量的地址。变量 i 的地址(指针)是 2000，变量 j 的地址(指针)是 2004，变量 k 的地址(指针)是 2008。

8.1.2　指针变量的定义

变量是用来存储对应类型常量值的，整型变量用来存储整型数据，浮点型变量用来存储浮点型数据,字符型变量用来存储字符型数据。地址(指针)也是常量,存储这种常量就应该定义一个地址(指针)类型变量。

指针类型变量的定义形式为:

```
类型标识符 *指针变量名;
```

其中,“类型标识符”指定所定义的指针变量中可以存放哪种类型数据的地址;指针变量名前的“ * ”表示定义的是一个指针变量。

例如:

```
int *p;
```

定义一个指针变量 p,该指针变量中只能存放整型变量的地址。

指针变量和以前学过的变量一样,也是必须先定义后使用,而且只能存放定义时所指定类型变量的地址。

例如:

```
int i=8;
int *p;  //定义指针变量p,该指针变量中只能存放整型变量的地址
p=&i;    //把i的地址赋给指针变量p,p中存放整型变量i的地址
```

p 中存放整型变量 i 的地址,此时称指针变量 p 指向整型变量 i,如图 8.2 所示.

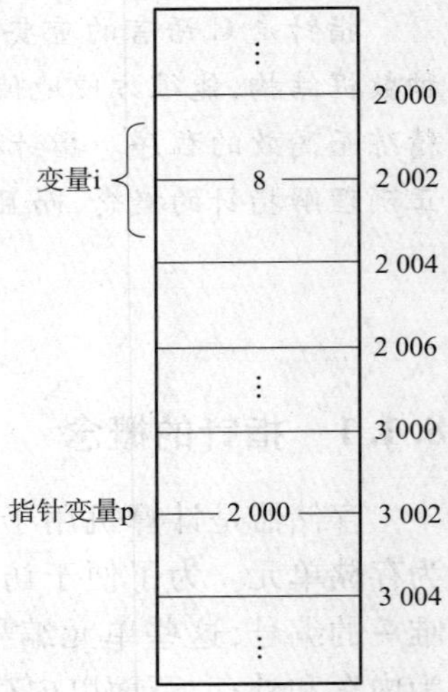

图 8.2 指针变量 p 中存放整型变量 i 的地址

不仅可以定义指向整型变量的指针变量,也可以定义指向其他类型变量的指针变量.

例如:

```
(1)char *p1;           //定义一个指向字符型变量的指针变量
   char c;
   p1=&c;              //p1 指向字符型变量 c
(2)float *p2;          //定义一个指向浮点型变量的指针变量
   float f;
   p2=&f;              //p2 指向浮点型变量 f
```

8.2 指针变量的基本应用

8.2.1 与指针相关的运算符

1. 取地址运算符(&)

取变量的地址。

例如:&i 的意思是取变量 i 的地址。

2. 间接访问运算符(*)

(1)访问指针变量所指向的变量。

例如:

```
int a=5;
```

```
    int *p;                    //定义指针变量 p
    p = &a;
    printf("%d", *p);          //将指针变量 p 指向的变量 a 中的值输出
```

(2)取星号后面地址中的值。

例如:

```
int a = 5;
printf("%d", *&a);            //将变量 a 地址中的值取出并输出
```

【**例 8.1**】通过指针变量输出变量中的值。

```
#include <stdio.h>
void main()
{
    int a = 10,b = 20;
    int *p1, *p2;
    p1 = &a;p2 = &b;
    printf("%d,%d\n",a,b);
    printf("%d,%d\n", *p1, *p2);
}
```

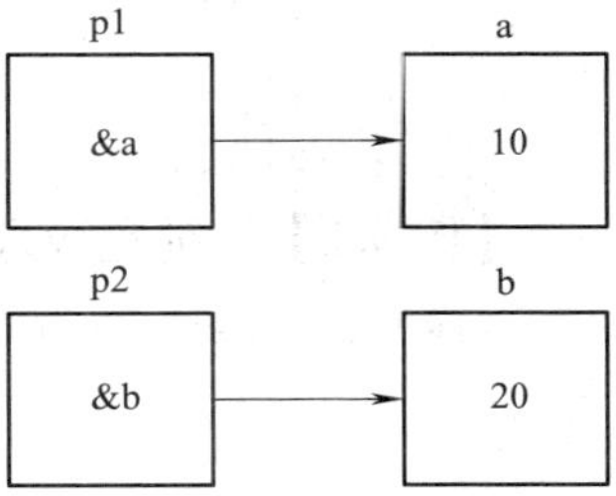

图 8.3 指针变量的使用

程序运行结果:

```
10,20
10,20
```

说明(参照图 8.3):

(1)int *p1, *p2;语句定义了两个指向整型变量的指针变量 p1、p2。

(2)p1 = &a;p2 = &b;语句,p1 和 p2 分别存放了整型变量 a 和 b 的地址,称 p1 指向整型变量 a,p2 指向整型变量 b。

(3)printf("%d,%d", *p1, *p2);语句, *p1 是 p1 指向的变量即整型变量 a, *p2 是 p2 指向的变量即整型变量 b。

注意:int *p1, *p2;语句中的"*"和 printf("%d,%d", *p1, *p2)语句中的"*"作用是不同的。

变量定义中的"*"表示后面的变量名是指针变量名,输出语句中指针变量 p1 和 p2 前的"*"是间接访问运算符,

"*"和"&"运算符可以连续使用,并且它们是互逆的,如 &*p1 代表的是 &a,也就是 p1; *&a 代表的是 *p1,也就是 a。

8.2.2 变量的两种访问方式

例 8.1 中输出变量的值用了两种不同的方式:一种是通过变量名直接输出值;另一种是通过指针变量,把它指向的变量中的值输出来。下面对这两种访问方式做一下说明。

(1)直接访问:通过变量名直接访问变量。如图 8.4 所示,可以直接把 10 送给变量 a,即 a = 10;。

(2)间接访问:通过指针变量名和间接访问运算符,对变量进行访问,如图 8.4 所示。

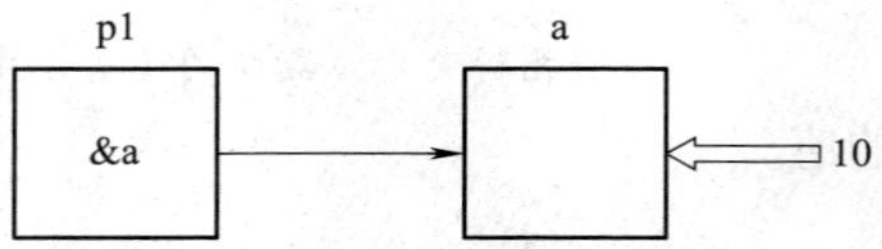

图 8.4 直接访问和间接访问

```
int a;
int *p;
p =&a;
*p1 =10;                                    //10 赋给指针变量 p1 指向的变量 a
```

【例 8.2】从键盘输入两个整数,用间接访问的方式,将值按由小到大的顺序输出。

```
#include <stdio.h>
void main()
{
    int a,b;
    int *p1,*p2,*p;
    scanf("%d,%d",&a,&b);
    p1 =&a;p2 =&b;
    if(a >b)
       {p =p1;p1 =p2;p2 =p;}                 //p1 指向较小的数,p2 指向较大的数
    printf("%d,%d\n",a,b);
    printf("%d,%d\n",*p1,*p2);
}
```

程序运行结果:

```
9,5↙
9,5
5,9
```

说明:

程序的目的是让 p1 指向较小的整数,p2 指向较大的整数,最后按 p1、p2 的顺序(值由小到大的顺序)输出。下面分析一下该程序的运行过程。

程序开始时,p1 指向变量 a,p2 指向变量 b,如图 8.5(a)所示。因为 a >b,所以交换 p1 和 p2 的指向,p1 指向了 b(两者中小的数),p2 指向了 a(两者中大的数),如图 8.5(b)所示。

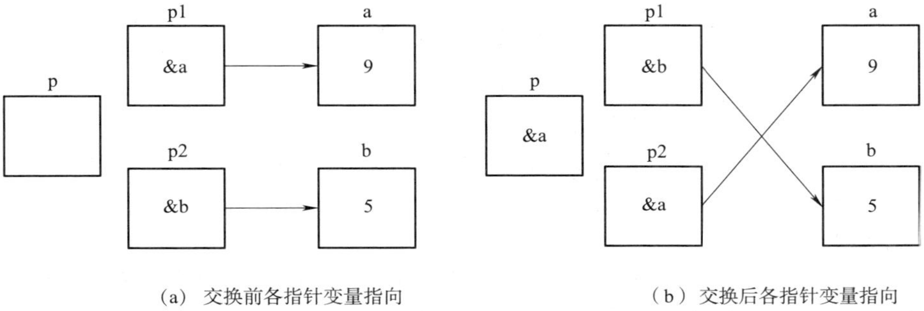

图 8.5 例 8.2 的程序示意图

8.3 指针变量作为函数参数

不仅整型、浮点型、字符型等数据可作为函数参数,指针型数据也可以作为函数参数。

【例 8.3】 通过函数调用,交换主调函数中两个变量的值。

```
#include <stdio.h>
void swap(int *p1,int *p2)          //指针变量接收实参的值即地址
{
    int t;
    t = *p1;
    *p1 = *p2;
    *p2 = t;
}
void main( )
{
    int a =10,b =4;
    swap(&a,&b);                    //地址做实参
    printf("%d,%d\n",a,b);
}
```

程序运行结果:

```
4,10
```

说明:

主函数中,a 和 b 变量分别赋值为 10 和 4,如图 8.6(a)所示;swap( )函数被调用后,形参 p1 和 p2 分别得到实参值 &a 和 &b,此时 p1、p2 分别指向了主函数里定义的整型变量 a 和 b,如图 8.6(b)所示;swap( )函数中把 p1 指向的变量和 p2 指向的变量中的值互换,即主函数中定义的变量 a 和 b 的值互换,如图 8.6(c)所示;swap( )函数运行结束后,返回到主函数中,p1 和 p2 是 swap( )函数中定义的局部变量,所以两个指针变量被释放,只剩在主函数中定义的变量 a 和 b,如图 8.6(d)所示。

分析:下面的程序能不能起到把两个变量中的值互换的作用?

```
#include <stdio.h>
```

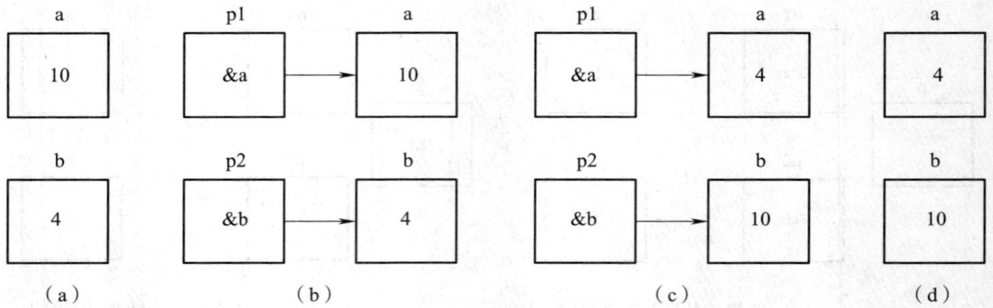

图 8.6 例 8.3 的程序示意图

```
void swap(int *p1,int *p2)
{
    int *t;
    t = p1;
    p1 = p2;
    p2 = t;
}
void main( )
{
    int a = 10,b = 4;
    swap(&a,&b);
    printf("%d,%d\n",a,b);
}
```

程序运行结果:

10,4

说明:

在 swap( )函数中,通过指针变量 t 作为中间变量,实际上交换的是指针变量 p1 和 p2 的值,如图 8.7(c),而整型变量 a 和 b 的值并没有改变。在调用完 swap( )函数后返回到主函数时,p1 和 p2 已经被释放掉,只剩下主函数中定义的两个整型变量 a 和 b,它们的值依然是调用 swap( )函数前的值,并未改变,如图 8.7(d)所示。

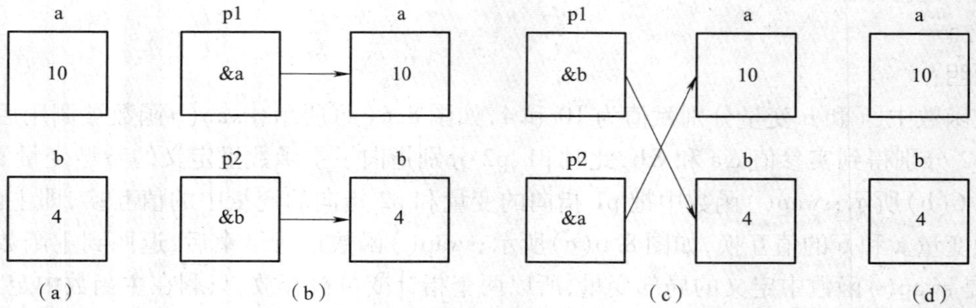

图 8.7 分析程序示意图

8.4　指针和数组

指针变量不仅可以存放普通变量的地址，也可以存放数组元素的地址。由于数组中的所有元素在内存中是连续存放的，所以当得到了数组的首地址后其他后续所有元素的地址也都可以直接算出。

8.4.1　指针与一维数组

在 C 语言中，数组名代表数组的首地址，一维数组的数组名就是数组中第一个元素的地址。指针变量可以指向一维数组中的任何一个元素，所以通过指针变量可以引用一维数组中的任何元素。

1. 一维数组元素的指针

定义一维数组：

```
int a[6] = { 0,1,2,3,4,5};
```

假设在内存中为数组 a 分配的连续内存空间的起始地址是 2000，则 a[0]元素的地址（数组首地址）是 2000，每个数组元素都是整型数据，在内存中都占 4 字节的空间，所以 a[1]元素的地址是 2000 + 1 * 4，a[2]元素的地址是 2000 + 2 * 4，a[i]元素的地址是 2000 + i * 4，如图 8.8 所示。

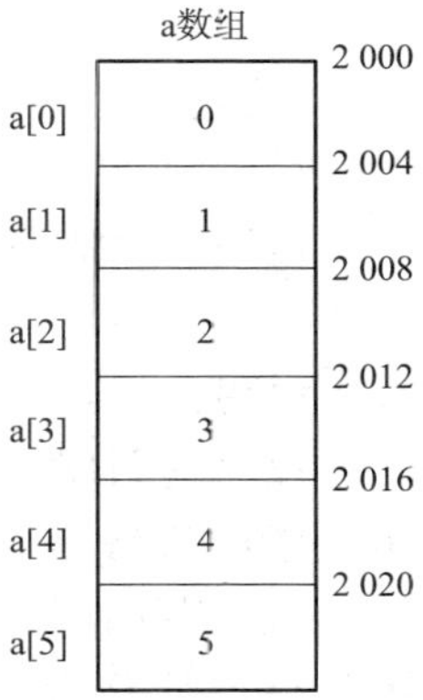

图 8.8　a 数组中各元素的地址

注意：&a[0] + 1 是指在 a[0]元素地址的基础上加上一个 a 数组元素所占的字节数（对于整型数组来说，一个元素占 4 字节）。

&a[0] + 1 表示 2000 + 1 * 4 = 2004，即 &a[1]。

&a[0] + 2 表示 2000 + 2 * 4 = 2008，即 &a[2]。

&a[0] + i 表示 2000 + i * 4，即 &a[i]。

一维数组名 a 是数组的首地址（&a[0]），a + i 就是 &a[i]。取出地址中的值可以用间接访问运算符“ * ”来实现，所以 *(a + i)就是指针(a + i)中的值，相当于 a[i]。

根据数组和地址的概念，可列出下面两种访问数组元素的方法。

（1）下标法：

```
#include <stdio.h>
void main()
{
    int i;
    int a[6] = {0,1,2,3,4,5};
    for(i = 0;i < 6;i++)
        printf("%d ",a[i]);
    printf("\n");
}
```

程序运行结果：

```
0 1 2 3 4 5
```

(2)地址法:

```
#include <stdio.h>
void main()
{
    int i;
    int a[6] = {0,1,2,3,4,5};
    for(i = 0;i < 6;i++)
        printf("%d ", *(a + i));          //输出 a + i 地址中的值
    printf("\n");
}
```

程序运行结果:

```
0  1  2  3  4  5
```

说明:

程序运行时,系统是把 a[i]转化成 *(a + i)来处理的,所以,上面两种方法中访问数组元素的方法是一样的。程序中每输出一个元素,都需要从首地址开始找到该元素的地址,之后用间接访问运算符“ * ”把值取出来。例如,要访问 a[4]的值,先找到首地址 a,再从首地址开始往后数 4 个元素,找到 a[4]元素的地址,然后通过 *(a + 4)访问该元素值。

2. 指向一维数组元素的指针变量

定义一个指向某种类型数据的指针变量后,该指针变量不仅可以指向同类型的普通变量,也可以指向同类型的数组元素。

例如:

```
int a[6] = {0,1,2,3,4,5};
int *p;              //定义 p 为指向整型数据的指针变量
p = &a[0];           //数组元素 a[0]的地址赋给 p
```

p = &a[0];语句,使指针变量 p 指向了 a 数组中的第一个元素 a[0],如图 8.9 所示。

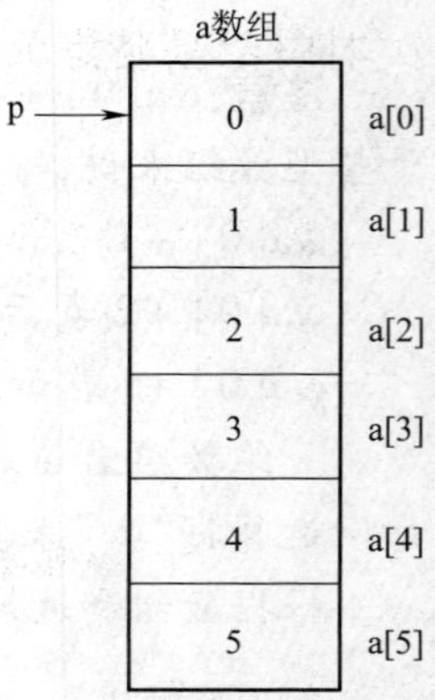

图 8.9 指针变量指向数组元素

数组名 a 代表数组的首地址,所以 p = a;语句和 p = &a[0];语句是等价的。此时,*(p + i)和 *(a + i)是等价的,而 *(a + i)可以表示成 a[i],*(p + i)也可以表示成 p[i],也就是说此时 p[i]和 a[i]是等价的。

p 指向 a 数组中某个元素之后,可以修改 p 的指向。

例如:

```
p = &a[0];        //让 p 指向 a[0]元素
p++;              //让 p 指向下一个元素,如果 p 原来指向 a[0],执行该语句后就指向了 a[1]
```

p++和前面说到的 &a[0] +1 一样不是简单地加 1,需要看它指向的是什么类型的数据,在这里因为 p 指向的是整型数据,所以 p 中的值是在原有地址值基础上加一个整型数据所占的字节数。p 原来指向 a[0],即 p 中的值是 &a[0],那么 p++后,p 中的值就是 &a[0] +1 = &a[1],所以 p 就指向了下一个元素 a[1]。

如果有定义 double *p;,执行 p++;语句,p 中的值就在原有值基础上加一个 double 型数

据所占的字节数。所以,定义指针变量时一定要定义好该指针变量是指向什么类型数据的。

【例 8.4】 用指针变量遍历输出数组中的所有元素。

```
#include <stdio.h>
void main()
{
    int a[6] = {0,1,2,3,4,5};
    int *p = a;                    //定义指针变量 p 并初始化
    for(;p < a + 6;p++)            //数组 a 最后一个元素的地址为 a + 5
        printf("%d ", *p);         //输出 p 所指向的元素值
    printf("\n");
}
```

程序运行结果:

```
0  1  2  3  4  5
```

说明:

初始化 p 使它指向 a 数组中的首元素,在 for 循环中,用 p ++ 使 p 的值依次指向后续的所有元素,并输出 p 指向的各元素值。

在此例中,指针变量首先指向数组中的第一个元素 a[0],当把 p 指向的 a[0]元素值输出以后,用 p ++ 语句使 p 直接指向了下一个元素 a[1]。很显然输出数组中的所有元素并不需要像前面介绍的下标法和地址法那样,每输出一个元素都需要从首地址开始重新计算地址,而只需要通过 p ++ 语句,即可让 p 从上一个元素直接指向下一个元素。通过指针变量输出数组中的所有元素比前面用到的数组下标方式和 *(a + i) 方式速度快得多,这就是使用指针变量的好处。

```
for(;p < a + 6;p++)
printf("%d", *p);
```

可以改为

```
for(;p < a + 6;)
printf("%d", *p++);                //表达式 3 移到了输出语句中
```

注意: ++ 在后面,是先输出指针变量 p 指向的元素值,再让 p 的值加 1,相当于 *(p ++)。

注意下面两个表达式的区别:

```
*p++                               //取出 p 指向的值,再让 p 的值自增
(*p)++                             //p 指向的元素值加 1
```

通过指针变量输出数组中的元素值时,要注意指针变量当前是指向哪个元素的。

【例 8.5】 用指针变量向 a 数组中输入值,再通过指针变量遍历输出 a 数组。

```
#include <stdio.h>
void main()
{
    int a[6];
    int *p;
    for(p = a;p < a + 6;p++)
```

```
    scanf("%d",p);              //p中是元素的地址
  p=a;                          //p重新指向数组的首元素
  for(;p<a+6;p++)
    printf("%d ",*p);           //输出p指向的元素值
  printf("\n");
}
```

程序运行结果：

```
1 2 3 4 5 6↙
1 2 3 4 5 6
```

说明：

一定要注意，在利用下面循环语句：

```
for(p=a;p<a+6;p++)
  scanf("%d",p);                //p中是元素的地址
```

输入值后，p已经指向了a数组中最后一个元素a[5]的后面一个存储单元，这是一个未定义的空间，如图8.10所示。必须通过p=a;语句才能使p重新指向数组中的第一个元素。

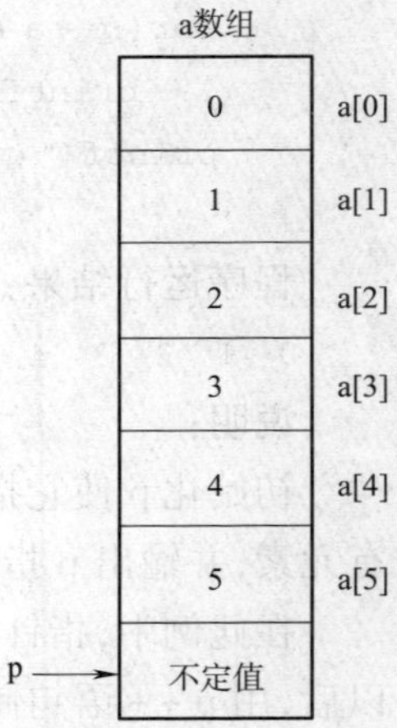

图8.10 p指向了未定义的存储空间

3. 一维数组元素的地址作为函数参数

相同类型的一维数组元素和普通变量都是用来存储相应类型数据的，所以一维数组元素的地址和普通变量的地址作为函数参数用法是一致的。

【例8.6】通过函数调用交换数组元素的值。

```
#include<stdio.h>
void swap(int *p1,int *p2)
{
  int t;
  t = *p1;                      //p1指向的元素(a[0])值赋给整型变量t
  *p1 = *p2;                    //p2指向的元素(a[1])值赋给p1指向的元素(a[0])
  *p2 =t;                       //整型变量t的值赋给p2指向的元素(a[1])
}
void main()
{
  int a[6]={1,2,3,4,5,6};
  swap(&a[0],&a[1]);            //a[0]和a[1]两个元素的地址作为实参
  printf("%d,%d\n",a[0],a[1]);
}
```

程序运行结果：

```
2,1
```

【例8.7】通过函数调用将数组a中n个元素的值逆序存放。

```
#include<stdio.h>
void inv(int x[],int n)         //形参x也是一个数组
{
```

```
    int i,j,t;
    for(i =0;i <= (n -1)/2;i++ )
    {
        j =n -1- i;              //j 的值为最后一个元素的下标
        t =x[i];x[i] =x[j];x[j] =t;
    }
}
void main( )
{
    int i;
    int a[8] = {1,2,3,4,5,6,7,8};
    inv(a,8);                    //数组名作为实参传递给形参
    for(i =0;i <8;i++ )
        printf("%d ",a[i]);
    printf("\n");
}
```

程序运行结果:

```
8 7 6 5 4 3 2 1
```

说明:

本例的实参是数组名 a,传递的是 a 数组的首地址(&a[0]),形参 x 是和 a 数组同类型的数组,形参得到实参数组 a 的首地址,所以形参数组 x 和实参数组 a 的首地址是相同的,即 x 和 a 表示的是同一个数组。实参数组和形参数组是对同一段内存单元的不同表示方法,x[i]与 a[i]的内存单元地址是同一段,如图 8.11 所示。

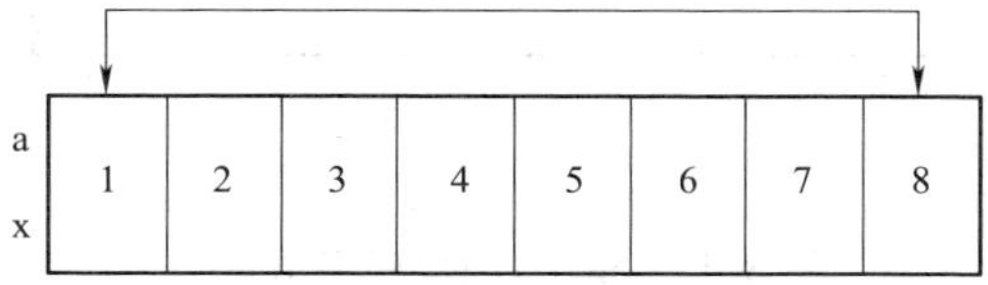

图 8.11　x[i]与 a[i]占相同内存单元

数组名 a 代表数组的首地址,即 &a[0],所以也可以直接用 &a[0]作为实参,或者用指针变量存放 a[0]的地址,再作为实参。

在 inv( )函数中,形参 x 虽然是数组名,但它的实质任务就是接收一个实参传过来的地址,完全可以用一个指针变量来代替。

【**例 8.8**】用指针变量作为函数的实参和形参改写例 8.7。

```
#include <stdio.h>
void inv(int *x,int n)                          //指针变量作为形参
{
    int *i,*j,t;
    for(i =x,j =x +n -1;i <=x + (n -1)/2;i++,j --)   //i 指向第一个元素,j 指向最后一个元素
    {
        t = *i; *i = *j; *j =t;                 //i 指向的元素值和 j 指向的元素值互换
```

```
    }
}
void main()
{
    int i;
    int a[8] = {1,2,3,4,5,6,7,8};
    int *p = a;
    inv(p,8);                                    //指针变量作为实参
    for(i = 0;i < 8;i++)
        printf("%d ",a[i]);
    printf("\n");
}
```

说明：

在被调用函数 inv()中，形参 x 得到实参 p 中的值(&a[0])，指针变量 x 指向了 a 数组中的第一个元素 a[0]，定义两个指针变量 i 和 j，让 i 指向第一个元素 a[0]，j 指向最后一个元素 a[n-1]，交换 i 和 j 两个指针变量所指向的数组元素中的值，通过 i++ 使指针变量 i 指向 a[1]元素，通过 j-- 使指针变量 j 指向 a[n-2]元素，交换 i 和 j 两个指针变量所指向的元素中的值，依此类推，继续 i++ 和 j--，让指针变量 i 指向其后的元素，指针变量 j 指向前面的元素，交换两个指针变量所指向的元素中的值，直到 i 的地址为 x+(n-1)/2 为止，如图 8.12 所示。

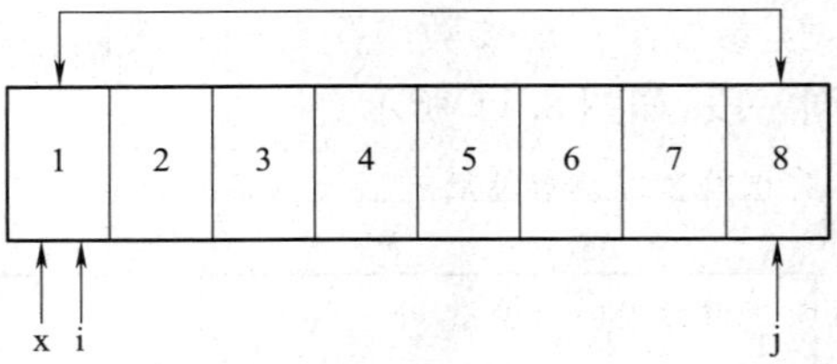

图 8.12　inv()函数程序示意图

综上所述，通过调用函数改变数组中元素的值，实参与形参的对应方式有以下 4 种：

(1)实参是数组名，形参也是数组名。

(2)实参是数组名，形参是指针变量。

(3)实参是指针变量，形参也是指针变量。

(4)实参是指针变量，形参是数组名。

8.4.2　指针与二维数组

1. 二维数组元素的指针

定义一个二维数组：

```
int a[3][4] = {1,2,3,4,5,6,7,8,9,10,11,12};
```

为了描述方便，二维数组 a 表示成 3 行 4 列的形式，如图 8.13 所示。实际上二维数组的各元素在内存中的存储形式和一维数组一样都是所有元素连续存放的，即存放完第一行所有

元素后,紧接着存放第二行所有元素,第二行所有元素存放完后,紧接着存放第三行所有元素。所以,如果知道了 a[0][0]元素的地址,就可以知道其他所有元素的地址。例如,a[2][2]的地址应该是 a[0][0]的地址加上 10 个整数所占的空间(一个整数占 4 字节的空间),即 &a[2][2] = &a[0][0] + 10。

a[2][2]是第二行第二列元素,从第零行往后走两行,从第零列往后走两列,对 a 数组来说,每行都是 4 个元素,所以 &a[2][2] = &a[0][0] + 2 * 4 + 2。a 数组中其他所有元素的地址都可以表示成:&a[i][j] = &a[0][0] + i * 4 + j。当然这里需满足 $i \leq 2, j \leq 3$。

二维数组 a 是由 3 行 4 列的 12 个元素组成的,第一行元素:a[0][0]、a[0][1]、a[0][2]、a[0][3],都是以 a[0]开头的,可以把这一行看成是一个由 4 个元素组成的一维数组 a[0],同理,第二行可以看成是一个一维数组 a[1],第三行可以看成是一个一维数组 a[2],那么二维数组 a 可以看成是一个特殊的一维数组,该数组包括 3 个元素 a[0]、a[1]、a[2],但这 3 个元素都是一维数组,如图 8.14 所示。

a数组

a[0][0] 1	a[0][1] 2	a[0][2] 3	a[0][3] 4
a[1][0] 5	a[1][1] 6	a[1][2] 7	a[1][3] 8
a[2][0] 9	a[2][1] 10	a[2][2] 11	a[2][3] 12

图 8.13 二维数组 a 的描述形式

a数组

a[0]	a[0][0] 1	a[0][1] 2	a[0][2] 3	a[0][3] 4
a[1]	a[1][0] 5	a[1][1] 6	a[1][2] 7	a[1][3] 8
a[2]	a[2][0] 9	a[2][1] 10	a[2][2] 11	a[2][3] 12

图 8.14 二组数组 a 可看作特殊一维数组

a[0]是一个一维数组,那么数组名 a[0]就是这个数组的首地址(&a[0][0])。a[0] + 1 即 &a[0][0] + 1,就是 a[0][1]的地址(&a[0][1])。a[0] + j 即 &a[0][0] + j,就是 a[0][j]的地址(&a[0][j])。同理,a[1] + j 就是 a[1][j]的地址,a[2] + j 就是 a[2][j]的地址,a[i] + j 就是 a[i][j]的地址。

之前分析过,二维数组 a 可以看成是一个特殊的一维数组,这个一维数组包括 3 个元素 a[0]、a[1]、a[2],数组名 a 相当于这个一维数组的首地址即 &a[0]。那么 a + 1 就是 a[1]的地址(&a[1]),a + 2 就是 a[2]的地址(&a[2]),a + i 就是 a[i]的地址(&a[i])。

综上所述,&a[i][j] = a[i] + j = *(a + i) + j,a[i][j] = *(*(a + i) + j)。

需要指出的是,对于一个二维数组 a 来说,a[0]、a[1]、a[2]都是假设的元素,是把一个二维数组看成一个特殊一维数组时假设所包括的 3 个元素,实际上是并不存在的。

2. 指向二维数组元素的指针变量

定义一个指向二维数组元素的指针变量等同于定义一个指向一维数组元素的指针变量。例如:

```
int a[3][4] = {1,2,3,4,5,6,7,8,9,10,11,12};
int *p;
```

此时,p 可以指向二维数组中的任何一个元素。例如,p = &a[0][0];,p 指向了二维数组中的第一个元素 a[0][0]。

【例 8.9】用指针变量指向二维数组中值最大的元素,并输出最大值。

```
#include <stdio.h>
void main()
{
    int a[3][4]={1,21,3,46,5,6,79,8,19,10,11,12};
    int *p;
    int *m;                                  //用指针变量m指向最大的元素
    m=&a[0][0];                              //假设a[0][0]是最大的
    for(p=&a[0][0];p<&a[0][0]+12;p++)       //通过循环,将每个元素都与*m比较
        if(*p>*m)  m=p;                      //哪个元素的值大于*m,就将该元素的地址赋给m
    printf("max=%d\n",*m);
}
```

程序运行结果:

```
max=79
```

3. 指向一维数组的指针变量

指向一维数组的指针变量定义格式为:

```
int (*p)[n];
```

(*p)表示定义的是一个指针变量 p,[n]表示指针变量指向的是一个由 n 个元素组成的一维数组,int 表示这个一维数组的类型是整型。

例如:

```
int (*p)[4];            //定义p为指向含有4个元素的一维数组的指针变量
int b[4];
```

p 被定义为指向一维数组的指针变量,p 指向的数组有 4 个整型元素,数组 b 是一个整型数组,且具有 4 个整型元素,所以可以用 p=&b;语句让 p 指向一维数组 b,如图 8.15 所示。

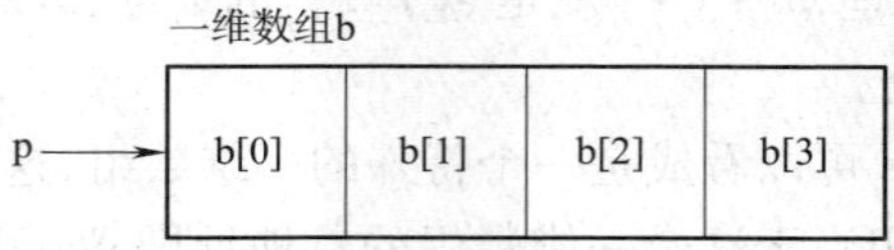

图 8.15　指针变量 p 指向一维数组 b

可以把二维数组看成是一个特殊的一维数组,其中每个元素都是一个由该二维数组中的一行构成的一维数组。如果定义一个指向一维数组的指针变量,该指针变量就可以指向二维数组中的某一行(一维数组)。

例如:

```
int a[3][4]={1,2,3,4,5,6,7,8,9,10,11,12};
int (*p)[4];
```

二维数组 a 可以看成是一个特殊的一维数组,包括 3 个元素 a[0]、a[1]、a[2],这 3 个元素都是由 4 个整型元素组成的一维数组,所以 p 就可以指向 a[0]或 a[1]或 a[2]。

若想让 p 指向二维数组中的 a[0],可以用 p=&a[0];语句或 p=a;语句。

如图 8.16 所示，p 指向的是由 4 个整型元素组成的一维数组 a[0]，此时若有 p ++;语句，就不是简单地加 1，而是加 4 个元素组成的一维数组长度，即如果 p 原来指向的是第一行数组 a[0]，加 1 后，p 就指向了第二行数组 a[1]。

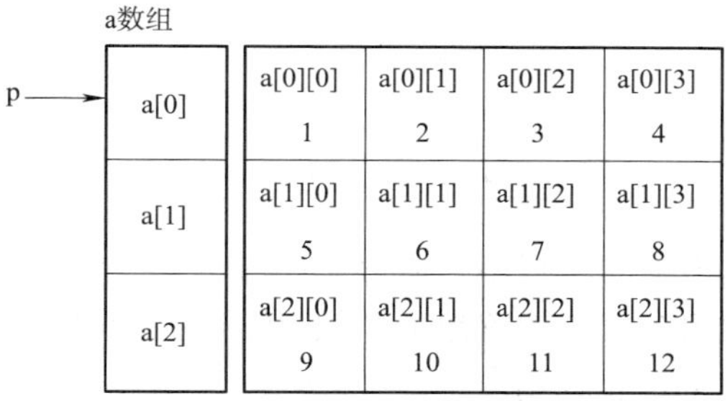

图 8.16　p 指向二维数组中的某行

【例 8.10】输入一个 3×4 的矩阵到二维数组中，计算所有元素的和。

```
#include <stdio.h>
void main()
{
    int a[3][4],j,s=0;
    int (*p)[4];                   //定义一个指向含有 4 个元素的一维数组的指针变量
    for(p=a;p<a+3;p++)             //用指针变量作为外层循环的循环变量
        for(j=0;j<4;j++)
            scanf("%d",*p+j);      // *p+j 是二维数组元素的地址
    for(p=a;p<a+3;p++)
        for(j=0;j<4;j++)
            s+=*(*p+j);            // *(*p+j)是二维数组元素的值
    printf("s=%d\n",s);
}
```

程序运行结果:

```
1  2  3  4↙
5  6  7  8↙
9  10  11  12↙
s=78
```

8.5　指针与字符串

8.5.1　用字符指针访问字符串

字符串是由若干个字符组成的字符序列，以'\0'作为字符串的结束标志，字符串一般存储在字符数组中。访问数组中的字符串时，可以逐个访问数组元素中的字符，也可以通过指针变量来访问。

1. 字符数组中的字符串

【例 8.11】用数组名输出字符串。

```
#include <stdio.h>
void main()
{
    char s[] = "Hello!";              //定义字符数组并初始化
    printf("%s\n",s);                 //数组名代表数组的首地址
}
```

程序运行结果：

```
Hello!
```

数组 s 初始化后，s 数组中的字符串在内存中的存放形式如图 8.17 所示。printf("%s", s);语句执行的过程是从数组名代表的首地址开始，依次对数组中的所有元素进行比较，如果不是'\0'就输出，直到遇见'\0'停止输出。

	S[0]	S[1]	S[2]	S[3]	S[4]	S5]	S[6]
S	H	e	l	l	o	!	\0

图 8.17　字符串在数组 s 中的存放形式

【例 8.12】用字符型指针变量输出数组中的字符串。

```
#include <stdio.h>
void main()
{
    char s[] = "Hello!";
    char *p;
    p = s;                            //p 指向数组中的第一个元素,即'H'字符
    while(*p!= '\0')                  //循环条件为判断 p 指向的字符是否为结束符
    {
        printf("%c", *p);             //输出 p 指向的元素中的字符
        p++;                          //p 指向下一个元素
    }
    printf("\n");
}
```

程序运行结果：

```
Hello!
```

程序运行时，首先让指针变量 p 指向数组中的第一个元素，在循环条件中判断 p 所指向的元素，若不是结束符则输出该字符，并通过 p++;语句使 p 指向下一个元素，再次进行判断，若是结束符则停止循环。循环结束时，输出了数组中的字符串。

2. 指向字符串的指针变量

【例 8.13】字符指针变量指向一个字符串。

```
#include <stdio.h>
void main()
{
```

```
    char *s = "I am a student.";            //字符串首地址赋给字符指针变量
    printf("%s\n",s);                       //输出以 s 为起始地址的字符串
}
```

程序运行结果:

```
I am a student.
```

在 C 语言中,字符串常量不仅表示字符串本身,还表示字符串的首地址,将字符串赋给一个字符型指针变量相当于把该字符串的首地址赋给了指针变量。语句 printf("%s\n",s);从字符串首地址开始,依次输出每一个字符,直到遇见'\0'为止。

【例 8.14】用字符型指针变量实现字符串的连接。

```
#include <stdio.h>
void main()
{
    char a[20] = "this is a ";
    char b[] = "string";
    char *p1, *p2;
    p1 = a;                               //p1 指向 a[0]
    p2 = b;                               //p2 指向 b[0]
    for(; *p1 != '\0';p1 ++);             //p1 指向 a 数组中的结束符
    for(; *p2 != '\0';p2 ++,p1 ++)        //判断 p2 指向的元素是否为结束符
          *p1 = *p2;                      //把 p2 指向的元素值赋给 p1 指向的空间
    *p1 = '\0';                           //在 a 数组字符串的末尾加一个结束符
    p1 = a;
    printf("%s\n",p1);
}
```

程序运行结果:

```
this is a string
```

程序运行时,先初始化数组 a 和 b 并定义字符型指针变量 p1 和 p2,之后,让 p1 指向 a[0]元素,p2 指向 b[0]元素,如图 8.18(a)所示。第一个循环结束后,p1 指向了 a[10]元素,如图 8.18(a)所示。第二个循环的功能是把 p2 指向的数组 b 中的元素从 b[0]开始逐个赋给 p1 指向的空间,直到 p2 指向的是结束符'\0'为止,如图 8.18(b)所示。第二个循环结束时,p1 指向了 a 数组中的 a[16]元素,p2 指向了 b 数组中的 b[6]元素,因为 a 数组中存放的是字符串,所以最后要往 p1 指向的空间(a[16])中赋一个结束符'\0'。

8.5.2 字符型指针变量和字符数组的区别

用字符型指针变量和字符型数组都可以处理字符串,但是它们之间还存在着区别。

(1)字符型指针变量中只能存放某个字符的地址,不能存放字符串本身,而字符数组中可以存放字符串。

例如:

```
char *p = "Hello!";           //定义一个字符型指针变量,并用字符串的首地址初始化
char a[] = "Hello!";          //定义一个字符型数组,并用字符串初始化
```

定义一个字符数组是在内存中为这个数组开辟一个连续的存储空间,可以向这个数组中

输入一个字符串。

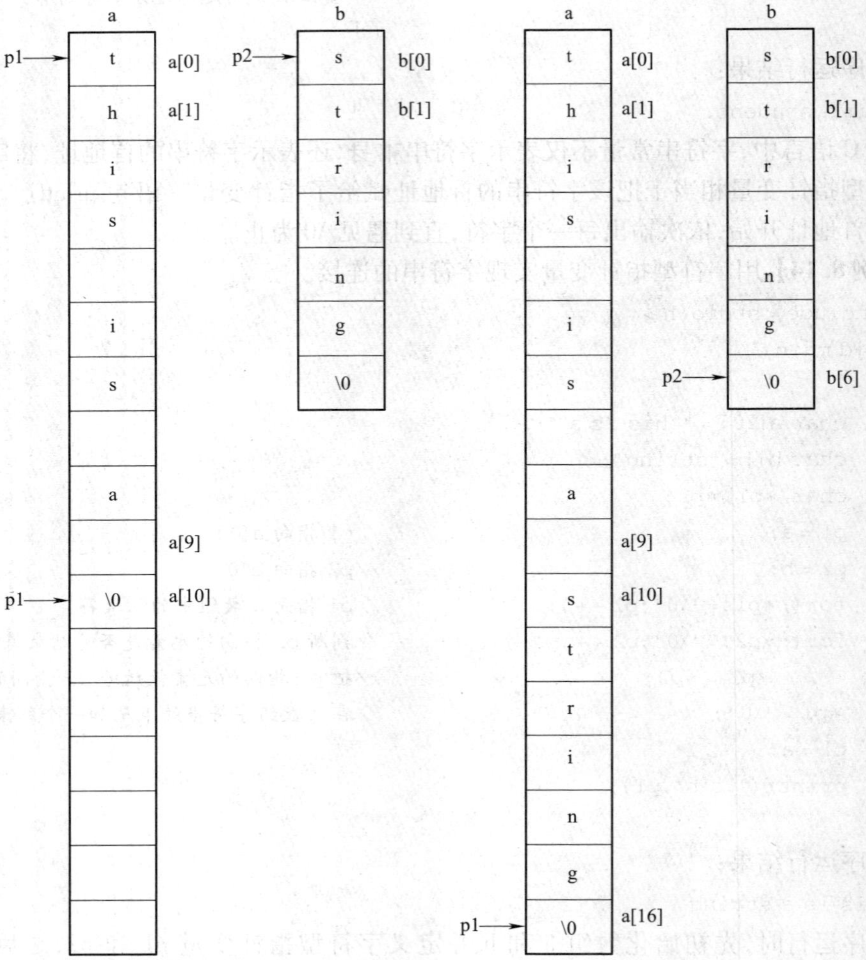

图 8.18　用字符型指针变量实现字符串连接的过程

例如：

```
char c[10];
scanf("%s",c);                    //向数组 c 中输入字符串
```

定义一个字符型指针变量后，指针变量中只能存放字符的地址，不能输入字符串。

例如：

```
char *p;
scanf("%s",p);                    //此语句会发生错误，因为输入的字符串没有空间可存放
```

可以用字符型指针变量存放字符型数组元素的地址，之后通过字符型指针变量向数组中输入字符串。

```
char a[10];
char *p;
```

```
p = a;
scanf("%s",p);                 //通过指针变量 p 向数组 a 中输入字符串
```

因为 p 中存放了数组 a 的首地址,所以输入的字符串实际上是输入到以 a[0]元素的地址为起始地址的字符数组中。

(2)字符型数组和字符型指针变量的赋值区别。

字符串不可以用“ = ”直接赋值给字符数组。

例如:

```
char a[10];
a = "Hello!";                  //错误
```

字符串赋给字符型数组,可以在初始化时直接赋值,也可以用字符串复制函数 strcpy( )。

例如:

```
strcpy(a,"Hello!");
```

字符串可以用“ = ”直接赋值给字符型指针变量。

例如:

```
char *p;
p = "Hello!";                  //正确,只是把字符串的首地址赋给了指针变量
```

(3)字符型指针变量的值是可以改变的,而数组名永远代表数组的首地址。

例如:

```
char *p = "Hello!";
p = p+1;                       //p 指向下一个字符
```

p 由原来指向字符'H'改为指向字符'e'。

例如:

```
char a[ ] = "Hello!";
a = a + 1;                     //错误
```

a 是数组名,永远代表数组的首地址,值不可以改变。

8.5.3　字符型指针作为函数参数

【例 8.15】编写一个求字符串长度的函数,字符串在主函数输入。

```
#include <stdio.h>
#include <string.h>
int length(char *s)
{
    int n = 0;                 //变量 n 用于记录字符串长度
    while(*s++)                //当 s 指向的字符不是结束符时循环继续,并让 s 指向下一个字符
        n++;
    return n;
}
void main( )
{
    int len;
    char a[80];
```

```
    gets(a);
    len = length(a);                    //调用函数,并以数组首地址作为实参
    printf("%d\n",len);
}
```

程序运行结果:

```
Hello!↙
6
```

length()函数被调用时,形参 s 接收实参传过来的 a 数组的首地址,s 指向字符串中的第一个字符,如图 8.19(a)。在 length()函数中用 while 循环求字符串的长度,当 s 指向的字符不是结束符时,记录字符串长度的变量 n 加 1,并让 s 指向下一个字符(s ++),如图 8.19(b)所示,直到 s 指向的字符是结束符时循环停止。循环结束时变量 n 中的值就是字符串的长度。

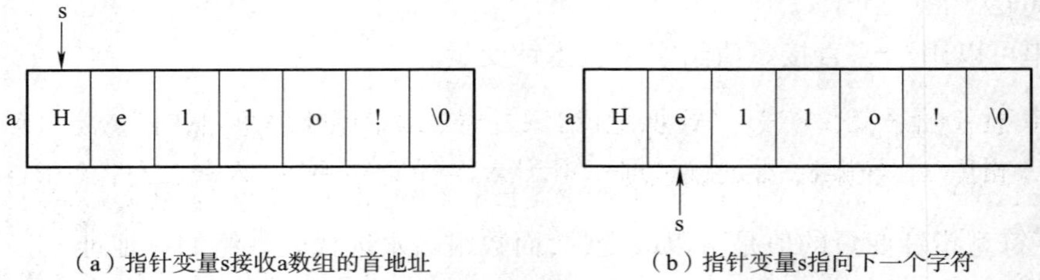

图 8.19　例 8.15 程序示意图

实参可以是数组名,当然也可以是字符型指针变量。

实参是字符型指针变量的主函数:

```
void main()
{
    int len;
    char a[80];
    char *p;
    gets(a);
    p = a;
    len = length(p);
    printf("%d\n",len);
}
```

【例 8.16】 编写一个字符串复制函数,把一个数组中的字符串复制到另一个数组中。

```
#include <stdio.h>
void strcopy(char *x,char *y)
{
    while(*y)                           //判断 y 指向的元素是否为结束符
    {
        *x = *y;                        //把 y 指向的元素值赋给 x 指向的元素
        x ++;
        y ++;
    }
```

```
    *x = '\0';                    //在字符串的末尾加个结束符
}
void main()
{
    char a[10],b[] = "Hello!";
    strcopy(a,b);
    printf("%s\n",a);
}
```

程序运行结果：

```
Hello!
```

strcopy()函数被调用时，指针变量 x 指向 a[0]元素，指针变量 y 指向 b[0]元素，该函数的功能是把 y 指向的字符元素依次赋给 x 指向的空间，直到 y 指向结束符为止。

8.6　指针数组和指向指针的指针变量

程序设计时经常会遇到存储很多字符串的问题，例如图书馆的图书目录，其中包括很多图书的书名，应如何存储才能既省内存空间又方便进行字符串的处理呢？假设有 FORTRAN、BASIC、C ++ 、VB、C 等书名，可以定义 5 个字符型数组 a、b、c、d、e，存储这 5 个字符串，如图 8.20 所示。但图书目录中的书名不可能只是 5 个，一般都应该是上百上千个，定义上千个字符型一维数组是不可能的。那么定义一个字符型的二维数组是否可以呢？现在有 5 个字符串组成的书名，需要定义一个 5 行的字符型二维数组，列数应取这些字符串中最长的字符个数，如 char c[5][8]，如图 8.21 所示。

从图 8.21 中可以看出，二维字符数组可以存放多个字符串，但因各字符串的长度不一样，而二维数组的列数又是固定的，所以会浪费大量的空间。如何解决存储多个字符串的问题，请看下面的指针数组介绍。

a	F	O	R	T	R	A	N	\0
b	B	A	S	I	C	\0		
c	C	+	+	\0				
d	V	B	\0					
e	C	\0						

图 8.20　定义多个一维数组存放多个字符串

二维字符数组c

F	O	R	T	R	A	N	\0
B	A	S	I	C	\0	\0	\0
C	+	+	\0	\0	\0	\0	\0
V	B	\0	\0	\0	\0	\0	\0
C	\0	\0	\0	\0	\0	\0	\0

图 8.21　定义一个二维数组存放多个字符串

8.6.1 指针数组

1. 指针数组的定义

定义指针数组的一般形式为:

```
类型标识符 *数组名[数组元素个数];
```

例如:

```
char *c[5];
```

由于“[ ]”比“ * ”优先级高,因此 c 先与[5]结合,形成 c[5]形式,也就是有 5 个元素的 c 数组。数组的类型为 char *,表示此数组中所有元素的类型都是字符指针类型,每个数组元素都可以存储一个字符型数据的地址,所以这种数组称为指针数组。

注意:不要写成 char (*c)[5];。

2. 指针数组的应用

在 C 语言里如果定义了字符串,则它们在内存里有自己存放的空间,只需要存储这些字符串的起始地址就可以对它们随时引用。指针数组的各元素都是用来存储地址的,可以用来存储各字符串的起始地址。

例如:

```
char *c[5] = {"FORTRAN","BASIC","C ++ ","VB","C"};
```

指针数组 c 定义并初始化后,各元素中就存放了字符串的首地址,如图 8.22 所示。当然,除了用初始化的方法外,也可以先定义指针数组,再存放各字符串的首地址。

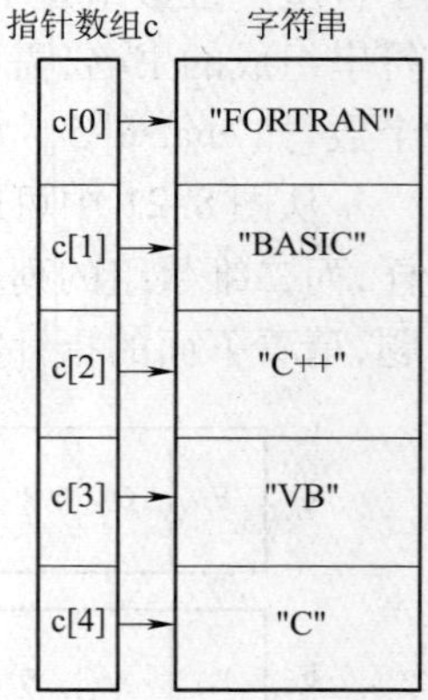

图 8.22 指针数组元素存放字符串首地址

例如:

```
char *c[5];
c[0] = "FORTRAN";
c[1] = "BASIC";
c[2] = "C ++ ";
c[3] = "VB";
c[4] = "C";
```

指针数组中不仅可以存放字符型数据的地址,也可以存放整型或浮点型数据的地址。

例如:

```
int k[5] = {11,23,45,87,109};
int *c[5] = {&k[0],&k[1],&k[2],&k[3],&k[4]};
```

【例 8.17】定义一个指针数组,存放"FORTRAN"、"BASIC"、"C ++ "、"VB"、"C"等 5 个字符串,按字符串由小到大的顺序对数组中的元素排序,即第一个元素存放最小字符串的地址,第二个元素存放第二小的字符串的地址,依此类推。

```
#include < stdio.h >
#include < string.h >
void main()
```

```
{    char *c[] = {"FORTRAN","BASIC","C ++ ","VB","C"};
     int i,j,k;
     char *temp;  //temp 用于交换两个指针元素值的中间变量
     for(i = 0;i < 4;i++)
     {
        k = i;
        for(j = i+1;j < 5;j ++)
            if(strcmp(c[k],c[j]) > 0) k = j;        //比较两个字符串的大小
        if(k!= i)
        {    temp = c[i];c[i] = c[k];c[k] = temp;}
    }
    for(i = 0;i < 5;i++)
        printf("%s\n",c[i]);
}
```

程序运行结果：

```
BASIC
C
C ++
FORTRAN
VB
```

3. 指针数组作为 main( )函数的形参

前面所有例子中 main( )函数都不带参数。实际上 main( )函数可以带参数，当 C 程序运行时，可以通过命令行输入参数给 main( )函数。

带参数的 main( )函数的函数头一般形式为：

```
void main(int argc,char *argv[])
```

其中，第一个形参 argc 存放程序执行时的参数个数，第二个形参 argv 为指针数组，存放各参数字符串的首地址。

【例 8.18】 输出 main( )函数执行时的各参数。

```
#include < stdio.h >
void main(int argc,char *argv[ ])
{
    for(;argc >1;argc --)
    {    argv ++;
         printf("%s\n", *argv);
    }
}
```

输入此源程序并存为 prog. c。把此源程序通过编译、连接变成可执文件 prog. exe，之后在 DOS 方式下输入：

```
prog  How  are  you↙
```

则对应的主函数得到的参数个数是 4，即 argc 形参的值为 4，而指针数组得到的是各参数字符串的首地址（包括程序的名字），如图 8. 23 所示。

程序运行结果：

```
How
are
you
```

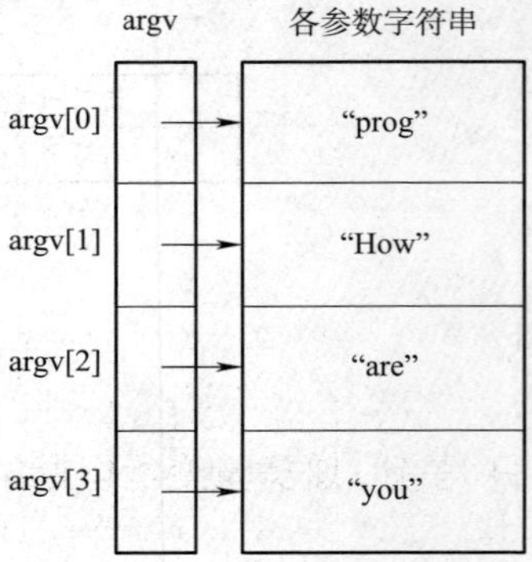

图 8.23 指针数组得到各参数字符串的首地址

8.6.2 指向指针的指针变量

前面曾经介绍过指向基本类型的指针变量，这些指针变量不仅可以指向对应类型的变量，也可以指向对应类型的一维数组、二维数组中的元素。

例如：

```
int a[5];
int *p;
p = &a[2];                    //p 指向一维数组中的元素
```

p 是一个指向整型数据的指针变量，所以 p 可以指向整型数组 a 中的任何一个元素，但如果一维数组是一个指针数组，如 int *p[5]，那么什么样的指针变量可以指向这个一维数组中的元素呢？答案是指向地址（指针）的指针变量。

指向指针的指针变量的定义形式为：

```
类型标识符 **指针变量名
```

例如：

```
char **p;                     //定义 p 是一个指向字符型指针的指针变量
```

由于"*"运算符的结合性是由右向左，所以 char **p 相当于 char *(*p)，括号表示 p 是一个指针变量，这个指针变量是指向"char *"类型的，即指向字符型指针类型的。

【例 8.19】指针数组存放"FORTRAN"、"BASIC"、"C++"、"VB"、"C"等 5 个字符串的首地址，用指向指针的指针变量输出这 5 个字符串。

```
#include <stdio.h>
void main()
{
    char *c[5] = {"FORTRAN","BASIC","C++","VB","C"};
    char **p;                 //定义指向字符型指针的指针变量
    for(p = c;p < c + 5;p++)
    {
        printf("%s\n", *p);   //输出以 *p 为起始地址的字符串
    }
}
```

程序运行结果：

```
FORTRAN
BASIC
C++
VB
C
```

程序开始时定义并初始化指针数组 c，for 循环的表达式 1 让 p 指向了指针数组中的首元

素,此时,指针数组中存放的各字符串首地址和指针变量p的指向如图8.24所示。for循环中的循环体语句是把p指向的c数组中的各元素的地址值取出,并以"%s"形式把从该地址开始存储的字符串输出。

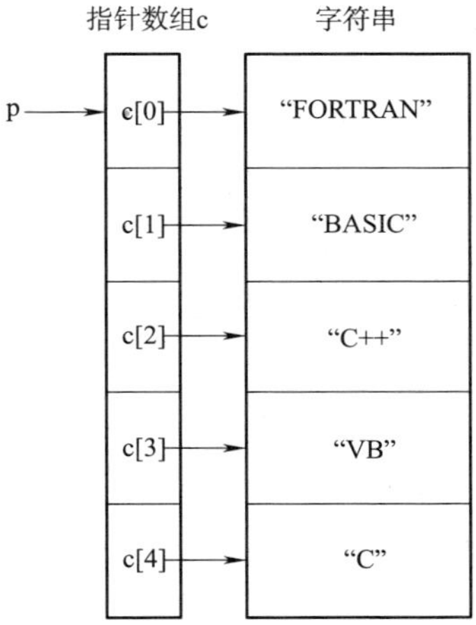

图8.24　指向指针的指针变量

8.7　指针与函数

8.7.1　返回指针值的函数

函数的返回值不仅可以是基本数据类型,也可以是指针类型。

返回指针的函数定义格式为:

```
类型名 *函数名(形参表)
{
    说明部分
    执行部分
}
```

例如:

```
int *fun(int x,int y)
{
    说明部分
    执行部分
}
```

函数的类型为int *,表示fun()函数的返回值是一个int型的指针。

【例8.20】调用min()函数返回数组中值最小的元素地址。

```
#include <stdio.h>
int *min(int *x,int n)
{
    int i,*q;                        //变量q用来存放最小值所在的地址
```

```
    q = x;                        //q中先存放第一个元素的地址,假设第一个元素是最小的
    for(i = 1;i < n;i++)
        if(*q > *(x + i)) q = x + i;   //如果某个元素的值小于q所指向的元素值,替换q的值
    return  q;
}
void main()
{
    int *p,a[10] = {-7,5,19,13,14,-38,-2,11,10,-6};
    p = min(a,10);
    printf("min:%d\n", *p);
}
```

程序运行结果:

```
min:-38
```

8.7.2 指向函数的指针变量

变量和数组都是系统分配的内存单元,通过变量名可以得到变量的内存地址,通过数组名可以得到数组所占连续内存空间的首地址。同样,函数是由一组指令序列组成并存储在内存空间的,函数所占内存空间的起始地址称为函数的入口地址,此地址称为函数的指针。函数名就代表这个指针,所以可以通过函数名得到函数的入口地址,从而调用函数。

指向函数的指针变量的定义格式为:

```
类型名 (*指针变量名)(形参列表);
```

例如:

```
int (*p)(int x,int y);
```

或

```
int (*p)(int,int);
```

定义p为指向函数的指针变量,它所指向的函数有两个整型的形参并且函数的返回值为整型。

注意:int(*p)( );与 int *p( );的区别,前者定义p为指向函数的指针变量,后者定义p为返回指针值的函数。

假设已经定义了一个函数fun( ):

```
int fun(int x,int y)
{
    return x *y;
}
```

可以定义一个指向函数的指针变量来指向fun( )函数。

例如:

```
int (*p)(int,int);
p = fun;                  //将fun()函数的入口地址赋给指针变量p,p指向了fun()函数
```

此时,指针变量p和函数名都代表函数的入口地址,所以,调用fun( )函数可以有下面两

种方法。

(1)直接调用:

```
t = fun(m,n);
```

(2)间接调用:

```
t = (*p)(m,n);
```

【例 8.21】 输入两个整数,通过指向函数的指针变量调用 max( )函数,返回这两个数中较大的数。

```
#include <stdio.h>
int max(int x,int y)
{
    return x >y?x:y;
}
void main( )
{
    int a,b,c;
    int (*f)(int,int);              //定义指向函数的指针变量 f
    f =max;                         //指针变量中存放函数的入口地址
    printf("输入两个整数:");
    scanf("%d%d",&a,&b);
    c = (*f)(a,b);                  //调用 max()函数
    printf("两个数中较大的数是%d\n",c);
}
```

程序运行结果:

```
输入两个整数:3  5↙
两个数中较大的数是 5
```

指向函数的指针变量可以作为函数的参数,当指向函数的指针变量每次指向不同的函数时,就调用不同的函数来完成不同的功能,这也是指向函数的指针变量的主要用途。

【例 8.22】 调用 fun( )函数,实现不同的功能。

```
#include <stdio.h>
int max(int a,int b)
{
    return(a >b?a:b);
}
int min(int a,int b)
{
    return(a >b?b:a);
}
int sub(int a,int b)
{
    return(a-b);
}
```

```
int fun(int (*p)(int,int),int x,int y)
{
    int z;
    z = (*p)(x,y);
    return z;
}
void main()
{
    int a,b,c;
    scanf("%d%d",&a,&b);
    c = fun(max,a,b);
    printf("%d 和%d 的最大值是 %d\n",a,b,c);
    c = fun(min,a,b);
    printf("%d 和%d 的最小值是 %d\n",a,b,c);
    c = fun(sub,a,b);
    printf("%d 和%d 的差值是 %d\n",a,b,c);
}
```

程序运行结果:

```
3  5↙
3 和 5 的最大值是 5
3 和 5 的最小值是 3
3 和 5 的差值是 -2
```

在该程序中,第一次调用 fun()函数时(c = fun(max,a,b);),把函数名 max 传给了被调用函数 fun()中的 p 参数,p 参数的值是 max()函数的入口地址,所以在 fun()函数中,z = (*p)(x,y);语句就是调用 max()函数,同理,c = fun(min,a,b);语句是通过 fun()函数调用 min()函数。

习 题 八

一、选择题

1. 将 p 定义为指向 double 型变量 d 的指针变量,下面选项中正确的是(   )。

   A. double d, *p = d;　　B. double *p = &d,d;

   C. double d, *p = &d;　　D. double d,p = d;

2. 有语句:int d, *p1, *p2 = &d;,下面(   )选项可以使 p1 指向整型变量 d。

   A. p1 = p2;　　B. p1 = d;

   C. p1 = &p2;　　D. p1 = *p2;

3. 有语句 int k = 5, *p = &k, *p *= 2;,则下面选项中正确的是(   )。

   A. p 的值是 5　　B. k 的值是 10

   C. *p 的值是 5　　D. p 的值是 10

4. 有语句 int a[5] = {22,3,14,35,46}, *p;p = a + 1;,则 *(p + 3)的值为(   )。

   A. 3　　B. 14　　C. 35　　D. 46

5. 定义了一个二维数组 int a[3][4];,下面选项中(　　)表示 a[2][2]元素的地址。

A. a[1][3]　　B. *(a+2)+2　　C. *(a[2]+2)　　D. *(a[1]+3)

6. 有语句 char c[ ] = "Hello Word", *p = c;, 则 printf("%s\n",p+6);输出的结果是(　　)。

A. Hello Word　　B. Hello　　C. o Word　　D. Word

7. char *c[5] = {"A","B","C","D","E"};则 printf("%s\n", *(c+2));输出的结果是(　　)。

A. E　　B. A　　C. B　　D. C

8. 有语句 char *c[5] = { "A","B","C","D","E" }, **p = c+1;, 则 printf("%c\n", *(*(p+2)));语句输出的结果是(　　)。

A. C　　B. D　　C. E　　D. F

9. int(*p)()表示(　　)。

A. p 是一个返回指针值的函数

B. p 是一个指针数组

C. p 是一个指向一维数组的指针变量

D. p 是一个指向函数的指针变量

10. 有语句 float d[5] = {1.5,2.5,3.5,4.5,5.5};, *dd[5] = {&d[0],&d[1],&d[2],&d[3],&d[4]}, **p = dd;,
则 printf("%.1f\n", *(*(p+2)));语句输出的结果是(　　)。

A. 3.5　　B. 4.5　　C. 5.5　　D. 2.5

二、程序填空题(填空完善程序)

1. 下面程序的功能是:通过调用 fun()函数,交换实参变量 a、b 中的值。

```
#include <stdio.h>
void fun(__(1)__)
{
    __(2)__
    z = *x;
    *x = *y;
    *y = z;
}
void main()
{
    int a,b;
    a=88;b=99;
    fun(&a,&b);
    printf("%d,%d\n",a,b);
}
```

2. 下面程序的功能是:找出数组中的最大值并输出。

```
#include <stdio.h>
void main()
```

```
{
    int a[10] = {10,8,-80,90,120,4,5,6,-10,0};
    int *p = a;
    int *max = p;
    for(p = a + 1;p < a + 10;p++)
        if(*p > *max) ___(1)___
    printf("%d\n", ___(2)___);
}
```

3. 下面程序的功能是:通过调用 strlen( )函数计算字符串的长度并输出。

```
#include <stdio.h>
int strlen( ___(1)___ )
{
    int len = 0;
    while(*p!=0)
    {
    ___(2)___
      p++;
    }
    return len;
}
void main( )
{
    char str[20];
    int k;
    gets(str);
    k = strlen(str);
    printf("您输入的字符串的长度为:%d\n",k);
}
```

4. 下面程序的功能是:对一维数组中的元素值进行由小到大排序。

```
#include <stdio.h>
void main( )
{
    int a[10] = {10,8,-80,90,120,4,5,6,-10,0};
    int *p, *q,t;
    int *min;
    for(p = a;p < a + 10;p++)
    {    ___(1)___
        for(q = p+1;q < a + 10;q ++)
            if(*q < *min) min = q;
        t = *p;
        ___(2)___
        *min = t;
```

```
    }
    for(p = a;p < a +10;p++)
        printf("%d  ", *p);
    printf("\n");
}
```

5. 下面程序的功能是:对数组中的元素值进行前后颠倒,即第一个元素和最后一个元素值进行交换,第二个元素和倒数第二个元素值进行交换,依此类推,直到所有元素前后颠倒完成为止。

```
#include < stdio.h >
void main( )
{
    int a[10] = {10,8, -80,90,120,4,5,6, -10,0};
    ____(1)____
    for(p = a,q = a +9;____(2)____;p++,q--)
    {  t = *p;
      *p = *q;
      *q = t;
    }
    for(p = a;p < a +10;p++)
        printf("%d ", *p);
    printf("\n");
}
```

6. 下面程序的功能是:输入行号和列号,则输出二维数组中对应元素的值。
输入"2,3"输出"a[2][3]元素的值为:12"

```
#include  < stdio.h >
void main()
{
    int a[3][4] = {1,2,3,4,5,6,7,8,9,10,11,12};
    int r,l;
    ____(1)____
    printf("请输入二维数组的行号和列号:\n");
    scanf("%d,%d",&r,&l);
    p = a[0] + ____(2)____;
    printf("a[%d][%d]元素的值为:%d\n",r,l, *p);
}
```

7. 下面程序的功能是删除字符串中的 c 字符,形成新的字符串。

```
#include  < stdio.h >
void main()
{
    char a[20] = "abcdceijcf";
    char *p, *q;
    q = p = a;
```

```
    while(*p!='\0')
    {
        if(___(1)___)
        {*q=*p;
         p++;q++;
        }
        else
        ___(2)___
    }
    *q='\0';
    printf("%s\n",a);
}
```

8. 下面程序的功能是:把 a 数组中的字符串复制到 b 数组中。

```
#include <stdio.h>
void main()
{
    char a[20]="Hello Word!";
    char b[20];
    ___(1)___
    p=a;q=b;
    while(*p!='\0')
    {
        *q=*p;
        p++;
        q++;
    }
    ___(2)___
    printf("%s\n",b);
}
```

9. 下面程序的功能是:把指针数组中各元素指向的字符串全部输出。

```
#include <stdio.h>
void main()
{
    char *c[5]={"For","While","If","Loop","Doc"};
    ___(1)___
     for(i=0;i<5;i++)
       printf("%s\n",___(2)___);
}
```

10. 下面程序的功能是:输出二维数组中指定行中的所有元素值。

```
#include <stdio.h>
void prn(___(1)___,int n)
{
```

```
    int *q;
    int i;
    q = *(p+n);
    for(i =0;i <4;i++)
        printf("%d  ",__(2)__);
    printf("\n");
}
void main()
{
    int a[3][4] = {70,70,70,70,80,80,80,80,90,80,80,90};
    int n;
    printf("请输入要输出的行号:");
    scanf("%d",&n);
    prn(a,n -1);
}
```

三、编程题

1. 用指针变量指向一维整型数组中的每个元素,求出所有元素的和。

2. 定义一个 3 行 4 列的二维数组,存放 3 个学生四门课的成绩,并定义一个指向一维数组的指针变量,用指针变量把所有成绩按 3 行 4 列形式输出。

3. 自定义一个字符串比较函数,当第一个字符串大于第二个字符串时返回正数,当第一个字符串等于第二个串时返回 0,否则返回负数。

4. 定义一个整型数组 a 存放 5 个整数,定义一个指针数组 c 存放 a 数组 5 个元素的地址,请按整型数组中的值的大小排列指针数组元素中的地址,即指针数组中第一个元素存放整型数组中值最小的元素地址,第二个元素存放整型数组中值第二小的元素的地址,依此类推。

5. 编写一个函数,该函数的功能是把传过来的字符串反向存放,即原来字符串如果是"ABCD",反向存放后为"DCBA"。

第 9 章 结构体与共用体

基本数据类型只能描述具有单一特性的简单事物，现实生活中，更多的是由多种特性组合而成的复杂事物，每一种特性就是一个基本数据类型。

在 C 语言中，允许用户自己建立由不同类型数据组成的组合型的数据结构，即结构体(Structure)。结构体是将不同类型的数据按照一定的需求进行整体封装，封装的数据类型及大小均由用户指定。

9.1 结构体类型定义

结构体类型是一种构造数据类型，它是由若干个成员组成的，每个成员既可以是一个基本数据类型，又可以是一个构造数据类型。

结构体类型的定义格式为：

```
struct 结构体类型名
{
    成员 1;
    成员 2;
      …
    成员 n;
};
```

说明：

(1) struct 是定义一个结构体类型的关键字，其后是所定义的结构体类型的名称，命名规则与变量名相同。

(2) 大括号中定义了该结构体类型的成员，包括数据类型和成员名，成员名的命名规则与变量名相同。

(3) 大括号外要有“;”号。

例如，描述一个公司员工的信息，包括员工编号、姓名、性别、生日和籍贯等，如图 9.1 所示。

<table>
<tr><td rowspan="2">num</td><td rowspan="2">name</td><td rowspan="2">sex</td><td colspan="3">birth</td><td rowspan="2">birp</td></tr>
<tr><td>month</td><td>day</td><td>year</td></tr>
</table>

图 9.1　员工结构体类型

定义 Date 结构体类型:

```
struct Date                        /* 定义 Date 结构体类型 */
{
    int year;
    int month;
    int day;
};
```

定义 Staff 结构体类型:

```
struct Staff                       /* 定义 Staff 结构体类型 */
{
    int num;
    char name[10];
    char sex[2];
    struct Date birth;             /* 成员 birth 属于 Date 结构体类型 */
    char birp[20];
};
```

9.2 结构体变量

结构体类型是一种数据类型,编译时系统并不为其分配内存空间。为了在程序中使用结构体类型的数据,应为其定义相应结构体类型的变量。

9.2.1 结构体变量的定义

定义结构体变量有 3 种方式:

(1)先定义结构体类型,再定义该类型的变量。定义形式如下:

```
struct 结构体类型名
{
    成员 1;
    成员 2;
     …
    成员 n;
};
struct 结构体类型名  结构体变量名 1,…,结构体变量名 n;
```

例如:

```
struct Date                        /* 定义 Date 结构体类型 */
{
    int year;
    int month;
    int day;
};
struct Date birth1,birth2;         /* 定义 Date 结构体类型变量 birth1 和 birth2 */
```

(2)定义结构体类型的同时,定义该类型的变量。定义形式如下:

```
struct 结构体类型名
{
    成员 1;
    成员 2;
      …
    成员 n;
}结构体变量名 1,…,结构体变量名 n;
```

例如:

```
struct Date                        /* 定义 Date 结构体类型 */
{
    int year;
    int month;
    int day;
} birth1,birth2;                   /* 定义 Date 结构体类型变量 birth1 和 birth2 */
```

(3)定义时不指定结构体类型名,直接定义该类型的变量。定义形式如下:

```
struct
{
    成员 1;
    成员 2;
      …
    成员 n;
}结构体变量名 1,…,结构体变量名 n;
```

例如:

```
struct
{
    int year;
    int month;
    int day;
} birth1,birth2;                   /* 定义结构体变量 birth1 和 birth2 */
```

9.2.2 结构体变量的内存分配

定义了一个结构体类型的变量,系统会为其分配内存空间,结构体变量内存空间的大小是其成员所占据内存单元的总和。

例如:

```
struct Stu
{
    int num;
    int age;
    char sex;
    float score;
```

```
}st1,st2;
```

Stu 结构体类型变量 st1 和 st2 的结构如图 9.2 所示。

	num	age	sex	score
st1	4字节	4字节	1字节	4字节
st2	4字节	4字节	1字节	4字节

图 9.2　Stu 结构体类型结构

变量 st1 和 st2 所占内存空间为 13 字节(即 4 +4 +1 +4 =13)。

说明:理论上所有成员在分配内存时都是紧接在前一个成员后面依次填充。但实际中,计算机系统对结构体变量是按“字节对齐”原则进行管理,即所有的成员在分配内存时都要与成员中占内存最多的数据类型所占字节数对齐。假如成员中最大字节数为 N,如果分配后剩下的空间小于下一个成员变量的数据类型所占的字节数,编译系统会填充字节。变量 st1 和 st2 的实际结构如图 9.3 所示。

	num	age	sex		score
st1	4字节	4字节	1字节	填充3字节	4字节
st2	4字节	4字节	1字节	填充3字节	4字节

图 9.3　Stu 结构体类型实际结构

变量 st1 和 st2 所占内存空间为 16 字节(即 4 +4 +4 +4 =16)。

9.2.3　结构体变量的初始化

结构体变量的初始化是为其中各个成员赋初值的过程,分为 2 种方式:

(1)定义结构体类型的同时定义该类型变量,并为其初始化。

例如:

```
struct Date
{
    int year;
    int month;
    int day;
} birth1 = {1995,10,20};
struct
{
    int hour;
    int minute;
    int second;
} time = {10,20,28};
```

(2)定义结构体类型后,再定义该类型变量并为其初始化。

例如:

```
struct Date
{
```

```
    int year;
    int month;
    int day;
};
struct Date birth2 = {1998,12,10};
```

9.2.4 结构体变量的引用

结构体变量定义后,就可以被引用了。但结构体变量不能整体进行输入和输出,只能引用结构体变量成员的值。

引用结构体变量成员的方式为:

结构体变量名.成员名

说明:

(1)“.”是成员运算符,结构体变量的成员相当于一个变量,可以像普通变量一样进行相应运算。

(2)如果结构体变量中的成员也属于一个结构体类型,则要用若干个“.”,逐级地找到最低一级的成员进行操作。

(3)同一结构体类型的变量可以相互赋值。

(4)结构体变量可以作为函数的参数。

【例9.1】输入两个学生的学号、姓名和成绩,按成绩由高到低输出学生的信息。

```
#include <stdio.h>
struct Stu                                           /* 定义 Stu 结构体类型 */
{
    int num;                                         /* 学号 */
    char name[10];                                   /* 姓名 */
    int score;                                       /* 成绩 */
}stu1,stu2;
void main()
{
    printf("Please input records:\n");
    scanf("%d%s%d",&stu1.num,stu1.name,&stu1.score);     /* 输入结构体变量 stu1
                                                            的各成员值 */
    scanf("%d%s%d",&stu2.num,stu2.name,&stu2.score);     /* 输入结构体变量 stu2
                                                            的各成员值 */
    if(stu1.score >= stu2.score)
    {
        printf("%d,%s,%d\n",stu1.num,stu1.name,stu1.score);  /* 输出变量 stu1 的
                                                                各成员值 */
        printf("%d,%s,%d\n",stu2.num,stu2.name,stu2.score);  /* 输出变量 stu2 的
                                                                各成员值 */
    }
    else
```

```
    {
        printf("%d,%s,%d\n",stu2.num,stu2.name,stu2.score);
        printf("%d,%s,%d\n",stu1.num,stu1.name,stu1.score);
    }
}
```

程序运行结果：

```
Please input records:
1001 ZHAO 80↙
1002 QIAN 90↙
1002,QIAN,90
1001,ZHAO,80
```

【例 9.2】输入员工的编号、姓名、性别、生日和籍贯，并输出。

```
#include <stdio.h>
#include <string.h>
struct Date                             /* 定义 Date 结构体类型 */
{
    int year;
    int month;
    int day;
};
struct Staff                            /* 定义 Staff 结构体类型 */
{
    int num;                            /* 编号 */
    char name[10];                      /* 姓名 */
    char sex[4];                        /* 性别 */
    struct Date birth;                  /* 成员 birth(生日)属于 Date 结构体类型 */
    char birp[20];                      /* 籍贯 */
}st1 = {1501,"李芳","女",1996,10,20,"吉林省"};
void main( )
{
    struct Staff  st2 = {1502,"郑宁宁","女",2003,11,5,"黑龙江省"};
    struct Staff  st3,st4;              /* 定义 Staff 结构体变量 st3,st4 */
    st3.num =1503;
    strcpy(st3.name,"张江");
    strcpy(st3.sex,"男");
    st3.birth.year =1993;
    st3.birth.month =5;
    st3.birth.day =6;
    strcpy(st3.birp,"江苏省");
    printf("Please input a record:\n");
    scanf("%d%s%s%d%d%d%s",&st4.num,st4.name,st4.sex,&st4.birth.year,&st4.
birth.month,&st4.birth.day,st4.birp);    /* 输入结构体变量 st4 的各成员值 */
```

```
    printf("******************************** \n");
    printf("%d,%s,%s,%d-%d-%d,%s\n",st1.num,st1.name,st1.sex,st1.birth.year,
st1.birth.month,st1.birth.day,st1.birp);    /* 输出结构体变量 st1 的各成员值 */
    printf("%d,%s,%s,%d-%d-%d,%s\n",st2.num,st2.name,st2.sex,st2.birth.year,
st2.birth.month,st2.birth.day,st2.birp);
    printf("%d,%s,%s,%d-%d-%d,%s\n",st3.num,st3.name,st3.sex,st3.birth.year,
st3.birth.month,st3.birth.day,st3.birp);
    printf("%d,%s,%s,%d-%d-%d,%s\n",st4.num,st4.name,st4.sex,st4.birth.year,
st4.birth.month,st4.birth.day,st4.birp);
}
```

程序运行结果:

```
Please input a record:
1504 李珊珊 女 1998 10 25 云南省↙
******************************
1501,李芳,女,1996—10—20,吉林省
1502,郑宁宁,女,2003—11—5,黑龙江省
1503,张江,男,1993—5—6,江苏省
1504,李珊珊,女,1998—10—25,云南省
```

9.3 结构体数组

结构体数组与前面介绍的基本类型数组一样,不同的是数组中的元素都是结构体类型。

9.3.1 结构体数组的定义与初始化

定义并初始化结构体数组有 3 种方式:

(1)先定义结构体类型,再定义该类型的数组并初始化。

例如:

```
struct Person                              /* 定义 Person 结构体类型 */
{
    char name[10];
    int count;
};
struct Person candi[5] = {"Lusy",0,"Bob",0,"Kai",0,"Tom",0,"Bella",0};
```

(2)定义结构体类型的同时,定义该类型的数组并初始化。

例如:

```
struct Person                              /* 定义 Person 结构体类型 */
{
    char name[10];
    int count;
}candi[5] = {"Lusy",0,"Bob",0,"Kai",0,"Tom",0,"Bella",0};
```

(3)定义时不指定结构体类型名,直接定义该类型的数组并初始化。

例如：

```
struct                                    /* 定义结构体类型 */
{
    char name[10];
    int count;
}candi[5] = { "Lusy",0,"Bob",0,"Kai",0,"Tom",0,"Bella",0};
```

9.3.2　结构体数组元素的引用

结构体数组中的每个数组元素都相当于一个结构体变量，因此，对结构体数组元素的引用和对结构体变量的引用是一样的。

【例 9.3】有 5 个候选人，10 位选民，每位选民只能投票选一个候选人，统计每个候选人的得票数。

分析：创建一个结构体数组，存放 5 个候选人，数组中的元素信息包括候选人姓名和候选人得票数。输入一个候选人的名字，与数组元素中的"候选人姓名"成员相比较，相同，就为这个元素中的"候选人得票数"成员加 1。

根据题意，可表示成如图 9.4 所示的算法。

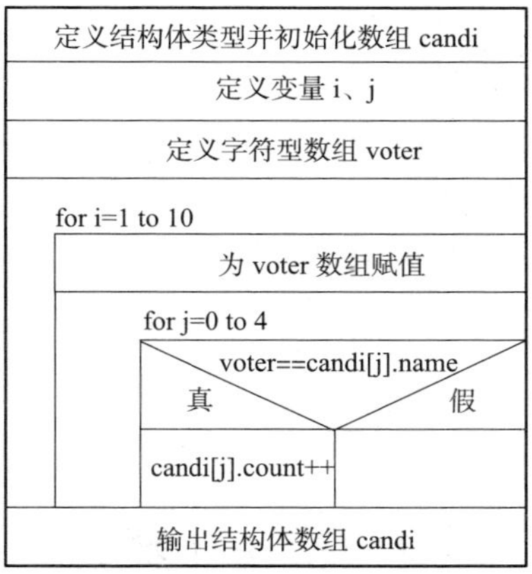

图 9.4　例 9.3 算法

```
#include <string.h>
#include <stdio.h>
struct Person                             /* 定义 Person 结构体类型 */
{
    char name[10];                        /* 候选人姓名 */
    int count;                            /* 候选人得票数 */
}candi[5] = { "lusy",0,"bob",0,"kai",0,"tom",0,"ann",0,};
void main()
{
    int i,j;
    char voter[20];
    for(i = 1;i <= 10;i++)
```

```
    {
        scanf("%s",voter);                          /* 输入所选候选人名字 */
        for(j=0;j<5;j++)
            if(strcmp(voter,candi[j].name)==0)
                candi[j].count++;
    }
    printf("\n****** \n");
    for(i=0;i<5;i++)
        printf("%s:%d\n",candi[i].name,candi[i].count);
}
```

程序运行结果：

```
lusy↙
bob↙
kai↙
tom↙
ann↙
bob↙
kai↙
lusy↙
bob↙
tom↙
******
lusy:2
bob:3
kai:2
tom:2
ann:1
```

9.4 结构体指针

一个结构体变量的起始地址就是这个结构体变量的指针。指针变量可以指向基本数据类型的变量，也可以指向结构体类型的变量。

9.4.1 指向结构体变量的指针变量

指向结构体变量的指针变量的定义格式为：

结构体类型名 *指针变量名

例如：

```
struct Person *pt
```

定义了一个指向 Person 结构体类型变量的指针变量 pt。

一个指针变量只能指向定义时所指定的结构体类型的变量。指针变量，不仅可以指向结构体变量，还可以指向该结构体变量中的成员。

通过指针变量访问结构体变量成员的方式有 2 种：

```
(1)(*指针变量名).成员名
(2)指针变量名->成员名
```

例如:

```
(*pt).count
pt->count
```

通过指针变量 pt 访问 Person 结构体变量的成员 count。

9.4.2　指向结构体数组元素的指针变量

指针变量不仅可以指向结构体变量,还可以指向结构体数组中的元素。当把结构体数组的名字赋给指针变量时,指针变量的值就是该结构体数组的首地址。

例如:

```
struct Person *pt;
struct Person  candi[5];
pt =candi;
```

指针变量 pt 中存放数组 candi 的首地址。

9.4.3　结构体变量作为函数的参数

结构体变量作为函数的参数有 3 种方式:

(1)结构体变量的成员作函数的参数。其用法与普通变量作为函数的参数是一样的。

(2)结构体变量作函数的参数。将结构体变量所占内存单元的内容全部按顺序传给形参,形参的数据类型要和实参一致。在函数调用期间,形参也要占用内存单元。这种方式在时间和空间上开销比较大。

(3)指向结构体变量的指针变量作函数的参数。这种方法传递的是结构体变量的地址。

【例 9.4】 有 5 箱不同品种的苹果,通过函数输入和输出这 5 箱苹果的信息(编号、品名、重量和产地),并计算 5 箱苹果的总重量。

```
#include <string.h>
#include <stdio.h>
struct Apple                            /*定义 Apple 结构体类型*/
{
    int num;                            /*编号*/
    char name[10];                      /*品名*/
    int weight;                         /*重量*/
    char place[10];                     /*产地*/
};
void input(struct Apple ap[])           /*input()函数,结构体数组作为形参*/
{

    int i;
    printf("请输入苹果的信息:\n");
    for(i=0;i<5;i++)
    {
        scanf("%d%s%d%s",&ap[i].num,ap[i].name,&ap[i].weight,ap[i].place);
```

```
    }
}
void total(struct Apple *pt)          /* Apple 结构体类型的指针变量作为形参 */
{
    int i,sum = 0;
    for(i = 0;i < 5;i++)
        sum += pt[i].weight;          /* 通过指针变量引用结构体成员 */
    printf("\n 5 箱苹果的总重量为:%dkg \n",sum);
}
void output(struct Apple *pp)
{

    int i;
    printf("5 箱苹果的信息:\n");
    for(i = 0;i < 5;i++)
    {
        printf("%d,%s,%d,%s\n",pp->num,pp->name,pp->weight,pp->place);
        pp++;
    }
}
void main()
{
    struct Apple ap[5], *pp;
    pp = ap;
    input(ap);                        /* 结构体数组名作为实参 */
    total(ap);
    output(pp);                       /* 指向结构体数组元素的指针变量作为实参 */
}
```

程序运行结果:

```
请输入苹果的信息:
1001 红富士 20 辽宁↙
1002 黄元帅 15 河北↙
1003 乔纳金 15 山东↙
1004 阿克苏 20 新疆↙
1005 红蛇果 10 陕西↙

5 箱苹果的总重量为:80kg
5 箱苹果的信息:
1001,红富士,20,辽宁
1002,黄元帅,15,河北
1003,乔纳金,15,山东
1004,阿克苏,20,新疆
1005,红蛇果,10,陕西
```

9.5 链　　表

链表是一种常见的数据结构,它能动态地分配存储空间。链表中的每个元素称为一个结点,相邻结点的存储地址可以不连续,即非顺序的存储结构。

链表中每个结点都包含两部分:数据域和指针域。数据域存放结点的实际元素值,指针域存放下一个结点的地址。

图 9.5 所示为一个单向链表的结构,head 为头指针变量,指向链表的首结点。

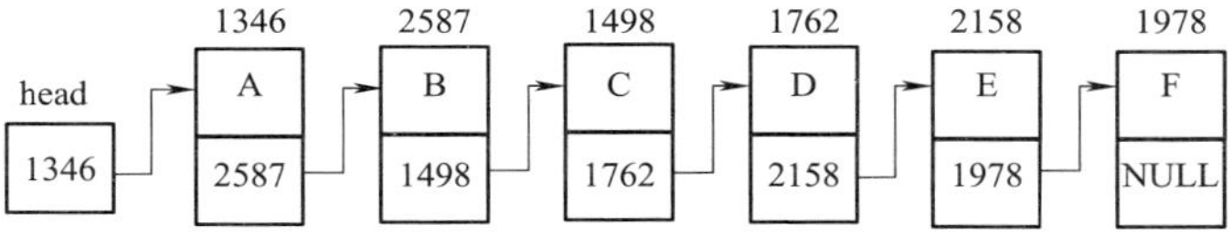

图 9.5　单向链表

9.5.1 静态链表

静态链表的结点都是在程序中定义的,初始长度是固定的,在程序运行过程中不需要临时开辟空间。静态链表在做插入和删除操作时不用移动元素,仅需要修改指针,具有链式存储结构的优点。

【例 9.5】 建立如图 9.6 所示的静态链表存储图书信息(包括书名和图书的总册数),并输出各结点数据域的值。

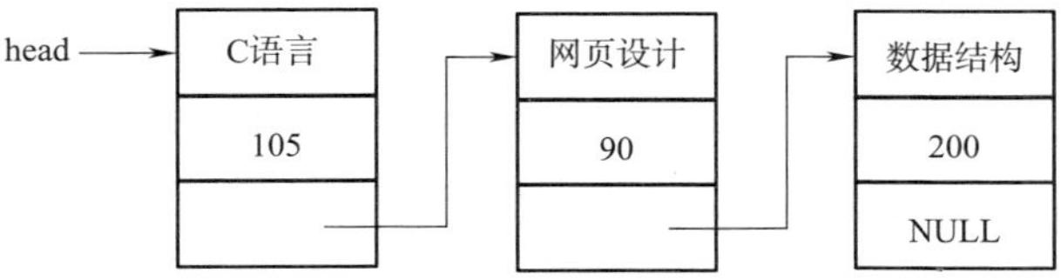

图 9.6　静态链表

根据题意,可表示成如图 9.7 所示的算法。

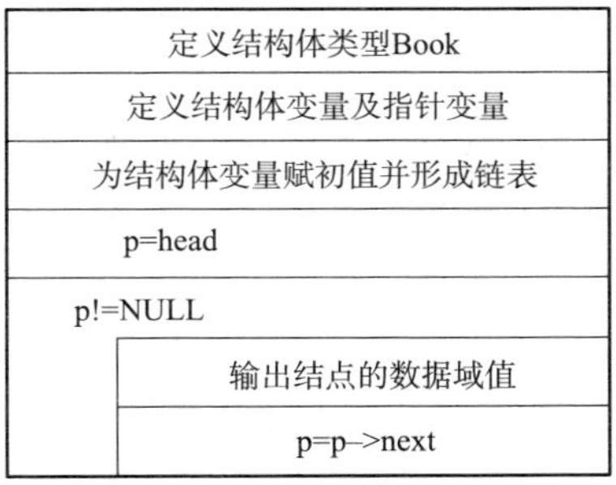

图 9.7　例 9.5 算法

```
#include <stdio.h>
#include <string.h>
struct Book                              /* 定义结构体类型 Book */
{
    char title[20];                      /* 书名 */
    int  total;                          /* 总册数 */
    struct Book *next;
};
void main()
{
    struct Book a,b,c,*head,*p;          /*head 为头指针 */
    strcpy(a.title,"C 语言");
    a.total=105;
    strcpy(b.title,"网页设计");
    b.total=90;
    strcpy(c.title,"数据结构");
    c.total=200;
    head=&a;
    a.next=&b;
    b.next=&c;
    c.next=NULL;
    p=head;
    while(p!=NULL)
    {
        printf("%s,%d\n",p->title,p->total);
        p=p->next;
    }
}
```

程序运行结果:

```
C 语言,105
网页设计,90
数据结构,200
```

9.5.2 动态链表

动态链表的创建过程是动态的,根据需要开辟和释放内存单元,因此,动态链表的长度也是变化的。动态链表通常有建立链表、插入结点、删除结点和输出链表等操作。

1. 建立动态链表

创建动态链表会使用的几个函数:

(1)malloc

格式:`void *malloc(unsigned size)`

功能:在内存中动态地分配一块 size 大小的连续内存空间。

返回值:若成功,以 void * 类型返回内存空间的起始地址;若失败,则返回空指针 NULL。

(2) calloc

格式:`void *calloc(unsigned n,unsigned size)`

功能:在内存中动态地分配 n 块 size 大小的连续内存空间。

返回值:若成功,以 void * 类型返回内存空间的起始地址;若失败,则返回空指针 NULL。

(3) free

格式:`void free(void *p)`

功能:释放由指针 p 指向的内存空间。

返回值:无返回值。

定义 3 个指针变量 head、p1 和 p2。head 是链表的头指针变量,指向链表的头结点;p2 指向当前结点;p1 指向新生成的结点。

链表的创建过程如图 9.8 所示。先建立第一个结点,并使指针变量 head、p1 和 p2 指向该结点,如图 9.8(a)所示;再建立第二个结点,并使指针变量 p1 指向新生成的结点,如图 9.8(b)所示;再将 p1 的值赋给 p2->next,如图 9.8(c)所示;最后将 p1 的值赋给 p2,如图 9.8(d)所示,使 p2 指向当前结点。结点的数据域的值均为 0 时,结束输入,并将 NULL 赋给 p2->next。

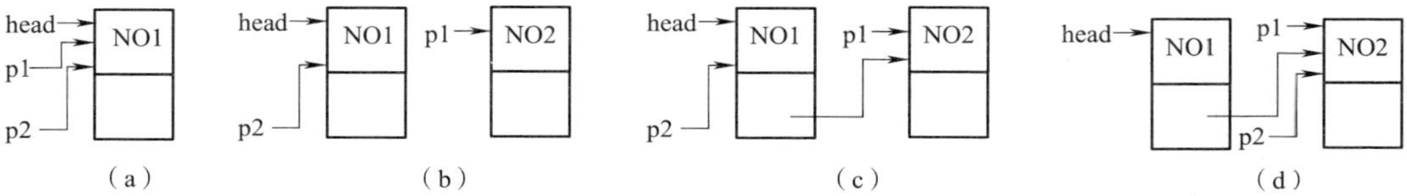

图 9.8　链表的创建过程

链表的创建过程可表示成如图 9.9 所示的算法。

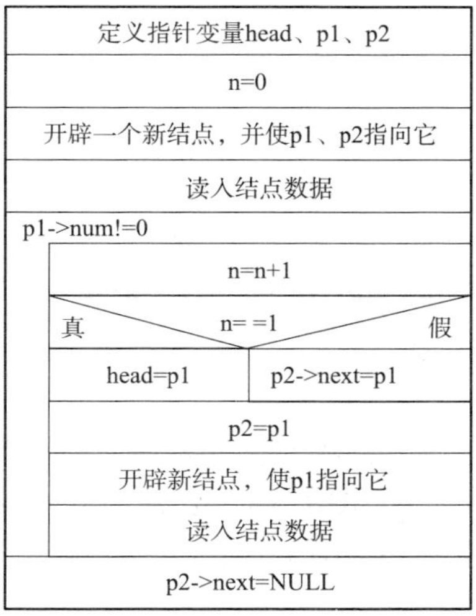

图 9.9　创建链表

```
struct Book                          /* 定义结构体类型 Book */
```

```
{
    int num;                          /* 图书编号 */
    char title[20];                   /* 书名 */
    int total;                        /* 总册数 */
    struct Book *next;
};
int n;                                /* 定义全局变量 n */
struct Book *create( )                /* 创建链表函数 create() */
{
    struct Book *head, *p1, *p2;
    n = 0;
    printf("Please input book information:\n");
    p1 = p2 = (struct Book *)malloc(sizeof(struct Book));
    scanf("%d%s%d",&p1->num,p1->title,&p1->total);
    while(p1->num!=0)                 /*num 为 0 时结束循环 */
    {
        n = n + 1;
        if(n ==1)
            head = p1;
        else
            p2->next = p1;
        p2 = p1;
        p1 = (struct Book *)malloc(sizeof(struct Book));
        scanf("%d%s%d",&p1->num,p1->title,&p1->total);
    }
    p2->next = NULL;
    return head;
};
```

2. 向动态链表中插入结点

定义 3 个指针变量 p1、p2 和 p0。p1 指向当前结点,p2 指向前一结点,p0 指向待插入的结点。

链表的插入分为 3 种情况:

(1)在表头插入结点,如图 9.10(a)所示。如果链表为空,则把 p0 赋给 head,NULL 赋给 p0->next。如果链表不为空,则把 p0 赋给 head,p1 赋给 p0->next。

(2)在表中间插入结点,如图 9.10(b)所示。将 p0 赋给 p2->next,p1 赋给 p0->next。

(3)在表尾插入结点,如图 9.10(c)所示。将 p0 赋给 p1->next,NULL 赋给 p0->next。

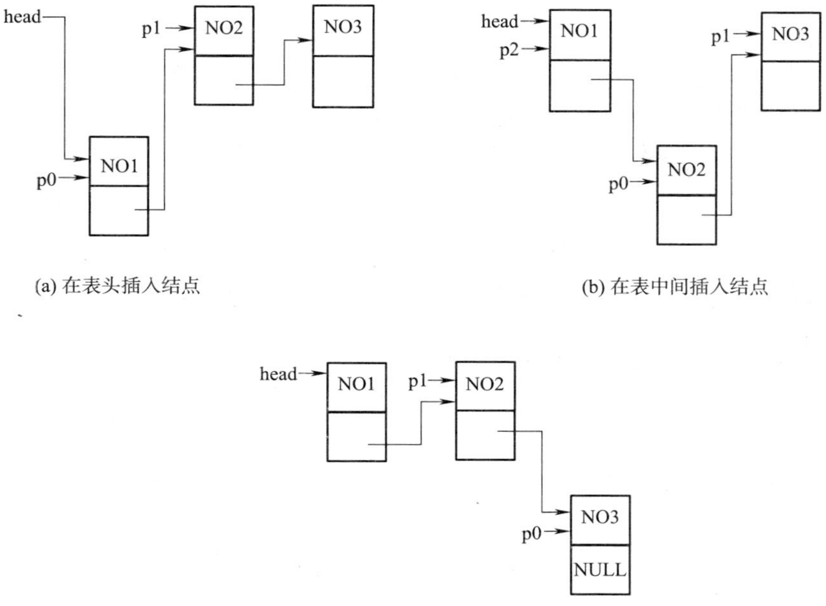

(a) 在表头插入结点　(b) 在表中间插入结点

(c) 在表尾插入结点

图 9.10　链表的插入过程

链表的插入过程可表示成如图 9.11 所示的算法。

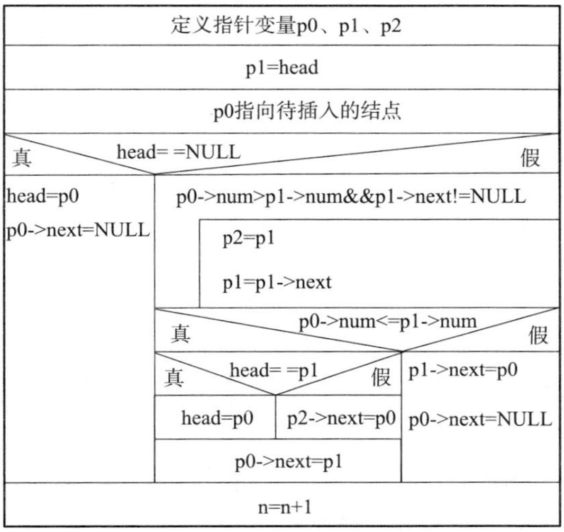

图 9.11　插入链表

```
struct Book *insert(struct Book *head,struct Book *bo ) /* 插入链表函数 insert */
{
    struct Book *p0,*p1,*p2;
    p1 =head;
```

```
    p0 = bo;
    if(head == NULL)
    {
        head = p0;
        p0->next = NULL;
    }
    else
    {
        while((p0->num > p1->num)&&(p1->next != NULL))
        {
            p2 = p1;
            p1 = p1->next;
        }
        if(p0->num <= p1->num)
        {
            if(head == p1)
                head = p0;
            else
                p2->next = p0;
            p0->next = p1;
        }
        else
        {
            p1->next = p0;
            p0->next = NULL;
        }
    }
    n = n + 1;
    return head;
};
```

3. 从动态链表中删除结点

定义 2 个指针变量 p1 和 p2。p1 指向当前结点,p2 指向前一结点。

链表的删除分为 2 种情况:

(1)在表头删除结点,如图 9.12(a)所示。将 p1->next 赋给 head。

(2)在表中间删除结点,如图 9.12(b)所示。将 p1->next 赋给 p2->next。

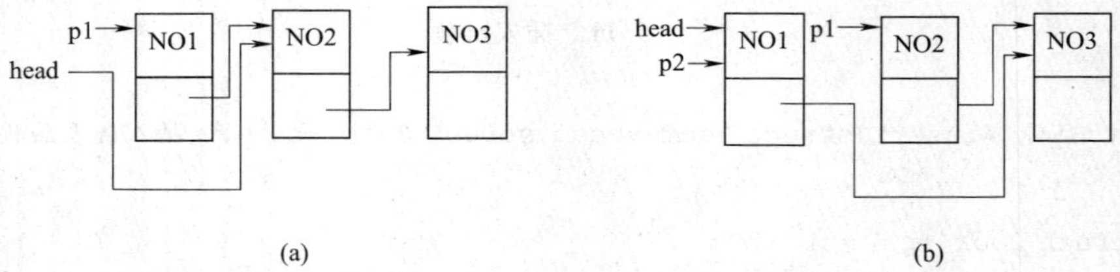

图 9.12 链表的删除过程

链表的删除过程可表示成如图 9.13 所示的算法。

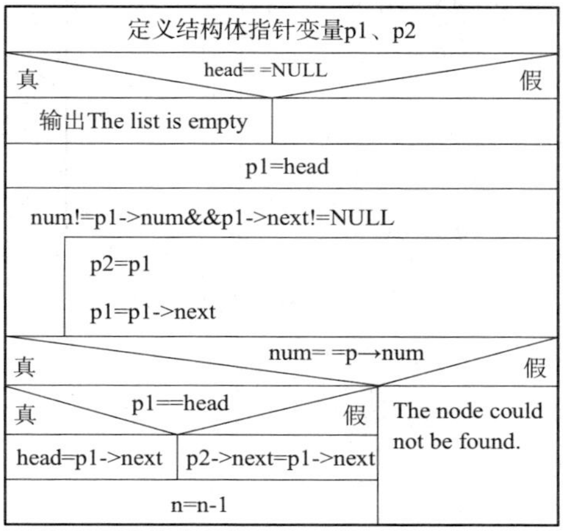

图 9.13　删除链表

```
struct Book *dele(struct Book *head,int num)
{
    struct Book *p1,*p2;
    if(head==NULL)
    {
        printf("\n The list is empty.\n");
        return head;
    }
    p1=head;
    while(num!=p1->num&&p1->next!=NULL)
    {
        p2=p1;
        p1=p1->next;
    }
    if(num==p1->num)
    {
        if(p1==head)
            head=p1->next;
        else
            p2->next=p1->next;
        n=n-1;
    }
    else
        printf("The node could not be found.\n");
    return head;
};
```

4. 输出链表

定义指针变量 p,指向当前结点,如果链表非空,输出结点 p 的数据域,然后将 p->next 赋给 p,直至链表结束。

链表的输出过程可表示成如图 9.14 所示的算法。

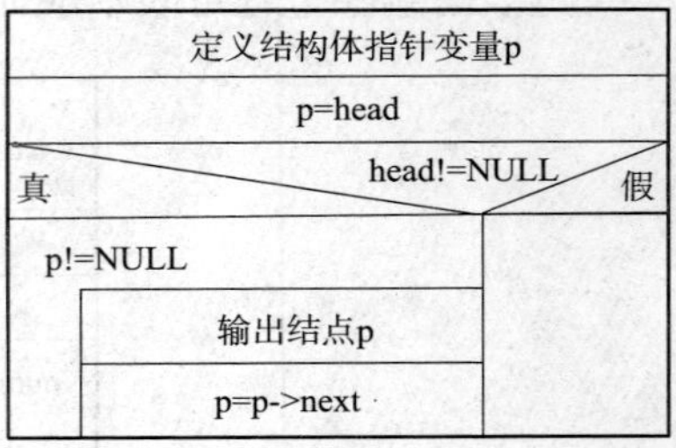

图 9.14 输出链表

```
void print(struct Book *head)
{
    struct Book *p;
    p=head;
    printf("Book information:\n");
    if(head!=NULL)
        while(p!=NULL)
        {
            printf("%d,%s,%d\n",p->num,p->title,p->total);
            p=p->next;
        }
}
```

【例 9.6】输入图书信息(包括图书编号、书名和总册数),按图书编号的升序建立动态链表。再通过图书信息的输入,实现链表的插入操作。通过输入图书编号,实现链表的删除操作。最后,输出链表。

```
#include<stdio.h>
#include<stdlib.h>
void main()
{
    struct Book *head,bo;
    int num;
    head=create( );
    print(head);
    printf("Please input the insert record:\n");
    scanf("%d%s%d",&bo.num,bo.title,&bo.total);
    head=insert(head,&bo);
    print(head);
    printf("Please input the delete number:\n");
    scanf("%d",&num);
    head=dele(head,num);
    print(head);
}
```

程序运行结果:

```
Please input book information:
1001 数据结构 20↙
1002 C 语言 30↙
1004 网页设计 50↙
0 0 0↙
book information:
```

```
1001,数据结构,20
1002,C 语言,30
1004,网页设计,50
Please input the insert record:
1003 Java 程序设计 40 ↙
book information:
1001,数据结构,20
1002,C 语言,30
1003,Java 程序设计,40
1004,网页设计,50
Please input the delete number:
1002 ↙
book information:
1001,数据结构,20
1003,Java 程序设计,40
1004,网页设计,50
```

9.6 共　用　体

共用体同结构体一样,也是一种构造数据类型。不同于结构体成员,共用体成员共享同一段内存,即共用体的所有成员都是从相同的内存地址开始。因此,同一时刻只有一个成员的值是有效的。

9.6.1 共用体类型定义

共用体类型的定义格式为:

```
union 共用体类型名
{
    成员 1;
    成员 2;
      …
    成员 n;
};
```

说明:

(1)union 是定义一个共用体类型的关键字,其后是所定义的共用体类型的名称,命名规则与变量名相同。

(2)大括号中定义了该共用体类型的成员,包括数据类型和成员名,成员名的命名规则与变量名相同。

(3)大括号外要有";"号。

例如,定义 Data 共用体类型,如图 9.15 所示。

```
union Data                    /* 定义 Data 共用体类型 */
{
```

```
    char  a;
    int b;
    double c;
};
```

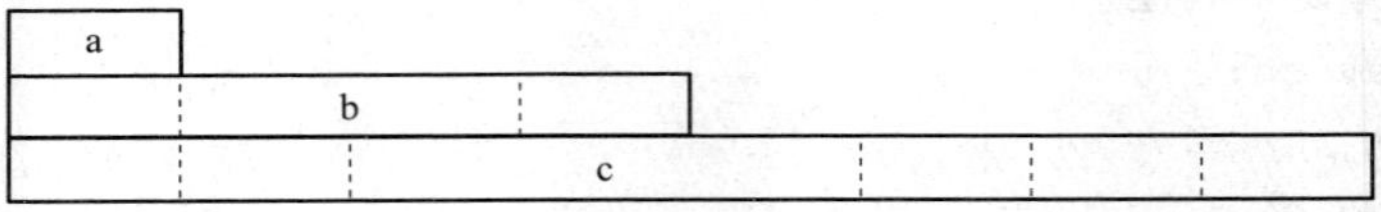

图 9.15　Data 共用体类型

9.6.2　共用体变量的定义

定义共用体变量有 3 种方式：

(1)先定义共用体类型，再定义该类型的变量。定义形式如下：

```
union 共用体类型名
{
    成员 1;
    成员 2;
      …
    成员 n;
};
union 共用体类型名  共用体变量名 1,…,共用体变量名 n;
```

例如:

```
union Data                          /* 定义 Data 共用体类型 */
{
    char a;
    int b;
    double c;
};
union Data  d1,d2;                  /* 定义 Data 共用体类型变量 d1 和 d2 */
```

(2)定义共用体类型的同时，定义该类型的变量。定义形式如下：

```
union 共用体类型名
{
    成员 1;
    成员 2;
      …
    成员 n;
}共用体变量名 1,…,共用体变量名 n;
```

例如：

```
union Data                          /* 定义 Data 共用体类型 */
{
```

```
    char a;
    int b;
    double c;
}d1,d2;                        /* 定义 Data 共用体类型变量 d1 和 d2 */
```

(3)定义时不指定共用体类型名,直接定义该类型的变量。定义形式如下:

```
union
{
    成员 1;
    成员 2;
     …
    成员 n;
}共用体变量名 1,…,共用体变量名 n;
```

例如:

```
union                          /* 定义共用体类型 */
{
    char a;
    int b;
    double c;
}d1,d2;                        /* 定义共用体类型变量 d1 和 d2 */
```

9.6.3　共用体变量的内存分配

定义了一个共用体变量,系统会为其分配内存空间,共用体变量所占内存空间的大小为占内存空间最大的成员所占据的空间大小。

例如:

```
union Data
{
    char  a;
    int b;
    double c;
}d1,d2;
```

变量 d1 和 d2 所占内存空间为其成员 c 所占的空间长度。

说明:理论上共用体变量内存是其成员中最大数据类型的长度。但实际中,计算机系统是按“字节对齐”原则进行管理,共用体变量内存必须是成员中最宽基本数据类型的整数倍。如果不是,编译系统会填充字节。

例如:

```
union  Num
{
    char  a;
    int b;
    char c[5];
}d3,d4;
```

共用体变量 d3 和 d4 的结构如图 9.16 所示：

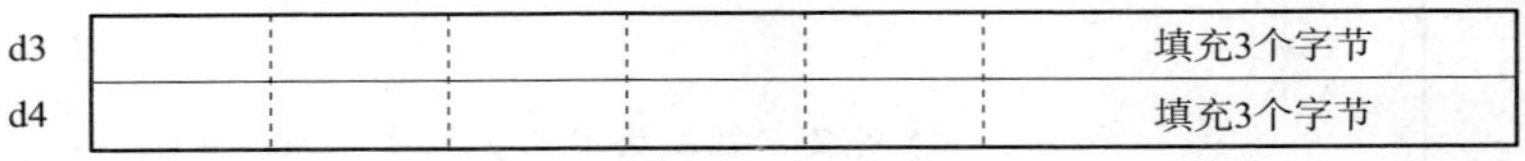

图 9.16 Num 共用体类型实际结构

9.6.4 共用体变量的初始化和引用

共用体变量的初始化只能对一个成员进行初始化，引用方式与结构体变量类似，但是，只能引用共用体变量中的一个成员。

【例 9.7】 对共用体变量成员赋值并输出。

```
#include <stdio.h>
union Data
{
    char  a;
    int b;
    float c;
}d1 = {65};
void main()
{
    printf("d1.a = %c\n",d1.a);
    printf("d1.b = %d\n",d1.b);
    d1.c = 82.3;
    printf("d1.c = %.2f\n",d1.c);
}
```

程序运行结果：

```
d1.a = A
d1.b = 65
d1.c = 82.30
```

说明：

(1)共用体变量中起作用的是最后一次被赋值的成员。

(2)共用体变量的地址与其成员的地址相同。

(3)同一共用体类型的变量可以相互赋值。

(4)不能对共用体变量名赋值，也不能通过引用变量名得到值。

【例 9.8】 图书馆进行图书统计，每本图书包括书名、作者、出版社和登记情况。如果以前已登记在册，则填写这种图书的册数。如果以前没有登记过，则填写这种图书的编号。编写程序，输入统计的图书，并输出这些图书的信息。

根据题意，可表示成如图 9.17 所示的算法。

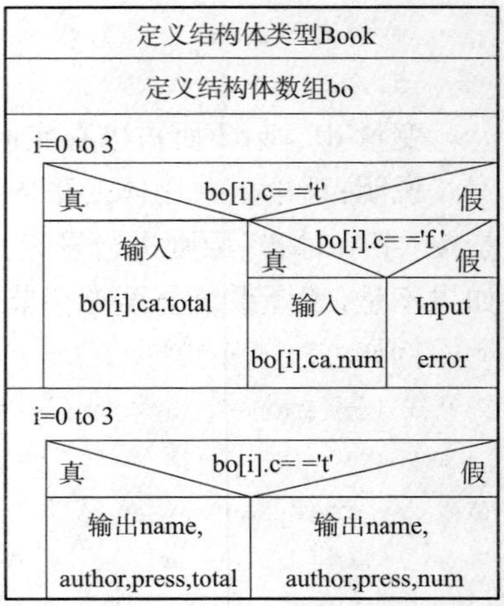

图 9.17 例 9.8 算法

```
#include <stdio.h>
```

```
#define  N  3
struct Book                                 /*定义结构体类型 Book*/
{
    char name[20];                          /*书名*/
    char author[20];                        /*作者*/
    char press[20];                         /*出版社*/
    char c;                                 /*登记否*/
    union
    {
        int  total;                         /*总册数*/
        char num[20];                       /*图书编号*/
    }ca;
};
void input(struct Book bo[])
{
    int i;
    printf("Please input  book information:\n");
    for(i=0;i<4;i++)
    {
        scanf("%s%s%s %c",bo[i].name,bo[i].author,bo[i].press,&bo[i].c);
                                            /*%s 和%c 之间用空格作为间隔*/
        if(bo[i].c=='t')                    /*'t'为已登记*/
            scanf("%d",&bo[i].ca.total);    /*输入总册数*/
        else if(bo[i].c=='f')               /*'f'为未登记 */
            scanf("%s",bo[i].ca.num);       /*输入图书编号*/
        else
            printf("Input error!");
    }
}
void output(struct Book bo[])
{
    int i;
    printf("Please output  book information:\n");
    for(i=0;i<4;i++)
    {
        if(bo[i].c=='t')
            printf("%s %s %s %d\n",bo[i].name,bo[i].author,bo[i].press,bo[i].ca.total);
       else
            printf("%s %s %s %s\n",bo[i].name,bo[i].author,bo[i].press,bo[i].ca.num);
    }
}
void main()
```

```
{
    struct Book bo[4];
    input(bo);
    output(bo);
}
```

程序运行结果:

```
Please input book information:
四世同堂 老舍 北京出版社 t 100↙
文化苦旅 余秋雨 东方出版中心 f WX236↙
新月集 泰戈尔 陕西师范大学出版社 t 380↙
狼图腾 姜戎 长江文艺出版社 f WX238↙
Please output book information:
四世同堂 老舍 北京出版社 100
文化苦旅 余秋雨 东方出版中心 WX236
新月集 泰戈尔 陕西师范大学出版社 380
狼图腾 姜戎 长江文艺出版社 WX238
```

9.7 枚举类型

枚举类型用于定义一组相关的标识符,即一组命名的常数,当一个变量只有几种可能的取值时,可以将它定义为枚举类型。

9.7.1 枚举类型定义

枚举类型的定义格式为:

```
enum 枚举类型名{枚举元素1,枚举元素2,…,枚举元素n};
```

说明:

(1)enum 是定义一个枚举类型的关键字,其后是所定义的枚举类型的名称,命名规则与变量名相同。

(2)枚举元素按常量处理,称为枚举常量。C 语言编译时按定义时的顺序默认它们的值为0,1,2……也可以人为地改变枚举元素的值。

例如:

```
enum Season{winter =2,spring,summer =5,autumn};
```

由于 winter 和 summer 被人为地改变了值,所以,其后的 spring 的值为3,autumn 的值为6。

(3)枚举元素可以进行判断比较。例如,枚举元素1 < 枚举元素2。

9.7.2 枚举变量的定义

定义枚举变量有3种方式:

(1)先定义枚举类型,再定义该类型的变量。定义形式如下:

```
enum 枚举类型名{枚举元素1,枚举元素2,…,枚举元素n};
enum 枚举类型名  枚举变量名1,…,枚举变量名n;
```

例如：

```
enum Season{winter,spring,summer,autumn};
enum Season  s1,s2;                        /* 定义 Season 枚举类型变量 s1 和 s2 */
```

(2)定义枚举类型的同时,定义该类型的变量。定义形式如下：

```
enum 枚举类型名{枚举元素 1,枚举元素 2,…,枚举元素 n}枚举变量名;
```

例如：

```
enum Season{winter,spring,summer,autumn}s1,s2; /* 定义 Season 枚举类型变量 s1 和 s2 */
```

(3)定义时不指定枚举类型名,直接定义该类型的变量。定义形式如下：

```
enum{枚举元素 1,枚举元素 2,…,枚举元素 n}枚举变量名;
```

例如：

```
enum {winter,spring,summer,autumn}s1,s2;     /* 定义枚举变量 s1 和 s2 */
```

说明：

(1)枚举变量的值只限于花括号中的值,如 s1 = winter,s2 = autumn。也可以将整数强制转换为枚举常量赋给枚举变量,例如,s2 = (enum　Season)3 等价于 s2 = autumn。

(2)枚举变量可以按整数值输出,例如 printf("%d",s2);,值为 3。

【例 9.9】 篮子中有红、绿、蓝 3 种不同颜色的球若干,每次取出 2 个球。编写程序,输出得到 2 种不同颜色球的可能情况。

根据题意,可表示成如图 9.18 所示的算法。

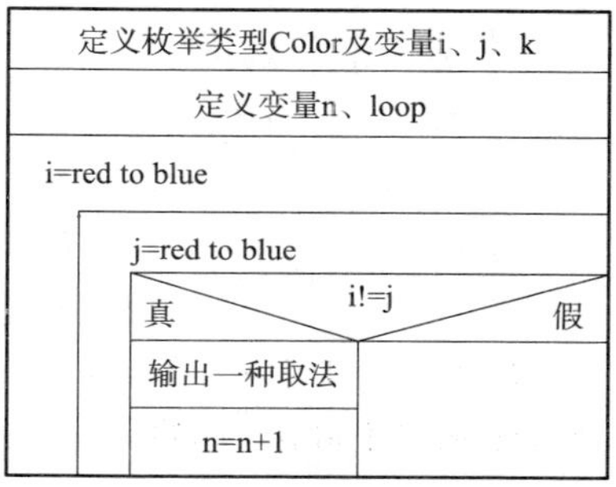

图 9.18　例 9.9 算法

```
#include <stdio.h>
void main()
{
    enum Color{red,green,blue} i,j,k;
          /* 定义 Color 枚举类型及变量 */
    int n,loop;
    n=0;
    for(i=red;i<=blue;i++)
        for(j=red;j<=blue;j++)
            if(i!=j)
            {
                n=n+1;
                printf("%4d",n);
                for(loop=1;loop<=2;loop++)
                {
                    switch(loop)
                    {
                        case 1:k=i;break;          /* 把球的颜色赋给 k */
                        case 2:k=j;break;
                        default:break;
```

```
                    }
                    switch(k)                          /*根据颜色输出文字*/
                    {
                        case red:printf("%8s","red");break;
                        case green:printf("%8s","green");break;
                        case blue:printf("%8s","blue");break;
                        default:break;
                    }
                }
                printf("\n");
        }
}
```

程序运行结果：

```
1  red      green
2  red      blue
3  green    red
4  green    blue
5  blue     red
6  blue     green
```

9.8 用 typedef 给类型取别名

C 语言允许用户用 typedef 定义一个新的名称(别名)，替代原有的基本数据类型和构造数据类型的名称。一旦定义，用户就可以在程序中使用自己定义的数据类型别名。

用 typedef 给已有类型取别名的一般形式如下：

(1)先按定义变量的方法写出定义体，如 int i。

(2)将变量名换成新的类型名，如 int INTE。

(3)在最前面加上 typedef，如 typedef　int INTE。

(4)用新的类型名定义变量，如 INTE i，等效于 int i。

说明：

用 typedef 只是给已有的类型取别名，而不是定义一个新类型，并没有新的类型产生。

例如：

```
typedef float FLA;          /*为 float 类型取别名 FLA*/
FLA b,c,d;
typedef char NAME[20];      /*NAME 为含有 20 个元素的字符数组类型*/
NAME n1,n2;
typedef struct Person       /*为结构体类型 Person 取别名 PER*/
{
    int num;
    char name[20];
```

```
    char addr[30];
}PER;
PER a,b;
```

【例 9.10】 有一个渔夫，他从 2019 年 1 月 1 日开始“三天打鱼两天晒网”。编写程序，判断渔夫在 2019 年中的任一天是“打鱼”还是“晒网”。

根据题意，可表示成如图 9.19 所示的算法。

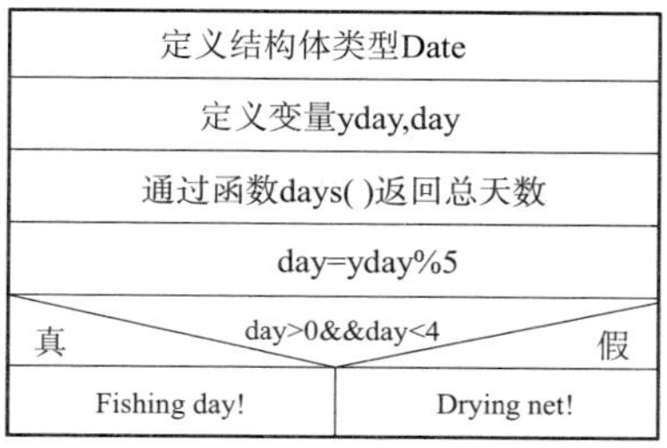

图 9.19　例 9.10 算法

```
#include <stdio.h>
typedef struct Date
{
    int month;
    int day;
}DATE;
int days(DATE today)
{
    int mday[12] = {31,28,31,30,31,30,31,31,30,31,30,31},i;
    for(i =0;i <today.month-1;i++)
        today.day+=mday[i];        /* 计算本年中自 1 月 1 日起的天数 */
    return today.day;
}
void  main()
{
    DATE today;
    int yday,day;
    printf("Please input the month-day:\n");
    scanf("%d-%d",&today.month,&today.day);
    yday =days(today);
    day =yday%5;
    if(day >0&&day <4)
        printf("Fishing day!\n");
    else
        printf("Drying net!\n");
}
```

程序运行结果：

```
Please input the month-day:
10-20↙
Fishing day!
```

习　题　九

一、选择题

1. 下面结构体的定义语句中,错误的是(　　)。

   A. struct Emp {int x;float y;int z;};struct Emp a;

   B. struct Emp {int x;float y;int z;} struct Emp a;

   C. struct Emp {int x;float y;int z;}a;

   D. struct {int x;float y;int z;}a;

2. 定义以下结构体数组

```
struct Ca
{
    int x;
    int y;
}s[2]={1,3,2,7};
```

语句 printf("%d",s[0].x*s[1].x);的输出结果是(　　)。

   A. 14　　B. 6　　C. 2　　D. 21

3. 下面程序的运行结果是(　　)。

```
#include<stdio.h>
struct Stu
{
    int  x;
    int  *y;
}*p;
void main()
{
    int  dt[4]={10,20,30,40};
    struct  Stu a[4]={50,&dt[0],60,&dt[1],70,&dt[2],80,&dt[3]};
    p=a;
    printf("%d,",++p->x);
    printf("%d,",(++p)->x);
    printf("%d\n",++(*p->y));
}
```

   A. 10,20,20　　B. 50,60,21　　C. 51,60,21　　D. 60,70,31

4. 有下面的定义和赋值,不能表示变量 n 中 data 成员的是(　　)。

```
struct  SNode
```

```
{
    unsigned id;
    int data;
}n, *p;
p = &n;
```

A. p. data　　B. n. data　　C. p-> data　　D. (*p). data

5. 下面程序的运行结果是(　　)。

```
#include <stdio.h>
struct Country
{
    int num;
    char name[10];
}x[5] = {1,"China",2,"USA",3,"France",4,"England",5,"Spanish"};
void main()
{
    struct Country *p;
    p = x + 2;
    printf("%d,%c\n",p->num,(*p).name[2]);
}
```

A. 3,a　　B. 4,g　　C. 2,U　　D. 5,S

6. 若有定义:

```
union Data
{
    int i;
    char c;
    float f;
}x;
int y;
```

则正确的语句是(　　)。

A. x = 10.5;　　B. x.c = 101;　　C. y = x;　　D. printf("%d\n",x);

7. 已知字符 0 的 ASCII 码为十六进制数 30,下面程序的输出结果是(　　)。

```
#include <stdio.h>
union
{
    char c;
    unsigned int i[4];
}z;
void main()
{
    z.i[0] = 0x39;
    z.i[1] = 0x36;
    printf("%c\n",z.c);
```

```
}
```

A. 0　　B. 6　　C. 9　　D. 3

8. 下面程序的输出结果是(　　)。

```
#include <stdio.h>
void main()
{
    enum Beer{one,two =4,three,four =three +10};
    printf("%d,%d,%d,%d\n",one,two,three,four);
}
```

A. 0,1,2,3　　B. 0,4,0,10　　C. 0,4,5,15　　D. 1,4,5,15

9. 下列关于typedef的叙述错误的是(　　)。

A. 用typedef可以增加新类型

B. 用typedef可以为各种类型说明一个新名,但不能用来为变量说明一个新名

C. typedef只是将已存在的类型用一个新的名字来代表

D. 用typedef为类型说明一个新名,通常可以增加程序的可读性

10. 有下列程序段:

```
typedef struct Node{int data;struct node *next;} * NODE;
NODE p;
```

下列叙述中正确的是(　　)。

A. p是指向struct Node结构体变量的指针的指针变量

B. NODE p;语句出错

C. p是指向struct Node结构体变量的指针变量

D. p是struct Node结构体变量

二、程序填空题(填空完善程序)

1. 下面程序运行后,输出1010,Hebei,11.60。

```
#include <stdio.h>
#include <string.h>
struct Pear
{
    int n;
    char a[10];
    float w;
};
struct Pear f(struct Pear t)
{
    t.n =1010;
    strcpy(t.a,"Hebei");
    t.w =11.6;
    ___(1)___;
};
void main()
```

```
{
    struct Pear x = {1012,"Jiangsu",15.8};
    __(2)__;
    printf("%d,%s,%.2f\n",x.n,x.a,x.w);
}
```

2. 下面程序的功能是:建立有 3 个结点的单循环链表,并输出各个结点 data 域中数据之和。

```
#include <stdio.h>
#include <stdlib.h>
struct Node
{
    int data;
    struct Node *next;
};
void main()
{
    struct Node *p, *q, *r;
    int sum = 0;
    p = (struct Node *)malloc(sizeof(struct Node));
    __(1)__;
    r = (struct Node *)malloc(sizeof(struct Node));
    p->data = 100;
    q->data = 200;
    r->data = 300;
    p->next = q;
    __(2)__;
    r->next = p;
    sum = (*p).data + (*q).data + (*r).data;
    printf("%d\n",sum);
}
```

3. 下面程序运行后,输出 32,54。

```
#include <stdio.h>
struct One
{
    char x;
    char y;
};
union Two
{
    int j;
    __(1)__;
};
```

```
void main( )
{
    union Two r, *s;
    ____(2)____;
    s->j=0x5432;
    printf("%x,%x\n",s->z.x,s->z.y);
}
```

4. 下面程序运行后,输出 12,11,11,18,9。

```
#include <stdio.h>
#include <string.h>
typedef struct
{
    int n;
    int a[10];
}N;
void f(int n,int *a)
{
    int i;
    for(i=0;i<n-1;i++)
        a[i]+=i;
}
void main( )
{
    int i;
    N s={10,{2,3,1,6,8,7,5,4,10,9}};
    f(s.n,(1));
    for(____(2)____;i<s.n;i++)
        printf("%d,",s.a[i]);
}
```

5. 下面程序中函数 fun( )的功能是:统计 person 结构体数组中所有 sex 为 M 的记录的个数,存入变量 n 中,并作为函数值返回。

```
#include <stdio.h>
____(1)____
{
    int num;
    char name[10];
    char sex;
}KK;
int fun(KK person[])
{
    int i,n=0;
    for(i=0;i<3;i++)
```

```
    if(__(2)__=='M') n++;
    return n;
}
void main()
{
    int n;
    KK s[3]={{1,"One",'F'},{2,"Two",'M'},{3,"Three",'M'}};
    n=fun(s);
    printf("n=%d\n",n);
}
```

三、编程题

1. 编写程序，从键盘输入花卉的记录（编号，品名，产地，颜色），并将这些数据显示出来。

2. 编写程序，输入 N 个学生信息（包括学号，姓名，性别，年龄），再通过学号查询符合条件的学生信息。

3. 编写程序，计算两个日期之间的天数差（日期 1 要早于日期 2）。

4. 编写程序，计算一个带头结点的单向链表中各结点数据域中数值之和。

5. 编写程序，用枚举类型实现两个整数的加、减、乘和整除运算，每种运算用函数实现。

第 10 章 文　件

前面章节中，程序中用到的数据都是存储在内存中的变量或数组中的，程序运行结束时，变量和数组中的内容不能保存下来，若想将中间数据或程序运行结果保存起来，须将这些数据保存到文件中。

10.1　C 语言文件概述

10.1.1　文件简介

在 C 程序设计中，主要用到以下两种类型的文件。

(1) 程序文件：文件的内容是程序代码，包括源程序文件（扩展名为.cpp 或.c）、目标文件（扩展名为.obj 或.o）、可执行文件（扩展名为.exe）等。

(2) 数据文件：文件的内容不是程序，而是供程序运行时读/写的数据。如果将运行程序所需要的原始数据以一个数据文件存储，则可以直接从数据文件中读入数据；如果将程序的运行结果以一个数据文件保存下来，则以后只需要查看这个数据文件的内容而不必重新运行程序。由此可见，数据文件对于数据的永久保存具有重要意义。本章主要讨论的是数据文件。

前面各章中所处理的数据的输入和输出，都是以终端为对象的，即从终端键盘输入数据，运行结果输出到终端显示器上。实际操作中，常常需要将一些数据（运行的最终结果或中间结果）输出到磁盘中保存起来，以后需要时再从磁盘中输入到计算机内存。这就要用到磁盘文件。

为了简化用户对输入/输出设备的操作，使用户不必区分各种输入/输出设备之间的区别，操作系统把各种设备都统一作为文件来处理。从操作系统的角度看，每一个与主机相连的输入/输出设备都可以看作是一个文件。例如，终端键盘是输入文件，显示器和打印机是输出文件。

所谓“文件”一般是指存储在外部介质中的数据的有序集合。一批数据以文件的形式存放在外部介质（如磁盘）中。操作系统是以文件为单位对数据进行管理的。也就是说，如果想找存放在外部介质中的数据，必须先按文件名找到所指定的文件，然后再从该文件中读取数据。要向外部介质中存储数据也必须先建立一个文件（以文件名作为标志，包括扩展名），然后才能向它输出数据。

输入/输出是数据传送的过程，数据如流水一样从一处流向另一处，因此常将输入/输出形象地称为流（Stream），即数据流。流表示了信息从源端到目的端的流动。在输入操作时，数据从文件流向计算机内存，在输出操作时，数据从计算机内存流向文件（如打印机、磁盘文件）。文件是由运行环境（即操作系统）进行统一管理的，无论是用何种应用程序（如 Word）打开或保存文件，C 语言程序中的输入/输出都是通过操作系统进行的。“流”是一个传输通道，数据可以从运行环境流入程序中，也可以从程序流入运行环境。

从 C 语言程序的观点来看，无论程序一次读写一个字符、一行文字，或一个指定的数据块，作为输入/输出的各种文件或设备都是统一以逻辑数据流的方式出现的。C 语言把文件看作是一个字符（或字节）的序列，由一个一个字符（或字节）的数据组成。一个输入/输出流就是一个字符流或字节（内容为二进制数据）流。

C 语言的数据文件由一连串的字符（或字节）组成，不考虑行的界限，两行数据间不会自动加分隔符，对文件的存取是以字符（或字节）为单位的。输入/输出数据流的开始和结束仅受程序控制而不受物理符号（如回车符和换行符）控制，这就增加了处理的灵活性。这种文件被称为"流式"文件。

10.1.2　文件的分类

根据文件中数据的存储形式不同划分，数据文件可分为 ASCII 码文件和二进制文件两种。

数据在内存中是以二进制形式存储的，如果不加转换地输出到外存，就是二进制文件，可以认为它就是存储在内存中数据的映像，所以也称为映像文件（Image File）。

如果要求在外存中以 ASCII 码形式存储，则需要在存储前进行转换。ASCII 码文件又称为文本文件（Text File），每一个字节存放一个字符的 ASCII 码值。

数据在磁盘中怎样存储呢？字符一律以 ASCII 码形式存储，数值型数据既可以用 ASCII 码形式存储，也可以用二进制形式存储。例如，有整数 1234567，如果用 ASCII 码形式输出到磁盘，则在磁盘中占 7 个字节（每一个字符占一个字节），而用二进制形式输出，则在磁盘中占 4 个字节（VC 环境），如图 10.1 所示。

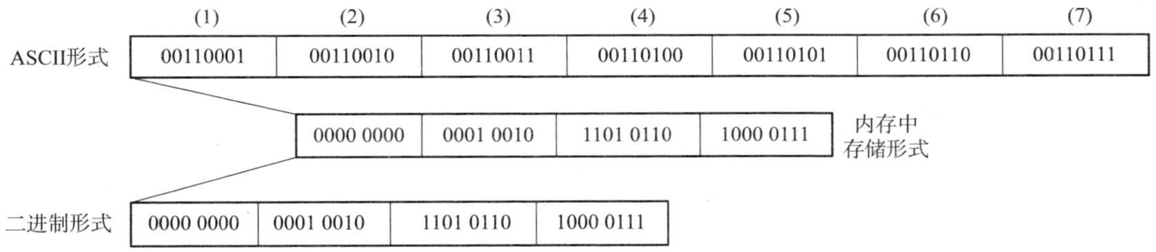

图 10.1　整数 1234567 在磁盘中的两种存储形式

用 ASCII 码形式输出时字节与字符一一对应，一个字节代表一个字符，便于对字符进行逐个处理，也便于输出字符，一般情况下占存储空间较多，而且要花费转换时间（二进制形式与 ASCII 码间的转换）。用二进制形式输出数值，可以节省外存空间和转换时间，把内存中存储单元里的内容原封不动地输出到磁盘（或其他外部介质）中。如果程序运行过程中有中间结果数据需要保存在外部介质中，以便在需要时再输入到内存，一般用二进制文件比较方便。在事务管理中，常有大批数据存放在磁盘中，随时调入计算机进行查询或处理，然后再把修改过的信息存回磁盘，这时也常用二进制文件。

注意：文本文件和二进制文件的区别在于文本文件是"字符"或者"文字"表示方法；而二进制文件是"数值"表示方法。用哪种表示方法更好没有明确的限定，通俗地说，如果数据需要给人看，则采用文本文件表示，一般涉及名字、事物的描述等数据；而数值数据，若想空间利用率高、高效存取，则采用二进制文件较多。

10.1.3 缓冲文件系统

缓冲文件系统是指系统自动为程序中每一个正在被使用的文件在内存区开辟的一个文件缓冲区。当需要向外存(如磁盘)中的文件输出数据时,须先将数据送到为该文件开辟的内存缓冲区中,待缓冲区装满后才一起送到磁盘中;当需要从外存的文件中读取数据时,也要从外存文件中将一批数据读到内存缓冲区(充满缓冲区),然后再从缓冲区逐个地将数据送到程序数据区(给程序变量),如图 10.2 所示。缓冲区的大小由各个具体的 C 语言编译系统确定。由此可见,在缓冲文件系统中,对文件的输入/输出是通过为该文件开辟的缓冲区进行的。

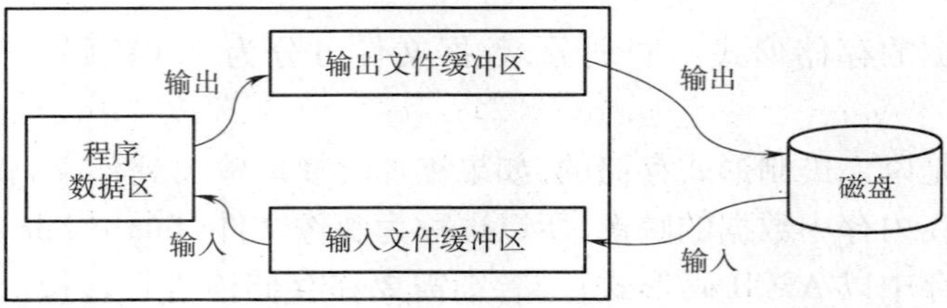

图 10.2 缓冲文件系统

10.1.4 文件类型指针

调用一个文件,需要以下信息:文件当前的读/写位置、与该文件对应的内存缓冲区的地址、缓冲区中未被处理的字符数、文件操作方式等。缓冲文件系统为每一个正在使用的文件开辟了一个“文件信息区”,用来存放以上这些信息。这个“文件信息区”在内存中,存放在一个结构体变量中。这个结构体类型是由系统定义的,其形式为:

```
typedef struct
{
    short level;                    /*缓冲区"满"或"空"的程度*/
    unsigned flags;                 /*文件状态标志*/
    char fd;                        /*文件描述符*/
    unsigned char hold;             /*如缓冲区无内容不读取字符*/
    short bsize;                    /*缓冲区的大小*/
    unsigned char *buffer;          /*数据缓冲区的位置*/
    unsigned char *curp;            /*文件中当前读/写位置*/
    unsigned istemp;                /*临时文件指示器*/
    short token;                    /*有效性检查*/
}FILE;
```

结构体中的成员就是用来存放与文件有关的相关信息的,不同的 C 语言版本结构体 FILE 类型的结构不完全相同,但是都能满足对文件输入/输出的需要。对 FILE 的定义是在 stdio.h 头文件中。

注意: FILE 不是结构体变量名,而是用 typedef 定义的结构体类型名。

只要程序中用到一个文件,系统就会为此文件开辟一个 FILE 类型的结构体变量,用到几个文件就开辟几个这样的结构体变量，分别存放各个文件的有关信息。一般不定义 FILE 类型变量，即不通过变量的名字来引用结构体变量，而是需要定义一个指向 FILE 结构体变量的指针变量，通过该指针变量来间接地访问该结构体变量。

例如：

```
FILE *fp1,*fp2,*fp3;
```

定义了 3 个指向 FILE 类型结构体变量的指针变量 fp1、fp2、fp3，但此时它们还未具体指向一个结构体变量。只要把某一个文件的结构体变量的起始地址赋给 fp1（或 fp2、fp3），fp1 就指向该结构体变量，如图 10.3 所示。可理解为该指针变量指向了对应的文件。通过文件类型指针变量就可以访问相关文件的信息区，进而达到操作相关文件的目的。

文件类型指针是缓冲文件系统的一个很重要的概念，只有通过文件类型指针才能调用相应的文件。

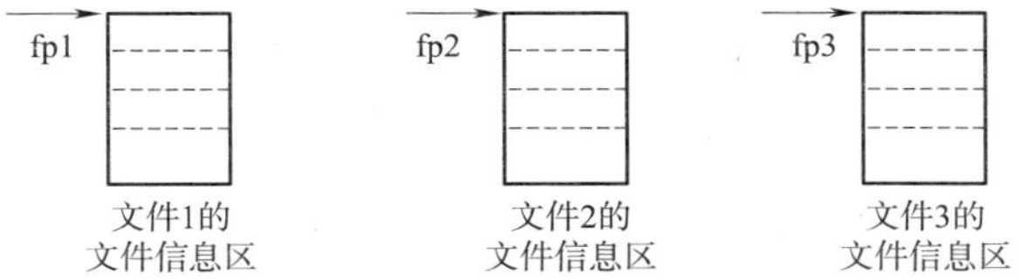

图 10.3　文件类型指针

10.2　文件操作函数

C 语言中没有输入/输出语句，对文件的操作都是由库函数来完成的。本章将介绍以下几个主要的文件操作函数，使用这些函数时要求包含头文件 stdio.h。

10.2.1　打开与关闭文件的函数

在进行读/写操作之前要先打开文件，使用结束之后应关闭。所谓打开文件是为文件建立相应的信息区（用来存放文件的有关信息）和文件缓冲区（用来暂时存放输入/输出的数据），并使文件指针指向该文件，以便进行其他操作。关闭文件是指撤销文件信息区和文件缓冲区，使文件指针变量不再指向该文件，也就禁止了再对该文件进行操作。

1. 打开文件的函数——fopen( )函数

fopen( )函数的功能是用来打开一个文件，调用的一般形式为：

```
文件类型指针变量名 = fopen(文件名,文件使用方式);
```

说明：

(1) 文件类型指针变量名：必须是被说明为 FILE 类型的指针变量。

(2) 文件名：需要打开的文件名，可以是字符串常量或字符数组名。

(3) 文件使用方式：指文件的类型和操作要求。

例如：

```
FILE *fp;
fp = ("file_a","r");
```

其意义是打开当前目录(当前程序所执行的目录)下文件名为 file_a 的文件(无扩展名),这是一个文本文件,只允许进行"读"操作,并使文件指针变量 fp 指向该文件(file_a)。

又如:

```
FILE *fp
fp = ("c:\\hzk","rb")
```

其意义是打开 C 盘根目录下的文件 hzk,这是一个二进制文件,只允许按二进制方式进行读操作,并使文件指针变量 fp 指向该文件。

可以看出,在打开一个文件时,通知编译系统 3 个信息:①需要打开的文件名;②文件使用方式(包括文件类型和操作要求);③让哪一个文件指针变量指向被打开的文件。

注意:虽然文件的类型(文本或二进制)与文件的扩展名没有关系,但是通常意义而言,如果建立一个文本文件,以 . txt 作为扩展名,二进制文件则可以自定义一个扩展名,如.dat。建立带有扩展名的文件,是一个良好的习惯。

使用文件的方式共有 12 种,它们的符号和意义如表 10.1 所示。

表 10.1 文件使用方式及其含义

文件使用方式	含　义
"r"	为输入数据,以只读方式打开一个已存在的文本文件
"w"	为输出数据,以只写方式建立一个新的文本文件
"a"	为输出数据,以追加方式打开一个已存在的文本文件
"rb"	为输入数据,以只读方式打开一个已存在的二进制文件
"wb"	为输出数据,以只写方式建立一个新的二进制文件
"ab"	为输出数据,以追加方式打开一个已存在的二进制文件
"r+"	为输入和输出数据,以读/写方式打开一个已存在的文本文件
"w+"	为输出和输入数据,以读/写方式建立一个新的文本文件
"a+"	为输入和输出数据,以读/写追加方式打开一个已存在的文本文件
"rb+"	为输入和输出数据,以读/写方式打开一个已存在的二进制文件
"wb+"	为输出和输入数据,以读/写方式建立一个新的二进制文件
"ab+"	为输入和输出数据,以读/写追加方式打开一个已存在的二进制文件

注:①以"w"、"wb"、"w+"、"wb+"方式打开文件时,建立一个新文件,如果该文件已存在,则先删掉该文件,再重新建立一个与该文件同名的新文件。

②以"r"、"a"、"rb"、"ab"、"r+"、"rb+"、"a+"、"ab+"方式打开文件时,要求要打开的文件必须存在,若不存在会发生错误。

注意:表 10.1 的文件使用方式是几个字符的组合,有规律,但是也不需要特意背诵和记忆,需要时对应查表即可。

为了对读/写进行控制,系统为每个文件设置了一个文件"读/写位置标记",用来指示接下来要读/写的下一个字节的位置。

对于文件使用方式有以下几点说明:

(1)文件使用方式由"r"、"w"、"a"、"b"、"+"5 个字符拼成。各字符的含义如下:

①r(read):读。

②w(write):写。

③a(append):追加。

④b(binary):二进制。

⑤+:读和写。

(2)以"r"方式(或"rb"方式)打开文件时,该文件必须已经存在,否则出错。正常打开文件后"读写位置标记"在文件头。

(3)以"w"方式(或"wb"方式)打开文件时,若该文件不存在,则按指定文件名建立新文件,若要打开的文件已经存在,则删去已经存在的文件,建立一个同名新文件。正常打开文件后"读/写位置标记"在文件头。

(4)若要向一个已存在的文本文件末尾追加新的数据(不删除原有数据),则应用"a"方式(或"ab"方式)打开该文件。但此时该文件必须已经存在,否则将会出错。打开时,"读/写位置标记"移到文件尾。

(5)用"r+"(或"rb+")、"w+"(或"wb+")、"a +"(或"ab+")方式打开的文件既可以读数据,也可以写数据。用"r+"方式(或"rb+"方式)打开文件时该文件必须已经存在,以便能从中读出数据。用"w+"方式(或"wb+"方式)打开文件时则建立一个新的文件,先向此文件写数据,然后可以读此文件中的数据。用"a+"方式(或"ab+"方式)打开文件时,要打开的文件必须是已经存在的,"读/写位置标记"移到文件末尾,可以追加写数据,也可以读数据。

(6)在打开一个文件时,如果打开出错,fopen将返回一个空指针值NULL(在头文件stdio.h中,NULL已被定义为0)。在程序中可以用这一信息来判别是否成功打开文件,因此常用以下程序段打开文件。

```
if((fp=fopen("C:\\wjm","rb")==NULL)
{
    printf("\nerror on open C:\\wjm file!");
    getchar();
    exit(0);
}
```

这段程序的意义是,如果返回的指针值为NULL,表示不能打开C盘根目录下的wjm文件,并给出提示信息"error on open C:\wjm file!",下一行getchar( )的功能是从键盘输入一个字符,但不在屏幕上显示。在这里,该行的作用是等待,只有当用户从键盘按任一键时,程序才继续执行,因此用户可利用这个等待时间阅读出错提示。按任一键后执行exit(0)退出程序。

(7)在向计算机内存读入文本文件时,将文本文件中的回车符和换行符转换为内存中的一个换行符;在向文件写入数据时把内存中的一个换行符转换成为文本文件中的回车符和换行符两个字符。在用二进制文件时,不进行这种转换。内存中的数据形式与输出到外部文件中的数据形式要完全一致,一一对应。

(8)标准输入文件(键盘)、标准输出文件(显示器)和标准出错输出文件,都是由系统负责自动打开和关闭的。因此,以前我们所用到的终端输入或输出都不需要打开终端文件,使用后也不需要用户关闭终端文件。

2. 关闭文件的函数——fclose()函数

使用完一个文件后，应该用函数 fclose()把它关闭，避免数据丢失，也防止它被误用。fclose()函数调用的一般形式为：

```
fclose(文件指针);
```

例如：

```
fclose(fp);
```

前面曾把打开文件(用 fopen()函数)时函数返回的指针赋给了 fp，现在把 fp 指向的文件关闭，此后 fp 不再指向该文件。

fclose()函数也带回一个值，若顺利地执行了关闭操作，则返回 0；否则返回 EOF(-1)，可以用 ferror()函数来测试(见 10.2.4 节)。但一般而言，习惯上只调用 fclose()函数关闭文件，不检测其返回值。

应该养成在程序终止运行之前关闭所有文件的习惯，如果不关闭文件有可能丢失数据。因为在向文件写数据时，是先将数据输出到缓冲区，待缓冲区充满后才输出给文件。如果数据未充满缓冲区而程序结束运行，缓冲区中的数据就会丢失。用 fclose()函数关闭文件，可以避免这个问题，它先把缓冲区中的数据输出到磁盘文件，然后才释放文件信息区。

10.2.2 读/写数据文件内容的函数

文件打开之后，就可以对它进行读/写，对文件的读和写是最常用的文件操作。

C 语言中提供了多种文件的读/写函数：

(1)字符读/写函数：fgetc()函数和 fputc()函数(可以写成 getc()函数和 putc()函数)。

(2)字符串读/写函数：fgets()函数和 fputs()函数。

(3)数据块读/写函数：fread()函数和 fwrite()函数。

(4)格式化读/写函数：fscanf()函数和 fprintf()函数。

下面分别予以介绍。

1. 字符读/写函数——fgetc()函数和 fputc()函数

字符读/写函数是以一个字符为单位进行读和写的。每次可以从文件读出或向文件写入一个字符。

fputc()函数调用的一般形式为：

```
fputc(c,fp);
```

fputc()函数的功能是将一个字符输出到 fp 所指向的文件中，其中 c 是要输出的字符，它可以是一个字符常量，也可以是一个字符变量。如果输出成功，则返回值就是输出的字符；如果输出失败，则返回一个 EOF(-1)。EOF 是在头文件 stdio.h 中定义的符号常量，常量值为 -1。

fgetc()函数调用的一般形式为：

```
c = fgetc(fp);
```

fgetc()函数的功能是从 fp 所指向的文件当前"读/写位置标记"处读取一个字符，赋给字符变量 c。如果读取成功，则返回值就是所读的字符；如果在执行 fgetc()函数读字符时遇到文件结束符，则函数返回一个文件结束标志 EOF(-1)。

【例 10.1】 从键盘输入一些字符，逐个把它们写到磁盘文件 E:\zfdx.txt 中，直到遇到回车换行为止。

```
#include <stdio.h>
#include <stdlib.h>
void main()
{
    FILE *fp;
    char ch;
    if((fp=fopen("E:\\zfdx.txt","w"))==NULL)
    {
        printf("Cannot open%s file!","zfdx.txt");
        getchar();
        exit(0);                        /* 终止程序 */
        }
    printf("input a string:\n");
    ch=getchar();                       /* 接收输入的第一个字符 */
    while(ch!='\n')
    {
        fputc(ch,fp);
        ch=getchar();
    }
    fclose(fp);
}
```

程序运行结果：

```
input a string:
file of C language↙
```

文件名 E:\zfdx.txt 是以字符串常量形式给出的，也可以用字符数组名，在字符数组中存放文件名。本例运行时，从键盘输入“file of C language↙”，“↙”是输入结束标志，程序将“file of C language”写到 E:\zfdx.txt 文件中。exit(0)是标准 C 语言的库函数，作用是使程序终止，用此函数时应当包含头文件 stdlib.h。若程序正常执行完毕，为验证执行的正确性，可以用记事本或写字板打开文件 E:\zfdx.txt，文件中应显示“file of C language”。

注意：请读者思考，写入的文件名是 E:\zfdx.txt（带文件路径），为什么在 fopen 中的格式是“E:\\zfdx.txt”？是写错了吗？

接着该实例，继续如下例子：

【例 10.2】 读出文件 E:\zfdx.txt 中的内容，并显示在显示器上。

```
#include <stdio.h>
#include <stdlib.h>
void main()
{
    FILE *fp;
```

```
    char ch;
    if((fp=fopen("E:\\zfdx.txt","r"))==NULL)
    {
        printf("\nCannot open%s file,strike any key exit!",“zfdx.txt");
        getchar();
        exit(0);
    }
    while((ch=fgetc(fp))!=EOF)
        putchar(ch);
    putchar('\n');
    fclose(fp);
}
```

程序运行结果：

```
file of C language
```

该程序通过 while 循环从文件中逐个读取字符，在显示器上显示，直到遇到文件结束符为止。在该实例中，用 fgetc()读取字符，将字符赋值给 ch，即 ch = fgetc(fp)，然后判断 ch 是否是 EOF，这与例 10.1 中的逻辑是一致的，但是 ch = fgetc(fp)只书写了一次，而 10.1 是 while 循环外和循环体内各书写一次，初学者在此应认真体会。

对于一个已存在的文件，通常不能预知其文件的长度(包含多少字符或字节)，如果想把文件中的所有内容都读出来，常用下面的两种循环方式。

(1) while((ch = fgetc(fp))!= EOF)　{……}，从文件中读一个字符赋给变量 ch，如果不是文件结束符，就执行循环体，再读入一个字符给变量 ch，如果不是文件结束符，再执行循环体，直到遇到文件结束符(EOF)为止。但在前面已经说过，EOF 的值被赋值为常量 -1，对于 ASCII 文件(文本文件)来说，因为没有任何一个字符的 ASCII 值是 -1，所以不会有问题，而在二进制文件中，当读入一个字节时，正常值也有可能是 -1，和 EOF 的值是一样的，所以用 EOF 来判断结束符只适用于文本文件，不适用于二进制文件。

(2) 程序的另一种写法，while(!feof(fp))　{ch = fgetc(fp)}，函数 feof()的作用是判断文件是否结束，当文件读/写位置标记指向文件末尾时，返回非 0 值，否则返回 0。因此，文件读操作应该是在该函数返回值为 0 的情况下执行的。这种方式对文本文件和二进制文件都适用。

注意：在 fgetc()/fputc()函数调用中，fp 所指向的文件必须是以文本文件方式打开的。当以“r”或者“rw”方式打开文件时，文件读/写位置标记指向文件内容的首字节，每调用一次 fgetc()函数，文件读/写位置标记将向后移动一个字节。因此，可连续多次使用 fgetc()函数，读取多个字符。应注意文件指针和文件读/写位置标记不是一回事。文件指针是文件信息区的首地址，只要不重新赋值，文件指针的值不变。文件读/写位置标记用以指示文件内部的当前读/写位置，每读/写一次，该位置均向后移动，它不需要在程序中定义，而是系统自动设置的。

【例 10.3】将一个磁盘文件(文本文件)中的信息复制到到另一个磁盘文件中。

```
#include <stdio.h>
#include <stdlib.h>
void main()
```

```
{
    FILE *in,*out;
    char infile[10],outfile[10];
    printf("Enter the infile name:\n");
    scanf("%s",infile);          /* 输入一个已经存在的源文件名 */
    printf("Enter the outfile name:\n");
    scanf("%s",outfile);         /* 输入目标文件名 */
    if((in=fopen(infile,"r"))==NULL)
    {
        printf("cannot open%s infile\n",infile);
        getchar();
        exit(0);
    }
    if((out=fopen(outfile,"w"))==NULL)
    {
        printf("cannot open%s outfile\n",outfile);
        getchar();
        exit(0);
    }
    while(!feof(in))
        fputc(fgetc(in),out);
    fclose(in);
    fclose(out);
}
```

程序运行结果:

```
Enter the infile name:
e:\zfdx.txt↙
Enter the outfile name:
e:\dxzf.txt↙
```

该程序的功能是将 zfdx. txt 文件中的内容复制到 dxzf. txt 中。可以打开这两个文本文件对比一下其中的内容是否相同。

还可以在输入命令行时把两个文件名一起输入,这时要用到 main( ) 函数的参数。程序可改为:

```
#include <stdio.h>
#include <stdlib.h>
void main(int argc,char *argv[ ])
{
    FILE *fp1,*fp2;
    char ch;
    if(argc!=3)
    {
        printf("Wrong parameters! strike any key exit");
```

```
        getchar( );
        exit(0);
    }
    if((fp1 = fopen(argv[1],"r")) == NULL)
    {
        printf("Cannot open%s\n",argv[1]);
        getchar();
        exit(0);
    }
    if((fp2 = fopen(argv[2],"w")) == NULL)
    {
        printf("Cannot open%s\n",argv[2]);
        getchar();
        exit(0);
    }
    while((ch = fgetc(fp1))!= EOF)
        fputc(ch,fp2);
    fclose(fp1);
    fclose(fp2);
}
```

该程序不能在 VC 环境下直接运行，必须在命令行方式下运行，假若本程序的源文件名为 cpy. c，经编译、连接后得到的可执行文件名为 cpy. exe，则在 DOS 命令方式下，可以输入以下的命令行：

```
C > cpy zfdx.txt dxzf.txt ↙
```

即输入可执行文件名后，再输入两个参数 zfdx. txt 和 dxzf. txt。此时 argc 的值是 3(因为此命令行共有 3 个参数)，指向字符的指针数组 argv 的 argv[0]中存储字符串"cpy"的首地址，argv[1]中存储字符串"zfdx. txt"的首地址，argv[2]中存储字符串"dxzf. txt"的首地址。程序运行时，如果输入的参数不等于 3 个，则程序会输出"Wrong parameters! strike any key exit"提示。该程序的功能是将文件 zfdx. txt 中的内容复制到文件 dxzf. txt 中。

2. 字符串读/写函数——fgets( )函数和 fputs( )函数

如果文本文件中的字符个数很多，逐个字符读/写太麻烦，并且很多情况下文本文件中包含的是有意义字符串，而不是单个字符，C 语言支持以字符串为单位一次读/写一个字符串。

fgets( )函数调用的一般形式为：

```
fgets(str,n,fp);
```

fgets( )函数的功能是从指针变量 fp 所指向的文件中读一个字符串到字符数组 str 中。其中 n 是一个正整数，表示从文件中读出的字符串不超过 n - 1 个字符，在读入最后一个字符后加上字符串结束标志'\0'，如果在读完 n - 1 个字符之前遇到换行符或文件结束符(EOF)，读入即结束。fgets( )函数返回值为字符数组 str 的首地址，若读入失败或在文件末尾执行 fgets( )，则返回 NULL。

fputs( )函数调用的一般形式为:

```
fputs(str,fp);
```

fputs( )函数的功能是向指针变量 fp 所指向的文件输出一个字符串。其中,第一个参数 str 可以是字符串常量,也可以是字符数组名,或字符型指针变量名,字符串末尾的'\0'不输出。若输出成功,函数返回值为 0,否则返回值为 EOF。

【例 10.4】用 fgets( )和 fpus( )函数改写 10.3。

```
#include <stdio.h>
#include <stdlib.h>
#define N 80                                  /* 定义字符串的最大长度 */
void main()
{
    FILE *in, *out;
    char infile[10],outfile[10];
    char str[N];                              /* 定义字符数组 str */
    printf("Enter the infile name:\n");
    scanf("%s",infile);
    printf("Enter the outfile name:\n");
    scanf("%s",outfile);
    if((in=fopen(infile,"r"))==NULL)          /* 以只读方式打开文本文件 */
    {
        printf("cannot open%s infile\n",infile);
        getchar();
        exit(0);
    }
    if((out=fopen(outfile,"w"))==NULL)        /* 以只写方式打开文本文件 */
    {
        printf("cannot open%s outfile\n",outfile);
        getchar();
        exit(0);
    }
    while(fgets(str,N,in)!=NULL)              /* 每次读出一个字符串 */
        fputs(str,out);
    fclose(in);
    fclose(out);
}
```

程序运行结果:

```
Enter the infile name:
e:\zfdx.txt↙
Enter the outfile name:
e:\dxzf.txt↙
```

该程序与 10.3 的区别在于每次不是读取单个字符,而是按行一次读取一个字符串,在文本文件中一个回车换行代表一行结束。fgets( )函数遇到一个回车换行也认为字符串到此结束。

【例 10.5】在原有文本文件 E:\zfdx.txt 中(文件末尾)追加一个字符串,之后把该文件中的所有内容读出并显示在显示器上。

```
#include <stdio.h>
#include <stdlib.h>
#include <string.h>
#define N 80
void  main()
{
    FILE *fp;
    char str[N];
    if((fp=fopen("E:\\zfdx.txt","a+"))==NULL) /*以读/写追加文本文件的方式打开*/
    {
        printf("Cannot open file!");
        getchar();
        exit(0);
    }
    printf("input a string:\n");
    gets(str);                                    /*输入一个字符串*/
    fputs(str,fp);
    rewind(fp);                                   /*文件读/写位置标记移动到文件开头*/
    while(fgets(str,N,fp)!=NULL)
        puts(str);
    fclose(fp);
}
```

程序运行结果:

```
input a string:
-example↙
file of C language-example
```

本例要求在文件 E:\zfdx.txt 末尾追加一个字符串并读出,因此,程序以读/写追加文本文件的方式("a+")打开文件 E:\zfdx.txt,文件读/写位置标记置于文件尾。用 gets()函数读入符串"-example",再用 fputs()函数把该字符串写入文件 E:\zfdx.txt 中。由于需要重新读取 E:\zfdx.txt 中所有内容,则需要调用 rewind()函数把文件读/写位置标记移到文件首部,用循环 while(fgets(str,N,fp)!=NULL),把文件 E:\zfdx.txt 的全部内容读出来,再调用 puts(str)输出到显示器上。

注意:①fgets()函数从文本文件中读取字符串时,若字符串后有回车换行符,则将该回车换行符作为字符串的一部分读取,但将回车换行符转换为一个换行符'\n'。同理,fputs()函数向文本文件输出数据时,若输出字符串中包含换行符'\n',则将该换行符转换为回车换行符。

②注意 puts()函数向屏幕输出字符串时,在字符串的末尾自动添加回车换行符。

请思考:

(1)若文本文件结束时不是以回车换行结束,要求在文本文件原有内容的下一行增加新的字符串,该如何处理?

(2)若用 fgets()函数读入字符串时,字符串本身就含有了一个换行符'\n',再用 puts()向屏幕输出该字符串,会产生什么现象,为什么?

(3)数据块读/写函数——fread()函数和 fwrite()函数。数据块读/写也称为无格式读/写,主要用于处理二进制文件。C 语言允许用 fread()函数从文件中读一个数据块,用 fwrite()函数向文件写一个数据块。

fread()函数和 fwrite()函数的一般调用形式为:

```
fread(buffer,size,count,fp);
fwrite(buffer,size,count,fp);
```

说明:

①buffer:地址。在 fread()函数中,它是存放输入数据内存区域的首地址;在 fwrite()函数中,它是存放输出数据内存区域的首地址。

②size:一个数据项(数据块)的字节数。

③count:读/写多少个 size 大小的数据项。

④fp:文件类型指针。

例如:

```
fread(a,8,5,fp);
```

其中,a 是一个 double 型数组名(代表数组首元素地址)。这个函数从 fp 所指的文件中读入连续 5 个块长为 8 个字节(double 类型所占的字节数)的数据项,存储到数组 a 中。

如果有一个如下的结构体类型:

```
struct student_type
{
    char name[10];
    int num;
    int age;
    char addr[30];
}stud[40];
```

结构体数组 stud 有 40 个元素,每一个元素用来存放一个学生的数据(包括姓名、学号、年龄、地址)。假设学生的数据已存放在磁盘文件中,可以用下面的 for 语句和 fread()函数读入 40 个学生的数据。

```
for(i=0;i<40;i++)
    fread(&stud[i],sizeof(struct student_type),1,fp);
```

学生数据在文件中是连续存放的,数组各元素在内存中的地址也是连续的,因而,上述循环语句也可以用下面单条语句来实现。

```
fread(stud,sizeof(struct student_type),40,fp);
```

同样,用下面的 for 语句和 fwrite()函数将结构体数组 stud 中的学生数据输出到磁盘文件中。

```
for(i=0;i<40;i++)
    fwrite(&stud[i],sizeof(struct student_type),1,fp);
```

同理,也可以用如下单条语句来实现:

```
fwrite(stud,sizeof(struct student_type),40,fp);
```

如果 fread( )或 fwrite( )调用成功,则函数返回值为参数 count 的值,即输入或输出数据项的个数。

注意:上述实例是对 40 名学生数据进行二进制格式的输入和输出。当从二进制文件读入数据时,若事先并不知道文件中存储了多少学生的数据,且要全部读出来,该如何处理呢?

下面是 fread( )和 fwrite( )两个函数调用的完整程序。

【例 10.6】从键盘输入 6 个学生的有关数据,然后把它们写到磁盘文件上,再读出这 6 个学生的数据,显示在显示器上。

```
#include <stdio.h>
#include <stdlib.h>
#define N 6
struct stu
{
    char name[10];
    int num;
    int age;
    char addr[15];
}boya[N],boyb[N], *pp, *qq;
void main()
{
    FILE *fp;
    int i;
    pp = boya;
    qq = boyb;
    if((fp = fopen("D:\\stu_list.dat","wb+")) == NULL)    /* 二进制读/写方式打开文件 */
    {
        printf("Cannot open file!");
        getchar();
        exit(0);
    }
    printf("\ninput data\n");
    for(i = 0;i < N;i++,pp++)                            /* 从键盘输入数据 */
        scanf("%s%d%d%s",pp->name,&pp->num,&pp->age,pp->addr);
    pp = boya;
    fwrite(pp,sizeof(struct stu),N,fp);                  /* 输出到文件 */
    rewind(fp);                                          /* 文件读/写位置标记移动到文
                                                            件首部 */
    fread(qq,sizeof(struct stu),N,fp);                   /* 从文件读入数据 */
    printf("name \tnumber     age     addr \n");
    for(i = 0;i < N;i++,qq++)                            /* 输出到屏幕 */
        printf("%s\t%5d%7d%10s\n",qq->name,qq->num,qq->age,qq->addr);
```

```
  fclose(fp);
}
```

程序运行结果：

```
input data
Zhao  1001  17  R_101↙
Qian  1002  18  R_102↙
Sun   1003  19  R_103↙
Li    1004  20  R_104↙
Wu    1005  21  R_105↙
Liu   1006  22  R_106↙
namen    umber    age    addr
Zhao     1001     17     R_101
Qian     1002     18     R_102
Sun      1003     19     R_103
Li       1004     20     R_104
Wu       1005     21     R_105
Liu      1006     22     R_106
```

本程序定义了一个结构体类型 struct stu，定义了两个结构体数组 boya 和 boyb 以及两个结构体指针变量 pp 和 qq；让 pp 指向 boya，qq 指向 boyb；以读/写方式（"wb+"）打开二进制文件 stu_list. dat，从键盘输入 6 个学生数据之后，将该数据写入文件中；然后把文件读/写位置标记移到文件首部，再读出 6 个学生数据，显示在显示器上。

请注意输入和输出数据的状况。从键盘输入 6 个学生的数据是以 ASCII 码的形式接收的，再用 fwrite( )函数从内存输出到 stu_list. dat 文件，按内存中存储形式原样输出到磁盘文件上，紧接着又用 fread( )函数从 stu_lis. datt 文件向内存读入数据，数据按原样输入。最后用 printf( )函数输出到显示器上时。

注意：上述实例以二进制读/写（wb+）方式打开文件，因而可以对文件中的内容先写后读。在实际工程中，我们更习惯对文件进行单一的操纵，即读和写分开。请读者思考，若不用"wb+"方式，而用"rb"和"wb"方式打开文件，如何改写上述程序，以实现同样的功能？

3. 格式化读/写函数——fscanf( )函数和 fprintf( )函数

fscanf( )函数和 fprintf( )函数与第 3 章中介绍的 scanf( )和 printf( )函数的功能相似，都是格式化读/写函数。两者的区别在于 fscanf( )函数和 fprintf( )函数的读/写对象不是终端（键盘和显示器），而是磁盘文件。这两个函数的调用格式为：

```
fscanf(文件指针,格式字符串,输入表列);
fprintf(文件指针,格式字符串,输出表列);
```

例如：

```
fscanf(fp,"%d%s",&i,s);
fprintf(fp,"%d%c",j,ch);
```

fscanf( )的作用是将文件指针变量 fp 所指向磁盘文件中的数据以"%d"和"%s"形式送给整型变量 i 和字符数组 s；fprintf( )的作用是将整型变量 j 和字符型变量 ch 的值以"%d"和"%

c”形式输出到文件指针变量 fp 所指磁盘文件中。

【例 10.7】用 fscanf( )和 fprintf( )函数完成例 10.6 的问题。

```
#include <stdio.h>
#include <stdlib.h>
struct stu
{
    char name[10];
    int num;
    int age;
    char addr[15];
}boya[6],boyb[6], *pp, *qq;
void main()
{
    FILE *fp;
    int i;
    pp = boya;
    qq = boyb;
    if((fp = fopen("d:\\stu_list1.dat","w+")) == NULL)
    {
        printf("Cannot open file!");
        exit(0);
    }
    printf("\ninput data\n");
    for(i = 0;i < 6;i++,pp++)
        scanf("%s%d%d%s",pp->name,&pp->num,&pp->age,pp->addr);
    pp = boya;
    for(i = 0;i < 6;i++,pp++)
        fprintf(fp,"%s %d %d %s\n",pp->name,pp->num,pp->age,pp->addr);
    rewind(fp);
    for(i = 0;i < 6;i++,qq++)
        fscanf(fp,"%s%d%d%s",qq->name,&qq->num,&qq->age,qq->addr);
    printf("\n\nname\tnumber age addr\n");
    qq = boyb;
    for(i = 0;i < 6;i++,qq++)
        printf("%s\t%5d%7d%11s\n",qq->name,qq->num,qq->age,qq->addr);
    fclose(fp);
}
```

与例 10.6 相比，本程序中 fscanf( )和 fprintf( )函数每次只能读/写一个结构体数组元素，因此采用了循环语句来读/写全部数组元素。

10.2.3 文件的定位和随机读/写

前面介绍的对文件的读/写方式都是顺序读/写，即读/写文件只能从头开始，顺序读/写各个数据。但在实际问题中常常要求只读/写文件中某一指定的部分。为了解决这个问题,可移动文件的读/写位置标记到需要的地方,再进行读/写,这种读/写称为随机读/写。

实现随机读/写的关键是能按要求移动文件内部的读/写位置标记,这种移动读/写位置标记的操作称为文件的定位。

1. 文件读/写位置标记的定位

(1)rewind()函数:可以使文件读/写位置标记指向文件开头。rewind()函数前面已多次使用过,其调用形式为:

```
rewind(文件指针);
```

rewind()函数的功能是使文件读/写位置标记重新返回文件的开头,此函数没有返回值。

(2)fseek()函数:用此函数改变文件读/写位置标记。

fseek()函数功能是移动读/写位置标记,其调用形式为:

```
fseek(文件类型指针,位移量,起始点);
```

说明:

①文件类型指针:指向将要移动读/写位置标记的文件。

②位移量:表示移动的字节数。位移量为正数表示从起始点向文件尾方向移动;为负数表示从起始点向文件首方向移动。

③起始点:表示从何处开始计算位移量,规定的起始点有3种:文件开始、当前位置和文件末尾,分别用数字0、1、2表示。ANSI C标准指定的起始点名称如表10.2所示。

表10.2　ANSI C指定的起始点名称

起　始　点	名　　字	数字表示
文件开始	SEEK_SET	0
文件当前位置	SEEK_CUR	1
文件末尾	SEEK_END	2

例如:

```
fseek(fp,100,0);      /* 以文件首为起始点,将读/写位置标记往文件尾方向移动100字节 */
fseek(fp,60,1);       /* 将读/写位置标记从当前读/写位置开始往文件尾方向移动60字节 */
fseek(fp,-100,2);     /* 以文件尾为起始点,将读/写位置标记往文件首方向移动100字节 */
```

如果fseek()函数调用成功,返回fp所指向的文件中当前读/写位置;否则返回-1。

fseek()函数一般用于二进制文件,基本不在文本文件中使用。

(3)ftell()函数:测定文件读/写位置标记的当前位置。

由于文件中的读/写位置标记经常移动,人们往往不容易知道其当前位置,所以常用ftell()函数得到当前位置,用相对于文件开头的位移量来表示。如果函数调用成功,返回fp所指向文件中的读/写位置,否则出错(如不存在fp指向的文件),函数返回值为-1。

例如:

```
i = ftell(fp);                          /* 变量 i 存放文件当前位置 */
if(i == -1)  printf("error\n");         /* 如果调用函数时出错，输出 error */
```

2. 文件的随机读/写

通过 rewind( ) 和 fseek( ) 函数可以用前面介绍的任意一种读/写函数对文件进行随机读/写。由于一般是读/写一个数据块，因此常与 fread( ) 和 fwrite( ) 函数一起使用。

【例 10.8】 在存放学生信息的磁盘文件 stu_list 中存有 6 个学生的数据，要求读出第 2、4、6 这 3 个学生的数据，并显示在显示器上。

```
#include <stdio.h>
#include <stdlib.h>
struct stu
{
    char name[10];
    int num;
    int age;
    char addr[15];
}boy, *qq;
void main( )
{
    FILE *fp;
    int i =1;
    qq = &boy;
    if((fp = fopen("D:\\stu_list.dat","rb")) == NULL)
    {
        printf("Cannot open file!");
        getchar();
        exit(0);
    }
    rewind(fp);                                 /* 移动文件读/写位置标记到文件首部 */
    for(i =0;i <3;i++)
    {
        fseek(fp,sizeof(struct stu),1);         /* 从当前读/写位置标记开始向后移动 */
        fread(qq,sizeof(struct stu),1,fp);  /*sizeof(struct stu)个字节 */
        printf("\nname\tnumber      age       addr\n");
        printf("%s\t%5d%9d%11s\n",qq->name,qq->num,qq->age,qq->addr);
    }
    fclose(fp);
}
```

程序运行结果：

```
name    number      age      addr
Qian    1002        18       R_102

name    number      age      addr
```

```
Li      1004      20      R_104

name    number    age     addr
Liu     1006      22      R_106
```

文件 stu_list. dat 已由例 10. 6 的程序建立，本程序用随机读出的方法读出第 2、4、6 三个学生的数据。程序中定义 boy 为 struct stu 类型变量，qq 为指向 boy 的指针。以二进制只读文件方式("rb")打开文件。调用 rewind()函数将文件读/写位置标记返回文件首，循环 3 次调用 fseek()函数移动读/写位置标记，读出第 2、4、6 三个学生的数据。

注意：应当保证在磁盘 D 中存在所指定的文件 stu_list. dat，并且在该文件中存在这些学生的信息，否则会出错。

10. 2. 4　出错检测函数

1. 读/写文件出错检测函数——ferror()函数

调用形式为：

```
ferror(fp);
```

功能：检查 fp 指向的文件在用各种输入/输出函数进行读/写时是否出错。例如，ferror 返回值为 0，表示未出错；如果返回值为非 0，表示出错。

2. 文件出错标志和文件结束标志置 0 函数——clearerr()函数

调用形式为：

```
clearerr(fp);
```

功能：使文件出错标志和文件结束标志置为 0。

这一章的内容在实际应用中是很重要的，许多可供实际使用的 C 语言程序都包含文件处理。本章只介绍了一些最基本的概念，并通过一些例子使读者初步了解怎样进行文件操作，为今后进一步学习和应用打下必要的基础。

习　题　十

一、选择题

1. 数据在内存中是以二进制形式存储的，如果不加转换地输出到外存，就是(　　)文件，可以认为它就是存储在内存的数据的映像，所以也称为映像文件。

　A. 源文件　　B. 目标文件　　C. 二进制　　D. 内部

2. 在 C 语言中，以下叙述中不正确的是(　　)。

　A. 随机读/写方式不适合文本文件

　B. 一般而言，二进制文件访问速度比文本文件快

　C. 随机读/写方式不适合二进制文件

　D. 文本文件以 ASCII 码形式存储数据

3. 不仅 C 语言源程序可以存储在磁盘上，程序中用到的数据也可以以(　　)形式存储在磁盘上。

A. 终端　　B. 内存　　C. 缓冲区　　D. 文件

4. 缓冲文件系统中,关键的概念是文件类型指针,简称文件指针。文件指针的类型是由系统声明的,取名为(　　)。

A. typedef struct　　B. FILE　　C. file　　D. typedef

5. 若要打开 D 盘 user 目录下 abc. txt 文本文件进行读和写,则文件打开的语句是(　　)。

A. fp = fopen("D:\\user\\abc. txt","r");

B. fp = fopen("D:\\user\\abc. txt","r+");

C. fp = fopen("D:\\user\\abc. txt","rb");

D. fp = fopen("D:\\user\\abc. txt","w");

6. 使用文件打开函数 fopen(),可以打开的文件是(　　)。

A. 文本文件和数据块文件　　B. 文本文件和二进制文件

C. 数据块文件和二进制文件　　D. 流文件和文本文件

7. rewind()函数的功能是使文件读/写位置标记移到文件的(　　)。

A. 末尾　　B. 开头

C. 前一个读写位置　　D. 下一个读写位置

8. 若想将 fp 的文件读/写位置标记移动到文件开头处 24 字节处;然后再将其移动至从当前位置向文件尾方向的 36 字节处,则应使用命令(　　)。

A. fseek(fp,24,SEEK_SET);fseek(fp,36,SEEK_CUR);

B. fseek(fp,24,SEEK_END);fseek(fp,36,SEEK_CUR);

C. fseek(fp,24,SEEK_CUR);fseek(fp,36,SEEK_SET);

D. fseek(fp,24,SEEK_SET);fseek(fp,36,SEEK_END);

9. 文件类型指针变量 fp 已正确定义并指向某个文件,当前读/写位置标记未处于结束位置,则 feof(fp)函数返回值为(　　)。

A. 非 0　　B. -1　　C. 0　　D. NULL

10. 使用 fgets()函数可从 fp 指向的文件中最多读入(　　)个字符。

A. n+1　　B. n　　C. n-1　　D. n-2

二、程序填空题(填空完善程序)

1. 下面程序的功能是:从键盘输入一行字符串,以回车为结束,将该字符串存储到一个文本文件中,再从文本文件中读取该字符串,将字符串显示到屏幕上,文件名为 D:\example. txt。

```
#include <stdio.h>
#include <stdlib.h>
void main()
{
    FILE *fp;
    char ch;
    /* 以只写方式打开文本文件 example.txt,并判断是否成功打开 */
    if(__(1)__)
```

```
    {
        printf("cannot open this file!");
        getchar();
        exit(0);
    }
    ch = getchar();
    while(ch!= '\n')
    {
        fputc(ch,fp);                /* 字符输出到 fp 所指向的文件中 */
        ch = getchar();
    }
    fclose(fp);
    /* 以只读方式打开文本文件 example.txt,并判断是否成功打开. */
    if((fp = fopen("D:\\example.txt","r")) == NULL)
    {
        printf("cannot open this file!");
        getchar();
        exit(0);
    }
    ch = fgetc(fp);                  /* 读取 fp 所指向文件中的第一个字符 */
    while(ch!= EOF)                  /* 文件内容读取完毕,fgetc()返回 EOF */
    {
        ___(2)___;                   /* 字符显示到屏幕上 */
        ch = fgetc(fp);
    }
    printf("\n");
    fclose(fp);
}
```

2. 下面程序的功能是:使用选择排序法对 3 个字符串进行排序,并将排序好的结果存储在文件中,文件名为 D:\string. txt。

```
#include <stdio.h>
#include <stdlib.h>
#include <string.h>
void main()
{
    FILE *fp;
    //str 是用来存放字符串的二维数组,temp 是临时数组
    char  str[3][10],temp[10];
    int i,j,k,n = 3;
    printf("Enter strings:\n");
    for(i = 0;i < n;i++)
        gets(str[i]);
    for(i = 0;i < n - 1;i++)           //用选择法对字符串排序
```

```
    {
        k = i;
        for(j = i+1;j < n;j ++)
            if(strcmp(str[k],str[j]) > 0)
                k = j;
        if(k!= i)
        {
            strcpy(temp,str[i]);
            strcpy(str[i],str[k]);
            strcpy(str[k],temp);
        }
    }
    if(__(1)__)            //打开磁盘文件
    {
        printf("can't open file!\n");
        getchar();
        exit(0);
    }
    printf("\nThe new sequence:\n");
    for(i =0;i < n;i++)
    {
        __(2)__;
        fputs("\n",fp); //输出回车换行符
        printf("%s\n",str[i]);
    }
}
```

3. 下面程序的功能是:定义结构体数组,输入 10 个学生信息,并保存到文件 stu.dat 中。

```
#include < stdio.h >
#include < stdlib.h >
#define SIZE 10
struct student_type
{
    char name[10];
    int num;
    int age;
    char addr[15];
} stud[SIZE];              //定义全局结构体数组 stud
void save()                //定义函数 save(),用于向文件输出 SIZE 个学生的数据
{
    FILE *fp;
    int i;
    if((fp = fopen("stu.dat","wb")) == NULL)     //以二进制只写方式打开文件 stu 文件
    {
```

```
        printf("cannot open file\n");
        getchar();
        exit(0);
      }
    for(i=0;i<SIZE;i++)
        (1);
    fclose(fp);
}
void main()
{
    int i;
    printf("Please enter data of students:\n");
    for(i=0;i<SIZE;i++)                    //输入SIZE个学生的数据,存放在数组stud中
      scanf("%s%d%d%s",stud[i].name,&stud[i].num,&stud[i].age,stud[i].addr);
    save();
}
```

4. 下面程序的功能是:读取文件file1.txt中字符,并输出到屏幕;再读取file1.txt中的数据,输出到file2.txt文件中。

```
#include<stdio.h>
#include<stdlib.h>
void main()
{
    FILE *fp1,*fp2;
    if((fp1=fopen("file1.txt","r"))==NULL)//打开输入文件
     {
        printf("can't open file1.dat file!\n");
        getchar();
        exit(0);
    }
    if((fp2=fopen("file2.txt","w"))==NULL)//打开输出文件
    {
        printf("can't open file2.dat file!\n");
        getchar();
        exit(0);
    }
    while(!feof(fp1))
        putchar(getc(fp1));                        //逐个读入字符并输出到屏幕
    putchar('\n');                                 //输出一个换行
    ___(1)___;                                     //使文件读/写位置标记返回文件头
    while(!feof(fp1))
        putc(getc(fp1),fp2);                   //从文件头重新逐个读字符,输出到file2文件
    ___(2)___;
    fclose(fp2);
```

```
}
```

5. 在存放学生信息的磁盘文件 stu. dat 上存有 10 个学生的数据，下面程序的功能是：读出第 1、3、5、7、9 这 5 个学生的数据，并显示在显示器上。

```
#include <stdlib.h>
#include <stdio.h>
struct student_type                                         //学生数据类型
{
    char name[10];
    int num;
    int age;
    char addr[15];
} stud[10];
void main()
{
    int i;
    FILE  *fp;
    if  ( ___(1)___ )                                       //以只读方式打开二进制文件
    {
        printf("can not open file\n");
        getchar();
        exit(0);
    }
    for(i =0;i <10;i+=2)
    {
        ___(2)___ ;                                         //移动文件读/写位置标记
        fread(&stud[i],sizeof(struct student_type),1,fp);//读一个数据块到结构体变量
        printf("%-10s%4d%4d%-15s\n",stud[i].name,stud[i].num,stud[i].age,
        stud[i].addr);
    }
    fclose(fp);
}
```

三、编程题

1. 从键盘输入一个字符串，将其中的小写字母全部转换成大写字母，然后输出到磁盘文件 D:\test. txt 中保存。再打开该文件，把文件中的内容读出来显示在显示器上。

2. 编写一个程序，比较两个文本文件中的内容是否完全相同。

3. 不使用"a+"方式打开文件，即将文件追加和读两个操作分开，改写例 10.5。

4. 只使用结构体数组，不使用指向结构体数组元素的指针变量，改写例 10.6。

5. 在给定程序中，函数 output_to_file( )的功能是将由形参接收的字符串、整数、浮点数写到文本文件 test. txt 中（每行一个数据），函数 input_from_file( )的功能是用 fgets( )函数从 test. txt 中读入数据，然后显示在屏幕上。字符串原样输出，数值用库函数 atoi 和 atof 转换成相应的整数、浮点数输出。请编写 output_to_file( )和 input_from_file( )函数体。

```
#include <stdio.h>
#include <stdlib.h>
#include <string.h>
void output_to_file(char *s,int a,double f)
{
    /*请编写函数体*/
}
void input_from_file()
{
    /*请编写函数体*/
}
void main()
{
    char a[10]="abcde";
    int b=12345;
    double c=98.76;
    fun(a,b,c);
    output_to_file(a,b,c);
    input_from_file();
}
```

第 11 章 预处理和位运算

预处理和位运算是C语言的一个重要特色，本章将介绍C语言中预处理和位运算的相关内容。

11.1 预 处 理

预处理是指在进行编译的第一遍扫描（词法扫描和语法分析）之前所作的工作。预处理指令是在程序正式编译前就由编译器进行的操作，可放在程序中任何位置。预处理后的源程序再进行编译操作，得到目标代码。

预处理命令主要包括宏定义、文件包含和条件编译3种类型，这3种预处理命令不同于C语言的语句，它们具有如下特点：

（1）多数预处理命令只具有替代功能，这种替代是简单的替换，而不进行语法检查。

（2）预处理命令都是在通常的编译之前进行的，编译时已经执行完了预处理命令，即对预处理后的结果和源程序一起进行词法和语法分析等程序编译。

（3）与一般C语言语句不同的是，所有预处理命令都以“#”开头，并且预处理命令后面不加分号。

（4）多数预处理命令被放在文件开头，根据需要有的也可以放到文件的其他位置。

学习预处理时，应该了解上述特点，有利于正确地理解和使用预处理命令，让程序便于阅读、修改、移植和调试，也有利于模块化程序设计。

11.1.1 宏定义

在C语言源程序中，用一个标识符来代表一个字符串，称为宏定义。被定义为宏的标识符称为宏名。在编译预处理时，用宏定义中的字符串去替换宏名，称为宏替换或宏展开。宏替换只是一种简单的文本替换，预处理程序不做任何检查。如果宏替换中有错误，只能在后续编译源程序时发现。

宏定义是由源程序中的宏定义命令完成的。宏替换是由预处理程序自动完成的。

在C语言中，宏分为无参数宏定义和带参数宏定义两种。下面分别讨论这两种宏定义。

1. 无参数宏定义

无参数宏定义是定义一个标识符来代表一个字符串，一般形式为：

```
#define 标识符 字符串
```

说明：

(1)“#”表示这是一条预处理命令。凡是以“#”开头的均为预处理命令。

(2)define 是关键字，表示该命令为宏定义。

(3)宏名的命名规则应遵循标识符的命名规则。

(4)字符串可以是常数、表达式、格式串等。

前面讲过的符号常量就是用这种无参数宏定义来实现的。

例如：

```
#define PI 3.14159265
```

这是一条无参数宏定义命令，它的作用是定义符号常量 PI 来代表字符串"3.14159265"。在编译前预处理时，将程序中所有的 PI 都用 3.14159265 来替换。

【例 11.1】利用无参数宏定义，定义符号常量 PI，然后根据输入的半径来计算圆面积。

```
#include <stdio.h>
#define PI 3.14159265
void  main()
{
    float r,s;
    printf("Input radius:");
    scanf("%f",&r);
    s = (float)PI *r *r;
    printf("s = %.4f \n",s);
}
```

程序运行结果：

```
Input radius:5↙
s =78.5398
```

在使用无参数宏定义时，应注意以下几点：

(1)宏定义中的宏名，可以用大写英文字母表示，也可以用小写英文字母表示。在 C 语言程序的各表达式语句中，为了区分宏名与变量名，一般习惯用大写字母(指全部大写字母)表示宏名。

(2)宏定义是 C 语言的预处理命令，不是语句，命令行不需要分号结尾。如果在行尾添加了分号，那么该分号也将作为所定义的字符串的一部分来处理。

(3)宏替换是一种简单的代替，替换时不做语法检查。

例如：

```
#define PI 3.1415926
```

在上述宏定义中，虽然手误把数字“1”写成了小写字母“l”，在预处理时可以正常完成替换，并不会报出语法错误。但是，在编译到该指令时，会检查到此处的语法报错。

(4)C 语言的变量存在作用域，宏名也有作用域。宏定义通常放在文件的开头，其作用域是从宏定义命令所在行开始，直到遇到终止宏定义命令为止。如果程序中没有终止宏定义的命令，其作用域一直到本源文件结束位置。

终止宏定义命令的格式为：

```
#undef 宏名
```

其中,undef 是关键字,该宏名必须是在此之前已经定义过的。

例如:

```
#undef PI
```

表示宏定义的 PI 作用域到此终止。如果后续程序中出现 PI,将不再表示之前所定义的字符串,编译时会被视为未定义标识报错。

(5)嵌套宏定义是指在进行宏定义时,可以引用已定义过的宏名。

例如:

```
#define WIDTH 10
#define LENGTH (WIDTH + 10)
#define AREA (LENGTH * WIDTH)
```

在第二个宏定义中引用了第一个宏定义的宏名 WIDTH,在第三个宏定义中引用了第一个宏定义的宏名 WIDTH 和第二个宏定义的宏名 LENGTH,第二个和第三个宏定义便是宏定义的嵌套使用。嵌套的宏定义在替换时,要进行层层替换。

例如:

在上述宏定义的前提下,有语句:

```
s = AREA + 50;
```

则在预处理时按如下步骤替换:

首先,替换 AREA,结果为 s = (LENGTH * WIDTH) + 50;。

然后,替换 LENGTH,结果为 s = ((WIDTH + 10) * WIDTH) + 50;。

最后,替换 WIDTH,结果为 s = ((10 + 10) * 10) + 50;。

(6)如果双引号内字符串中存在与宏名相同的部分,在预处理时也不会进行替换。

【例 11.2】使用嵌套宏定义分别定义符号常量 PI、S(圆面积)和 V(球体体积),输入半径 r,计算圆面积和球体体积并输出。

```
#include <stdio.h>
#define  PI 3.14159265
#define  S PI*r*r              /*定义宏 S 时,引用已定义的宏 PI*/
#define  V 4*S*r/3             /*定义宏 V 时,引用已定义的宏 S*/
void  main()
{
    float r;
    scanf("%f",&r);
    printf("S = %.1f V = %.1f \n",S,V);
}
```

程序运行结果:

```
5
S = 78.5 V = 523.6
```

该程序在宏替换后,S 项被替换为 PI*r*r,V 项被替换为 4*PI*r*r*r/3。

【例 11.3】宏名的作用域。

```
#include <stdio.h>
```

```
void main()
{
    #define N 5
    printf("N = %d\n",N);
    #define M N + 3
    printf("M = %d\n",M);
    #undef N
    #define N 10
    printf("new M = %d\n",M);
}
```

程序运行结果：

```
N = 5
M = 8
new M = 13
```

说明：

(1)宏定义命令可以根据需要写在文件的任何位置，不一定必须写在文件开头。该程序中的三条宏定义命令和一条终止宏定义命令分别出现在程序的不同位置。

(2)第一次定义宏名 N 的作用域从定义处开始到#undef N 命令结束。第二次定义宏名 N 的作用域从定义处开始起到文件尾结束。可见，对一个宏名进行重新定义之前必须先将原定义取消。而本例中宏名 M 的作用域为从定义处开始到本源文件结束。

2. 带参数宏定义

带参数宏定义的一般格式为：

```
#define 宏名(参数表) 字符串
```

其中，字符串中包含参数表中所指定的参数。

例如：

```
#define SQ(x) x *x
…
a = SQ(5);
```

宏替换时用实参 5 去替换形参 x，宏替换后结果为 a = 5 * 5;。

带参数的宏定义在宏替换时，与无参数宏定义不同，不是简单地用字符串替换宏名。与函数调用的参数传递类似，需要用宏名的“实参”替换“形参”。这里所说的实参是指程序语句中引用宏名的参数，而形参是指宏定义时，宏名后边参数表中的参数。

【例 11.4】 带参数的宏定义举例。

```
#include <stdio.h>
#define MAX(x,y)  (x > y)?(x):(y)
void main()
{
    int m = 6,n = 2,p,q;
    p = MAX(6,2);                    /* 实参 6 和 2 分别传给形参 x 和 y */
```

```
    q=MAX(m-2,n+3);          /*实参m-2和n+3分别传给形参x和y*/
    printf("%d,%d\n",p,q);
}
```

程序运行结果：

```
6,5
```

赋值语句 p=MAX(6,2);经宏替换后变为 p=(6>2)?(6):(2)。

赋值语句 q=MAX(m-2,n+3);经宏替换后变为 q=(m-2>n+3)?(m-2):(n+3);。

在使用带参数宏定义时，应该注意以下几点：

(1)在定义带参数宏名时，宏名与参数的左圆括号之间不能有空格，否则空格后的所有内容都会被当作一个字符串。

例如：

```
#define MAX  (x,y)(x>y)?(x):(y)
```

预处理时会将 MAX 当成不带参数的宏名，它代表字符串"(x,y) (x>y)?(x):(y)"。显然，这不是程序设计的本意。

(2)在定义带参数宏名时，字符串内的形参通常要用括号括起来以避免替换后出错。

例如：

```
#define SQ(x) x*x
```

当在赋值语句中使用宏调用 b=SQ(a+1);时，则替换结果为 b=a+1*a+1;。

如果希望替换结果是 b=(a+1)*(a+1);的形式，则需要将带参数的宏定义改写为：

```
#define SQ(x)  (x)*(x)
```

由此可见，在带参数宏定义时对字符串中的形参加上括号是很必要的，它可以避免替换后的结果表达式因运算符优先级不同而导致的结果错误。

为了避免宏替换后的表达式运算混乱，上述宏定义最好写成下述形式：

```
#define SQ(x)  ((x)*(x))
```

例如：

有如下语句：

```
m=50/SQ(b+1);
```

替换后结果为：

```
m=50/((b+1)*(b+1));
```

如果字符串的最外面不加括号，那么替换后结果为：

```
m=50/(b+1)*(b+1);
```

显然，这两种替换的运算结果是截然不同的。

(3)带参数宏定义与函数的区别。尽管在形式上带参数的宏定义和函数非常相似，特别是当宏名使用小写字母时，在不了解该宏名定义的情况下，很难分辨到底是带参数的宏调用还是函数调用。虽然二者在形式上很相似，但是二者存在着本质区别。它们之间的区别如下：

① 定义形式不同。带参数宏定义是通过预处理命令#define 来定义的，而函数定义包括函数头和函数体两部分。

宏定义形式为：

```
#define MAX(x,y)  (x) > (y)?(x):(y)
```

函数定义形式为：

```
int max(int x,int y)
{
    return x >y?x:y;
}
```

②处理时间不同。宏定义是在编译预处理时处理的，处理后再进行编译；而函数是在程序执行时处理的。二者处理在不同的时间阶段。

③ 处理方式不同。带参数宏定义在进行宏替换时，用实参来简单代替形参，并不做语法检查。而函数调用是将实参赋值给形参，要求实参与形参的对应类型一致，实参与形参的个数也要一致。

④ 时间和空间上的开销不同。带参数的宏替换，是在编译之前完成的，使用宏次数多时，宏替换后可能会使源程序变长，但不占用执行时间。而函数调用是在程序执行时进行的，不会使源程序变长，但调用要有额外的时间和空间上的开销。因为调用前要保留现场，调用后又要恢复现场，因此函数调用时间和空间开销要比带参数的宏调用大。在实际使用中，带参数宏定义比函数开销小是一个重要特征。

⑤ 参数类型要求不同。带参数宏定义的形参不需要开辟临时的存储空间，所以形参的类型不必说明，它没有类型的限制。而函数的形参在函数调用前需要分配临时的存储空间，所以必须进行类型说明。

例如，两个数相减的操作，用带参数的宏定义和函数定义分别如下。

用带参数的宏定义：

```
#define MINU(x,y)  ((x)-(y))
```

用函数定义：

```
int minu(int x,int y)
{
    return(x-y);
}
```

该函数只能进行两个 int 型数据相减的运算。而上述带参数宏定义可以进行任意类型的两个数据的相减，因为它没有类型的限制。

通过上述对于带参数的宏定义和函数之间区别的分析，不难看出两者各有优缺点。对于同一个问题可以用宏解决，也可以用函数解决。那么到底选择哪一种更好呢？一般来说，在功能比较简单的情况下，选用带参数的宏更好些，特别是在需要反复引用的情况下，用宏定义的时间和空间开销较少。

若输出两个数中较大的数，可用如下的宏定义来实现。

```
#define F1(a,b) printf("%d\n",a >b?a:b);
```

又如，计算一个自然数的立方值，可用如下的宏定义实现。

```
#define F2(a) printf("%d\n",a *a *a);
```

虽然带参数宏定义有时间和空间开销小的优势，但是对于功能复杂的问题来说，使用函数解决会更好一些。

3. 宏定义的应用

在C语言程序中,宏定义主要用于下述几个方面。

(1)符号常量的定义。C语言中的常数一般都用符号常量表示,这样不仅书写简便,而且易于修改和移植,还可以表达出更明显的含义。

例如:

```
#define PI 3.14159265
#define E 2.71828
#define EPS 1.0e-9
#define MAX 32767
#define TRUE 1
#define FALSE 0
```

(2)在功能简单使用频繁的情况下,用带参数的宏定义比用函数更能提高速度。因为函数调用要花费额外的时间和空间开销。

(3)为了书写简练、程序易读,经常采用宏来定义输出格式。

【例 11.5】用宏来定义格式字符串。

```
#include <stdio.h>
#define F1 "%d\n"
#define F2 "%d,%d\n"
#define PR1(a) printf(F1,a)
#define PR2(a,b) printf(F2,a,b);
void main()
{
    int x,y,z;
    x=5;
    y=5*x;
    z=x+y;
    PR1(x);
    PR2(y,z)
    PR1(2*y);
    PR2(x+5,z/5)
}
```

程序运行结果:

```
5
25,30
50
10,6
```

说明:

(1)该程序前面有四条宏定义命令。前两条是无参数宏定义,后两条是带参数的宏定义。这四条宏定义命令都是有关格式输出的。

(2)程序中的最后四条语句是用来输出结果的,由于引用了宏定义命令,使得该输出语句简练、清晰。在 C 语言程序中,输出结果语句用得较多,并且可选用不同的参数个数,如果能使用宏定义命令使之简化,将给书写带来方便。

11.1.2 文件包含

在解决复杂问题时,需要用到大量的变量和宏定义。如果把这些内容和程序代码放在同一个源文件中,会使文件长度加大,不仅增加程序的阅读难度,而且容易出现错误。

在设计和编写大型程序时,文件包含是很有用的。一个大型程序可以根据功能划分为多个子功能模块,每个子功能模块可以由项目组的不同程序员分工完成。根据各子功能模块之间的相互关系,需要定义一些公用的全局变量和符号常量,这些各模块间公用内容可以组织在一个或多个文件中,需要时在其他源程序文件开头使用预处理的文件包含命令即可。这种操作,既可以避免在每个源文件开头都去添加这些公用内容,又可以节省时间和降低错误率。

文件包含命令的功能是把指定的文件插入该命令行位置取代该命令行,从而把指定的文件和当前的源程序文件连成一个源文件。

文件包含命令的一般形式为:

```
#include "文件名"
```

或

```
#include <文件名>
```

在前面章节的例题中已经多次使用过文件包含命令。

例如:

```
#include <stdio.h>
#include <math.h>
```

文件包含命令的核心作用是优化程序和提高程序的可读性,同时也可以减少程序员的重复劳动。如果文件包含命令使用不当,包含了程序不需要的内容,反而会增加程序的代码长度,造成代码的冗余。

【例 11.6】将例 11.5 中的宏定义部分组织在一个单独的 print. h 头文件中,根据本例源程序的需要,使用文件包含命令将该头文件包含到源程序中。

建立一个头文件,文件命名为 print.h,内容如下:

```
#define F1 "%d\n"
#define F2 "%d,%d\n"
#define PR1(a) printf(F1,a)
#define PR2(a,b) printf(F2,a,b)
```

再建立一个源程序文件,内容如下:

```
#include <stdio.h>
#include"print.h"
void main()
{
    int x,y,z;
    x=5;
    y=5*x;
```

```
    z = x + y;
    PR1(x);
    PR2(y,z);
    PR1(2 *y);
    PR2(x + 5,z/5);
}
```

程序运行结果：

```
5
25,30
50
10,6
```

说明：程序输出结果与例 11.5 完全相同。从书写角度来看，程序只使用了一条文件包含命令便可以代替头文件中的 4 条宏定义命令，书写更加简单。根据解决问题需要，该头文件还可以包含到其他源程序文件。

在使用文件包含命令时，应注意以下几点：

(1) 一个文件包含命令只能包含一个文件，不可以连续包含多个文件。如果某个程序需要包含多个文件，则可使用多条文件包含命令。

下面写法是错误的：

```
#include <xy.h>,<mn.h>
```

如果程序确实需要包含上述 2 个文件，应该用 2 个文件包含命令分别包含，形式如下：

```
#include <xy.h>
#include <mn.h>
```

其前后顺序取决于被包含文件内容间的相互关系。如果两个被包含文件内容相互无关，则书写的前后顺序也无关。如果一个文件中要使用另一个文件的内容，则另一个文件的包含要写在前面。

(2) 文件包含命令也可以嵌套使用，即在一个被包含的文件中还可以包含其他文件。

例如：

文件 filel. cpp 的内容：

```
#include <file2.h>
…
```

被包含的文件 file2. h 的内容：

```
#include <file3.h>
…
```

这便是文件包含的嵌套，它的作用可以等价于文件 file1. cpp 中的内容：

```
#include <file3.h>
#include <file2.h>
…
```

注意：当 file1.c 中同时包含 file3.h 和 file2.h 时，因为 file2.h 中需要用到 file3.h 中的内容，所以包含 file3.h 的命令应该在包含 file2.h 的命令之前。

(3)包含文件命令可以有下面两种形式：

```
#include <文件名>
#include"文件名"
```

两种形式的区别：使用尖括号表示到存放 C 语言库文件的目录(include 文件夹)中寻找要包含的头文件；使用双引号则表示首先在当前源文件所在目录中寻找该头文件，如果没有找到再到存放 C 语言库文件的目录中寻找。用户编程时可根据头文件所在目录情况选择两种形式之一。

(4)被包含的文件可以是任意的源文件，不一定必须是.h 文件，也可以是同一项目中其他的源文件。

【例 11.7】使用文件包含命令将一个 C 语言源文件包含在另一个 C 语言源文件之中。

f1. cpp 文件内容：

```
int add(int x,int y)
{
    int z;
    z=x+y;
    return(z);
}
```

f2. cpp 文件内容：

```
#include<stdio.h>
#include"f1.cpp"
void main()
{
    int a,b;
    a=5;
    b=10;
    printf("%d\n",add(a,b));
}
```

程序运行结果：

```
15
```

要求：这两个文件保存时应保存在同一个目录下。

(5)为了提高程序的可移植性，可以将在不同系统环境下需要修改的内容放在一个被包含的文件中。当项目程序被移植到其他系统环境时，可以只修改被包含文件中的内容，从而提高了项目程序的可移植性。

11.1.3　条件编译

一般情况下，除了注释内容外，源程序中所有的代码行都要参加编译。但有时希望对其中一部分内容只在满足一定条件下才进行编译，即对一部分内容指定编译条件，这就是“条件编译”。

1. 条件编译的形式

第一种形式：

```
#ifdef 标识符
    程序段1
#else
    程序段2
#endif
```

功能说明：当"标识符"已被#define命令宏定义过，程序段1参加编译；否则，程序段2参加编译。如果只有一个程序段需要判断编译条件，那么可以把#else省略，形式如下：

```
#ifdef 标识符
    程序段
#endif
```

第二种形式：

```
#ifndef 标识符
    程序段1
#else
    程序段2
#endif
```

功能说明：若"标识符"未被宏定义过，程序段1参加编译；否则，程序段2参加编译。这与第一种形式正好相反。

第三种形式：

```
#if 表达式
    程序段1
#else
    程序段2
#endif
```

功能：当"表达式"的值为非0时，程序段1参加编译；否则，程序段2参加编译。如果只有一个程序段需要判断编译条件，那么可以把#else省略，形式如下：

```
#if 表达式
    程序段
#endif
```

2. 条件编译的应用

(1)条件编译可以用来提高程序的通用性。由于不同计算机系统的软硬件存在一定差异，有的是32位机，有的是64位机。为保障一个源程序可以在不同计算机系统中运行，可以使用以下条件编译(假定区别仅在机器的字长上)。

```
#ifdef PC32
    #define INTSIZE 32
#else
    #define INTSIZE 64
#endif
```

如果 PC32 已被宏定义过，即出现过以下命令。

```
#define PC32 32
```

则在程序编译时，编译下面的命令行。

```
#define INTSIZE 32
```

否则，PC32 没有被宏定义过，则编译下面的命令行。

```
#define INTSIZE 64
```

到底编译哪些行，关键在于标识符 PC32 是否已被宏定义过，和其被定义成什么值没有关系。下面的形式也代表标识符 PC32 被宏定义过。

```
#define PC32
```

(2)条件编译会给程序调试带来方便。在源程序调试中，经常需要输出某些变量的状态来跟踪程序的执行情况。为此，在程序中的关键位置添加一些输出语句，通过输出的结果数据来判断程序是否有错误，这是一种常用的调试手段。在调试结束后，需要把这些调试功能的输出语句删除。如果使用条件编译会更方便，即在满足调试条件的情况下，添加输出信息的语句。在调试完成后，只要改变调试条件，这时再重新编译，之前添加的输出语句将不再被编译，这种方法使用起来很方便。

例如，在调试某个程序时，为了通过输出信息以供判断，可在源程序中插入以下条件编译。

```
#if DEBUG
    printf("a = %d,b = %d\n",a,b);
#endif
```

在调试程序时，如果在条件编译命令之前使用宏定义命令#define DEBUG 1，那么 printf 语句将参加编译，运行时将输出变量 a 和变量 b 的值。当调试完成后，只需要将宏定义命令修改为#define DEBUG 0，printf 语句将不参加编译，就相当于该行被删除一样。可见，使用条件编译通过改变其条件来“删除”不需要参加编译的程序段是很方便的。

(3)使用条件编译替代 if 语句会减少目标代码的长度。

【例 11.8】在给定圆半径的情况下，通过设置条件编译，决定输出圆柱体体积，还是输出圆的面积。

```
#include <stdio.h>
#define PI 3.14
#define H 7
void main()
{
    float r =5.0;
    #ifdef  H
        printf("圆柱体体积:%.1f\n",PI *r *r * H);
    #else
        printf("圆的面积:%.1f\n",PI *r *r);
    #endif
}
```

程序运行结果:

```
圆柱体体积:549.5
```

说明:

(1)在程序中,由于 H 已被宏定义过,所以输出结果为"圆柱体体积:549.5"。

(2)如果删除或注释程序中#define H 7 这行,该程序将输出"圆的面积:78.5"。

11.2 位 运 算

在计算机内部,程序的运行、数据的存储及运算都是以二进制的形式进行的。位运算是指进行二进制位的运算,是 C 语言有别于其他高级语言的一种强大的运算,它使得 C 语言具有了某些低级语言的功能,主要用于系统程序或控制程序中,如设备驱动程序、磁盘文件管理程序等。

11.2.1 位运算符

C 语言提供的位运算符如表 11.1 所示。

表 11.1 位运算符

位运算符	含 义	位运算符	含 义
~	按位取反	&	按位与
<<	左移	|	按位或
>>	右移	^	按位异或

注:(1)位运算的对象只能是整型数据或字符型数据,其运算结果仍为整型。

(2)优先级:~→<<、>>→&→^→|。

1. 按位取反运算符(~)

按位取反运算是对二进制数的每一位都取反。

运算规则:~0=1,~1=0。

例如:

```
a=01111010
~a=10000101
```

2. 左移运算符(<<)

运算规则:将一个数的各个二进制位全部向左平移若干位,移出的高位丢弃,空出的低位补零。

假设 a 是一个无符号整型变量,并以一个字节存放,则

```
   a:00010010          /* 十进制数为 18 */
a<<1:00100100          /* 十进制数为 36 */
a<<2:01001000          /* 十进制数为 72 */
```

左移一位相当于乘以 2,左移两位相当于乘以 4,依此类推。但此结论只适用于该数左移时被溢出舍弃的高位中不包含 1 的情况。

3. 右移运算符(>>)

运算规则:将一个数的各个二进制位全部向右平移若干位,右边移出的部分舍弃,左边空

出的位置对于无符号数补 0，对于有符号数，若原符号位为 0，则全补 0，若原符号位为 1，则全补 1。也就是右移后保持这个数的正负符号不变。

假设 a 是一个无符号整型变量，并以一个字节存放，则

```
  a:10010010                    /* 十进制数为 144 */
a >>2:00100100                  /* 十进制数为 36 */
```

对一个无符号数据或正整数，每右移 1 位相当于除以 2，右移 2 位相当于除以 4，依此类推。

假设 a 是一个有符号变量，则

```
  a:10011010
a >>2:11100110
```

4. 按位与运算符(&)

运算规则：0&0 = 0，0&1 = 0，1&0 = 0，1&1 = 1。

例如：

```
      10011010
(&)   01101110
--------------
      00001010
```

任何一位二进制数(不管是 1 还是 0)只要与 1 进行“&”运算时，结果保持原值，与 0 进行“&”运算时，结果变为 0。

如果参加“&”运算的是负数，则以补码形式表示为二进制数，然后按位进行“&”运算。

利用按位与运算，可使二进制位的某些位清零，某些位保持不变。

如果想将一个数的某些位清零，某些位保持不变，只要找一个二进制数，要求该二进制数中各位符合条件：原来数中想要清零的位为 0，保持不变的位为 1。然后，使二者进行“&”运算，即可达到目的。

例如：

原有数为 01101011，使它低 4 位清零，高 4 位保持不变。另找一个数，设为 11110000，低 4 位均为 0，高 4 位均为 1。将 2 个数进行“&”运算：

```
      01101011
(&)   11110000
--------------
      01100000
```

5. 按位或运算符(|)

运算规则：0|0 = 0，0|1 = 1，1|0 = 1，1|1 = 1。

例如：

```
      11100010
(|)   01110110
--------------
      11110110
```

任何一位二进制数(不管是 1 还是 0)与 1 进行“|”运算时，结果置 1，与 0 进行“|”运算时，结果不变。

利用按位或运算，可使二进制位的某些位置 1，某些位保持不变。

如果想将一个数的某些位置 1,某些位保持不变,只要找一个二进制数,要求该二进制数中各位符合条件:原来数中想要置 1 的位为 1,保持不变的位为 0。然后使二者进行“|”运算,即可达到目的。

例如:

原有数为 01100000,使它低 4 位都置 1,高 4 位保持不变。另找一个数,设为 00001111,低 4 位均为 1,高 4 位均为 0。将两个数进行“|”运算:

```
      01100000
(&)   00001111
      --------
      01101111
```

6. 按位异或运算符(^)

判断两个数相应位的值是否不同,不同结果为 1,相同结果为 0。

运算规则:0^0 = 0,0^1 = 1,1^0 = 1,1^1 = 0。

例如:

```
      11100010
(^)   01010110
      --------
      10110100
```

任何一位二进制数(不管是 1 还是 0)与 1 进行“^”运算时,其结果是将这一位取反,即由 1 变成 0,或者由 0 变成 1;与 0 进行“^”运算其值不变。

按位异或运算的特点:

(1)一个数与自己相“^”结果为 0。

例如:

0342^0342 = 0

```
      11100010
(^)   11100010
      --------
      00000000
```

(2)一个数与零相异或保留其原值。

例如:

015^00 = 015

```
      00001101
(^)   00000000
      --------
      00001101
```

利用按位异或运算,可做到不用中间变量交换两个变量的值。

例如:

设 a = 6,b = 7,不用中间变量,将 a 和 b 的值互换,可以用以下赋值语句实现:

```
a = a^b;
b = b^a;
a = a^b;
```

可用按位异或运算的特点来说明:

a = a^b

b = b^a = b^a^b = b^b^a = 0^a = a

a = a^b = a^b^b^a^b = a^a^b^b^b = 0^0^b = 0^b = b

也可用下面式子来说明：

```
        a = 110
(^)     b = 111
-----------------
        a = 001
(^)     b = 111
-----------------
        b = 110
(^)     a = 001
-----------------
        a = 111
```

11.2.2　位运算应用举例

【例 11.9】从一个八进制数 a(如 017330)中,把从右端开始的 5 ~7 位取出来,如图 11.1 所示,并以十进制形式输出。

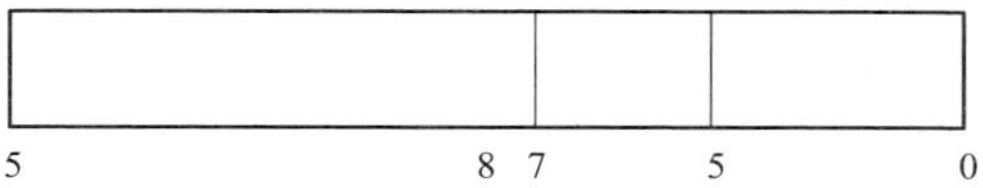

图 11.1　取出右端 5 ~7 位

实现此功能的步骤：

(1)把该数右移 5 位,使需要的 5 ~7 位移到低 3 位。

```
b = a >>5
```

(2)只保留低 3 位,其他位清 0。

```
c = ~(~0 <<3)   /*c 中为只有低 3 位为 1,其他位为 0 的数*/
d = b&c
```

程序如下：

```
#include < stdio.h >
void main()
{
   unsigned short a = 017330,b,c,d;
   b = a >>5;
   c = ~(~0 <<3);
   d = b&c;
   printf("%d\n",d);
}
```

程序运行结果：

```
6
```

【例 11.10】编写一个程序,实现一个整数 a 二进制位的循环左移。把图 11.2 所示的整数 a 循环左移成图 11.3 所示。

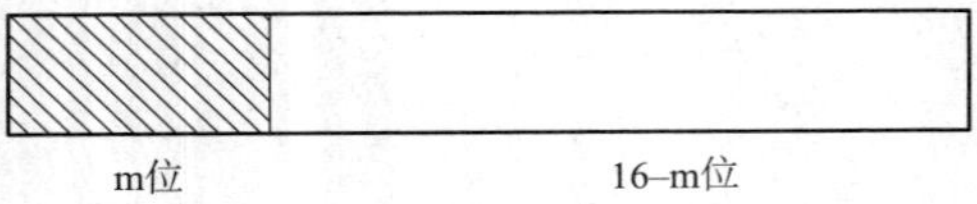

图 11.2　整数 a

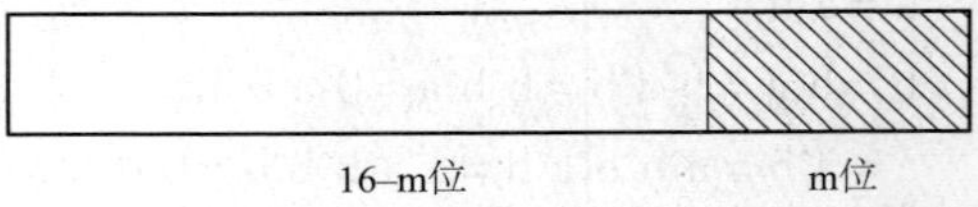

图 11.3　整数 a 循环左移结果

实现此功能的步骤：

(1)输入整数 a,并左移 m 位给 b。

```
b = a << m
```

(2)将 a 右移 16 - m 位给 c。

```
c = a >> (16 - m)
```

(3)将 b 和 c 按位或运算,合在一起。

```
d = b |c
```

程序：

```
#include <stdio.h>
void main( )
{
    unsigned short a,b,c,d;
    short int m;
    scanf("%x,%d",&a,&m);
    b = a << m;
    c = a >> (16 - m);
    d = b |c;
    printf("%x\n",d);
}
```

程序运行结果：

```
4578,4 ↙
5784
```

可以把输入的十六进制数 4578 和输出的十六进制数 5784 转换成二进制数对比一下,确实把输入数的高 4 位循环移位到低 4 位。

十六进制数 4578 的二进制数为 0100010101111000。

十六进制数 5784 的二进制数为 0101011110000100。

习 题 十 一

一、选择题

1. 以下说法正确的是(　　)。

   A. 宏定义是 C 语句,要在行末尾加分号

   B. 可以使用#define 来终止宏名的作用域

   C. 宏定义不能层层置换

   D. 双引号括起来的字符串内出现宏名,预处理时不进行替换

2. 下面叙述中正确的是(　　)。

A. 带参数的宏定义中参数是没有类型的

B. 宏展开将占用程序的运行时间

C. 宏定义命令是 C 语言中的一种特殊语句

D. 使用#include 命令包含的头文件必须以".h"为扩展名

3. 在"文件包含"预处理命令中，当#include 后面的文件名用双引号括起时，寻找被包含文件的方式为(　　)。

A. 直接到存放 C 语言库函数头文件的目录中寻找要包含的文件

B. 先在源程序所在目录搜索，若找不到，再到存放 C 语言库函数头文件的目录中寻找要包含的文件

C. 仅仅搜索源程序所在目录

D. 搜索系统所有目录

4. 下面叙述中不正确的是(　　)。

A. 函数调用时，先求出实参表达式的值，然后传送给形参。而使用带参的宏只是进行简单的字符替换

B. 函数调用是在程序运行时处理的，分配临时的内存单元。而宏展开则是在编译时进行的，在展开时也要分配内存单元，进行值传递

C. 对于函数中的实参和形参都要定义类型，二者的类型要求一致，而宏不存在类型问题，宏没有类型

D. 调用函数只可得到一个返回值，而用宏可以设法得到几个结果

5. 下面叙述中不正确的是(　　)。

A. 使用宏次数较多时，宏展开后源程序长度增长，而函数调用不会使源程序变长

B. 函数调用是在程序运行时处理的，分配临时的内存单元，而宏展开则是在编译时进行的，在展开时不分配内存单元，不进行值传递

C. 宏替换占用编译时间

D. 函数调用占用编译时间

6. 位运算中，操作数每左移一位(没有 1 被移出去的情况下)，则结果相当于(　　)。

A. 操作数乘以 2　　B. 操作数除以 2

C. 操作数除以 4　　D. 操作数乘以 4

7. 下面 4 个选项中，要求运算量必须是整型或字符型的运算符是(　　)。

A. &&　　B. &　　C. !　　D. ||

8. 以下叙述中不正确的是(　　)。

A. 表达式 a&=b 等价于 a=a&b　　B. 表达式 a|=b 等价于 a=a|b

C. 表达式 a!=b 等价于 a=a!b　　D. 表达式 a^=b 等价于 a=a^b

9. 在位运算中，操作数(无符号数或正数)每右移一位，结果相当于(　　)。

A. 操作数乘以 2　　B. 操作数除以 2

C. 操作数除以 4　　D. 操作数乘以 4

10. 设字符型变量 a=3，b=6，计算表达式(a^b)<<2 的值是(　　)。

A. 00011100　　B. 00000111　　C. 00000001　　D. 00010100

二、填空题

1. 下面程序运行后,输出结果为________。

```
#include <stdio.h>
#define FORMAT "%u,%u\t"
void main()
{
    int i,j,a[3][4];
    for(i=0;i<3;i++)
        for(j=0;j<4;j++)
          a[i][j]=i*4+j;
    printf(FORMAT,**a,*a[0]);
    printf(FORMAT,*(a[0]+1),*&a[0][1]);
    printf(FORMAT,a[1][0],*(*(a+1)+0));
}
```

2. 下面程序的功能是,当宏名 LETTER 代表 1 时,输出为 C PROGRAM,当宏名 LETTER 代表 0 时,输出 c program,请完成程序。

```
#include <stdio.h>
#define LETTER 1
void main()
{
    char str[20]="C program",c;
    int i=0;
    while((c=str[i])!='\0')
    {
    i++;
    #if LETTER
        if(c>='a'&&c<='z')
            c=________;
    #else
        if(c>='A'&&c<='Z')
            c=________;
    #endif
    printf("%c",c);
    }
    printf("\n",c);
}
```

3. 下面程序运行后,若输入“3,4　5,6”,则输出结果是________。

```
#include <stdio.h>
#define MAC(x,y) ((x>y)?(x):(y))
void main()
{
    int a,b;
```

```
    long  int c,d;
    scanf("%d,%d",&a,&b);
    scanf("%d,%d",&c,&d);
    printf("%d,%d\n",sizeof(MAC(a,b)),sizeof(MAC(c,d)));
}
```

4. 下面程序运行后的输出结果是________。

```
#include <stdio.h>
#define SQR1(X) X*X
#define SQR2(X) (X*X)
void main()
{
    printf("%d,%d\n",30/SQR1(30),30/SQR2(30));
}
```

5. 下面程序运行后的输出结果是________。

```
#include <stdio.h>
#define MUL(x,y) x*y
void main()
{
    int a,b;
    a=5;b=6;
    printf("%d\n",MUL(a++,++b));
}
```

6. 若 x=2,y=3,则 x&y 的结果是________。

7. 设 a、b 为整型变量,且 a=7,b=8,则表达式 a=a|b 的值为________。

8. 有二进制数 a=00101101,若想通过异或运算 a^b 使 a 的高 4 位取反,低 4 位不变,则二进制数 b 应是________。

9. 有二进制数 a=01011010,若想通过与运算 a&b 使 a 的低 4 位清零,高 4 位不变,则二进制数 b 应是________。

10. a^b^a^b^a 的值是________。

三、编程题

1. 编写程序,利用带参数的宏定义,实现对输入的 2 个参数的值互换。

2. 编写一个名为 bj. cpp 的文件,在该文件中定义求最大值函数 max()和求最小值函数 min()。在主程序中利用文件包含,将 bj. cpp 引用到主程序中,对主程序中输入的数据,求取最大值和最小值,然后输出结果。

3. 随意输入一个整数给 a,取 a 从右端开始的 3～5 位,并以十进制形式输出。

4. 不使用中间变量,交换两个整数 x 和 y 的值。

5. 随意输入一个整数(八进制形式),把该数右循环移位 4 位输出。

附　录

附录 A　常用字符与 ASCII 码对照表

ASCII 值	控制字符	ASCII 值	字　符	ASCII 值	字　符	ASCII 值	字　符
000	NULL	026	SUB	052	4	078	N
001	SOH	027	ESC	053	5	079	O
002	STX	028	FS	054	6	080	P
003	ETX	029	GS	055	7	081	Q
004	EOT	030	RS	056	8	082	R
005	ENQ	031	US	057	9	083	S
006	ACK	032	（SPACE）	058	:	084	T
007	BEL	033	!	059	;	085	U
008	BS	034	"	060	<	086	V
009	HT	035	#	061	=	087	W
010	LF	036	$	062	>	088	X
011	VT	037	%	063	?	089	Y
012	FF	038	&	064	@	090	Z
013	CR	039	'	065	A	091	[
014	SO	040	(	066	B	092	\
015	SI	041	)	067	C	093	]
016	DLE	042	*	068	D	094	^
017	DC1	043	+	069	E	095	_
018	DC2	044	,	070	F	096	`
019	DC3	045	-	071	G	097	a
020	DC4	046	.	072	H	098	b
021	NAK	047	/	073	I	099	c
022	SYN	048	0	074	J	100	d
023	ETB	049	1	075	K	101	e
024	CAN	050	2	076	L	102	f
025	EM	051	3	077	M	103	g

续表

ASCII 值	控制字符	ASCII 值	字　符	ASCII 值	字　符	ASCII 值	字　符
104	h	110	n	116	t	122	z
105	i	111	o	117	u	123	{
106	j	112	p	118	v	124	|
107	k	113	q	119	w	125	}
108	l	114	r	120	x	126	~
109	m	115	s	121	y	127	Del

注:表中 ASCⅡ码值为十进制数。

附录 B　C 语言的关键字及说明

关　键　字	用　　途	说　　明
char	数据类型	字符型
short		短整型
into		整型
unsigned		无符号类型(最高位不作为符号位)
long		长整型
float		单精度实型
double		双精度实型
struct		用于定义结构体的关键字
union		用于定义共用体的关键字
void		空类型
enum		用于定义枚举类型的关键字
signed		有符号类型,最高位为符号位(该关键字可缺省)
const		表明这个量在程序执行过程中不可改变其值
volatile		表明这个量在程序执行过程中可被隐含地改变
typedef		用于定义新类型名
auto	存储类型	自动变量
register		寄存器类型变量
static		静态变量
extern		外部变量声明

续表

关键字	用途	说明
break	流程控制	退出最内层的循环或 switch 语句
case		switch 语句中的情况选择
continue		结束本次循环,而跳到下一轮循环
default		switch 语句中其余情况标号
do		在 do...while 循环中的循环起始标记
else		if 语句中另一种选择
for		带有初值、判断和增量的一种循环
goto		转移到语句标号指定的地方
if		语句的条件执行
return		返回到调用的函数
switch		从所有列出的动作中作出选择
while		在 while 和 do...while 循环语句中的条件执行
sizeof	运算符	计算表达式和类型的字节数

附录 C　运算符的优先级和结合性

类别	优先级	运算符	含义	结合性
单目运算符	1	( )	圆括号	自左向右
		[ ]	下标运算符	
		->	指向结构体成员运算符	
		.	结构体成员运算符	
	2	!	逻辑非运算符	自右向左
		~	按位取反运算符	
		++	自增运算符	
		--	自减运算符	
		-	负号运算符	
		(类型)	类型转换运算符	
		*	指针运算符	
		&	取地址运算符	
		sizeof	占用内存空间运算符	
双目运算符	3	*	乘法运算符	自左向右
		/	除法运算符	
		%	求余运算符	
	4	+	加法运算符	自左向右
		-	减法运算符	

续表

类 别	优先级	运 算 符	含 义	结 合 性
双目运算符	5	<<	左移运算符	自左向右
		>>	右移运算符	
	6	< <= > >=	关系运算符	自左向右
	7	== !=	等于运算符和不等于运算符	自左向右
	8	&	按位与运算符	自左向右
	9	^	按位异或运算符	自左向右
	10	|	按位或运算符	自左向右
	11	&&	逻辑与运算符	自左向右
	12	||	逻辑或运算符	自左向右
三目运算符	13	?:	条件运算符	自右向左
赋值符	14	= += -= *= /= %=	赋值运算符	自右向左
		>>= <<= &= ^= |=		
逗号运算符	15	,	逗号运算符(顺序求值运算符)	自左向右

注:表中所列的优先级,“1”为最高级,“15”为最低级。

附录 D 常用的 C 语言库函数

由于篇幅所限,本附录主要介绍 ANSI C 及非 ANSI C 常用的部分函数,对于多数编译系统,可以使用这些函数的绝大部分。建议读者在编写 C 语言程序时,最好查阅所用系统的函数参考手册,了解系统所支持的函数。

1. 输入/输出(I/O)函数

使用 I/O 函数(见表 D.1)时,要使用#include < stdio. h > 。

表 D.1 I/O 函数

函数名	函 数 格 式	功 能	返 回 值	备 注
cleareer	void cleareer (FILE *fp);	清除与文件指针有关的所有信息	无	
close	int close(int fp);	关闭文件	关闭成功返回 0,否则返回-1	非 ANSI 标准
creat	int creat (char *filename,int mode);	以 mode 所指定的方式建立文件	成功返回正整数,否则返回-1	非 ANSI 标准
eof	inteof(int fd);	检查文件是否结束	遇文件结束,返回 1,否则返回 0	非 ANSI 标准
fclose	int fclose(FILE *fp);	关闭 fp 所指向的文件	执行出错返回非 0,否则返回 0	
feof	int feof(FILE *fp);	检查文件是否结束	遇文件结束符返回非 0,否则返回 0	
fgetc	int fgetc(FILE *fp);	从 fp 指向的文件中读取一个字符	出错返回 EOF,否则返回所读字符	

续表

函数名	函数格式	功能	返回值	备注
fgets	int *fgets(char *buf, int n, FILE *fp);	从 fp 指向的文件中读取一个长度为 n-1 的字符串,存入起始地址为 buf 的空间	返回地址 buf,如遇文件结束或出错,返回 NULL	
fopen	FILE * fopen(char *filename, char *mode);	以 mode 指定的方式打开名为 filename 的文件	成功返回文件指针,否则返回 0	
fprintf	int fprintf(FILE *fp, char *format, args, …);	把 args 的值以 format 指定的格式写到 fp 所指定的文件中	实际输出的字符数	
fputc	int fputc(char ch, FILE *fp);	将字符 ch 输出到 fp 指向的文件中	成功,返回该字符,否则返回非 0	
fputs	int fputs(char *str, FILE *fp);	将 str 中的字符串输出到 fp 指向的文件中	成功,返回 0,否则返回非 0	
fread	int fread(char *pt, unsigned size, unsigned n, FILE *fp);	从 fp 所指定的文件中读取长度为 size 的 n 个数据项,存到 pt 所指向的内存区中	返回所读的数据项个数。若遇到文件结束或出错,则返回 0	
fscanf	int fscanf(FILE *fp, char format, args);	从 fp 所指定的文件中按 format 指定的格式读取数据存入 args 指向的内存单元	成功返回读取的数据个数,出错或遇文件结束返回 0	
fseek	int fseek(FILE *fp, long offset, int base);	移动 fp 所指向的文件中的读/写位置指针	成功返回当前位置,否则返回-1	
ftell	long ftell(FILE *fp);	找出 fp 所指向的文件的读/写位置	返回读/写位置	
fwrite	int fwrite(char *ptr, unsigned size, unsigned n, FILE *fp);	把 ptr 所指向的 n *size 个字节写到 fp 所指向的文件中	返回写入文件的数据项的个数	
getc	int getc(FILE *fp);	从 fp 指向的文件中读取一个字符	出错返回 EOF,否则返回所读字符	
getchar	int getchar(void);	从标准输入设备读取一个字符	成功返回所读字符,否则返回-1	
getw	int getw(FILE * fp);	从 fp 所指向的文件读取一个整数	返回所读取的整数	非 ANSI 标准
open	int open(char *filename, int mode);	以 mode 指定的方式打开已存在的名为 filename 的文件	成功返回文件号(正整数),否则返回-1	非 ANSI 标准
printf	int printf(char *format, args, …);	按 format 指定的格式,把输出列表 args 的值输出到标准输出设备	成功返回输出的字符个数,否则返回负数	
putc	int putc(int ch, FILE *fp);	把一个字符 ch 输出到 fp 所指向的文件中	成功返回输出的字符 ch,否则返回 EOF	
putchar	int putchar(char ch);	把一个字符 ch 输出到标准输出设备	成功返回输出的字符 ch,否则返回 EOF	
puts	int puts(char *str);	把 str 指向的字符串输出到标准输出设备,将'\0'转换为回车换行符	成功返回换行符,否则返回 EOF	

续表

函数名	函数格式	功　能	返　回　值	备　注
putw	int putw(int w, FILE *fp);	将一个整数w(一个字)写到fp指向的文件中	返回输出的整数,出错返回EOF	非ANSI标准
read	int read(int fd, char *buf,unsigned count);	从文件号fd所指示的文件中读取count个字节到buf所指向的缓冲区中	返回真正读入的字节个数。遇文件结束返回0,出错返回-1	非ANSI标准
rename	int rename(char *oldname, char *newname);	把oldname指示的文件改名为newname所示的文件名	成功返回0,否则返回-1	
rewind	void rewind(FILE *fp);	将fp所指向的文件中的位置指针置于文件开头的位置,并清除文件结束标志和错误标志	无	
scanf	Int scanf(char *format, args, …);	从标准输入设备按format指定格式输入数据给args所指向的单元	读入并赋给args的数据个数。遇文件结束返回EOF,出错返回0	args为指针
write	int write(int fd, char *buf,unsigned count);	从buf指示的缓冲区输出count个字符到fd所标志的文件中	返回实际输出的字节数,出错返回-1	非ANSI标准

2. 字符和字符串函数

ANSI C标准要求,在使用字符串函数时要使用#include <string. h>,在使用字符函数时要使用#include <ctype. h>。但有的C编译系统不遵循ANSI C标准的规定,使用时请查询有关手册。字符和字符串函数如表D. 2所示。

表D. 2　字符和字符串函数

函数名	函数格式	功　能	返　回　值	备　注
isalnum	int isalnum(int ch);	检查ch是否是字母(alpha)或数字(numeric)	是,返回1;不是,返回0	ctype. h
isalpha	int isalpha(int ch);	检查ch是否字母	是,返回1;不是,返回0	ctype. h
iscntrl	int iscntrl(int ch);	检查ch是否控制字符	是,返回1;不是,返回0	ctype. h
isdigit	int isdigit(int ch);	检查ch是是否数字(0~9)	是,返回1;不是,返回0	ctype. h
isgraph	int isgraph(int ch);	检查ch是否可打印字符(ASCII值在0x21~0x7E之间),不包括空格	是,返回1;不是,返回0	ctype. h
islower	int islower(int ch);	检查ch是否小写字母(a~z)	是,返回1;不是,返回0	ctype. h
isprint	int isprint(int ch);	检查ch是否可打印字符(ASCII值在0x20~0x7E之间),包括空格	是,返回1;不是,返回0	ctype. h
ispunct	intispunct(int ch);	检查ch是否标点字符(不包括空格),即除字母、数字和空格以外的所有可打印字符	是,返回1;不是,返回0	ctype. h
isspace	int isspace(int ch);	检查ch是否空格、跳格符(制表符)或换行符	是,返回1;不是,返回0	ctype. h
isupper	int isupper(int ch);	检查ch是否大写字母(A~Z)	是,返回1;不是,返回0	ctype. h

续表

函数名	函数格式	功能	返回值	备注
isxdigit	int isxdigit(int ch);	检查ch是否一个16进制数字字符(0~9,或A~F,或a~f)	是,返回1;不是,返回0	ctype.h
strcat	char *strcat(char *str1, char *str2);	把字符串str2接到str1后面,且str1最后的'\0'被取消	str1	string.h
strchr	char *strchr(char *str, int ch);	找出str指向的字符串中的第一次出现字符ch的位置	返回指向该位置的指针,如找不到,则返回空指针	string.h
strcmp	int strcmp(char *str1, char *str2);	比较两个字符串	str1 < str2,返回负数; str1 > str2,返回正数; str1 = str2,返回0	string.h
strcpy	char *strcpy(char *str1, char *str2);	把str2指向的字符串复制到str1中	str1	string.h
strlen	unsigned int strlen(char *str);	统计字符串str中字符的个数,不包括'\0'	返回字符个数	string.h
strstr	char *strstr(char *str1, char *str2);	找出str2指向的字符串在str1指向的字符串中第一次出现的位置(不包括'\0')	返回该位置的指针,如找不到,则返回空指针	string.h
tolower	int tolower(int ch);	将ch字符转换为小写字母	返回转换得到的小写字母	ctype.h
toupper	int toupper(int ch);	将ch字符转换为大写字母	返回转换得到的大写字母	ctype.h

3. 动态存储分配函数

ANSI C标准要求动态存储分配函数(见表D.3)返回void指针。void指针具有一般性,它们可以指向任何类型的数据,但一般都需要采用强制类型转换的方法把void指针转换为所需的类型。在使用动态存储分配函数时要使用#include <stdlib.h>。

表D.3 动态存储分配函数

函数名	函数格式	功能	返回值	备注
calloc	void *calloc(unsigned n, unsigned size);	为n个数据项分配内存,每个数据项的大小为size	成功,返回分配的内存单元的起始地址;否则返回0	是一段连续的内存空间
free	void *free(void *ptr);	释放ptr所指向的内存空间	无	
malloc	void *malloc(unsigned size);	分配size个字节的内存空间	成功,返回分配的内存单元的起始地址;否则返回0	
realloc	void *realloc(void *ptr, unsigned newsize);	将ptr所指的内存空间大小改为newsize字节	成功,返回分配的内存单元的起始地址;否则返回0	newsize值可比原分配的空间大或小

4. 数学函数

使用数学函数(见表D.4)时,要使用#include <math.h>。

表D.4 数学函数

函数名	函数格式	功能	返回值	备注
acos	double acos(double x);	计算 $\cos^{-1}(x)$ 的值	计算结果	x在-1~1之间
asin	double asin(double x);	计算 $\sin^{-1}(x)$ 的值	计算结果	x在-1~1之间
atan	double atan(double x);	计算 $\tan^{-1}(x)$ 的值	计算结果	

续表

函数名	函数格式	功　能	返回值	备　注
atan2	double atan2(double y, double x);	计算 $\tan^{-1}(y/x)$ 的值	计算结果	x 的单位为弧度
cos	double cos(double x);	计算 cos(x) 的值	计算结果	
cosh	double cosh(double x);	计算 x 的双曲余弦 cosh(x) 的值	计算结果	
exp	double exp(double x);	计算 e^x 的值	计算结果	
fabs	double fabs(double x);	求 x 的绝对值	计算结果	
floor	double floor(double x);	计算不大于 x 的最大整数	该整数的双精度实数	
fmod	double fmod(double x, double y);	计算 x 对 y 的模	余数的双精度数	
log	double log(double x);	计算 ln(x) 的值，即求 $\log_e{}^x$	计算结果	
Log10	double log10(double x);	求 $A\log_{10}{}^x$ 的值	计算结果	
modf	double modf(double val, double *iptr);	把双精度数 val 分解为整数部分和小数部分，整数部分放在 iptr 指示的单元中	val 的小数部分	
pow	double pow(double x, double y);	计算 x^y 的值	计算结果	
sin	double sin(double x);	计算 sin(x) 的值	计算结果	x 的单位为弧度
sinh	double sinh(double x);	求 x 的双曲正弦 sinh(x) 的值	计算结果	
sqrt	double sqrt(double x);	计算 x 的平方根	计 A 算结果	x 应大于等于 0
tan	double tan(double x);	计算 tan(x) 的值	计算结果	x 的单位为弧度
tanh	double tanh(double x);	求 x 的双曲正切 tanh(x) 的值	计算结果	

5. 其他函数

下面介绍几个经常会使用的其他函数，如表 D.5 所示。在使用这些函数时，要使用#include <stdlib.h>。

表 D.5　其他函数

函数名	函数格式	功　能	返回值	备　注
abs	int abs(int num);	计算整数 num 的绝对值	返回 num 的绝对值	区别 fabs() 函数
atof	double atof(char *str);	将 str 指向的 ASCII 字符串转换为一个 double 型数值	返回双精度的结果	
atoi	int atoi(char *str);	将 str 指向的字符串转换为整数值	得到的整数结果	
atol	long atol(char *str);	将 str 指向的字符串转换为一个长整型值	返回长整型结果	
exit	void exit(int status);	使程序立即正常终止，status 的值传给调用函数	无	
labs	long labs(long num);	计算 num 的绝对值	返回 num 的绝对值	区别 abs() 函数
rand	int rand();	产生一个随机数	返回 0 ~ RAND_MAX 之间的一个整数	RAND_MAX 是在头文件中定义的随机数最大的可能取值

参 考 文 献

[1] 蒋清明. C 语言程序设计[M]. 北京:人民邮电出版社,2008.
[2] 李清政,叶斌,雷辉,等. C 语言程序设计教程[M]. 北京:中国铁道出版社,2006.
[3] 陆蓓. C 语言程序设计[M]. 2 版. 北京:科学出版社,2009.
[4] 吕凤翥. C ++ 语言基础教程. 2 版. 北京:清华大学出版社,2007.
[5] 谭浩强. C 程序设计[M]. 3 版. 北京:清华大学出版社,2005.
[6] 谭浩强. C 程序设计[M]. 4 版. 北京:清华大学出版社,2010.
[7] 王四万,张郭军,王文东. C 语言程序设计[M]. 北京:科学出版社,2009.
[8] 肖丽君,王冬梅. C 语言程序设计上机指导与习题[M]. 北京:人民邮电出版社,2009.
[9] 徐士良. C 语言程序设计教程[M]. 3 版. 北京:人民邮电出版社,2009.
[10] 徐国华,王瑶,候小毛,等. C 语言程序设计(慕课版)[M]. 北京:人民邮电出版社,2017.
[11] 黑马程序员. C 语言程序设计案例式教程[M]. 北京:人民邮电出版社,2017.